迁移教／学译丛

丛书主编　盛群力　何珊云

Learning That Transfers
Designing Curriculum for a Changing World

可迁移的学习

为变化的世界设计课程

［美］朱莉·斯特恩（Julie Stern）
［美］克里斯塔·费拉罗（Krista Ferraro）　著
［美］凯拉·邓肯（Kayla Duncan）
［美］特雷弗·阿莱奥（Trevor Aleo）

屠莉娅　贺湉汐　崔婧妍　张梦捷　译
屠莉娅　盛群力　审校

浙江科学技术出版社

版权所有　侵权必究

Learning that transfers : designing curriculum for a changing world /Julie Stern, Krista Ferraro, Kayla Duncan, Trevor Aleo.

Copyright © 2021 by Corwin Press, Inc.

All rights reserved. No part of this work may be reproduced or distributed in any form or by any means, or stored in a database or retrieval system, without permission in writing from the publisher.

引进版图书合同登记号　浙江省版权局图字：11-2021-207

图书在版编目（CIP）数据

可迁移的学习：为变化的世界设计课程 /（美）朱莉·斯特恩等著；屠莉娅等译. — 杭州：浙江科学技术出版社，2023.7

（迁移教 / 学译丛 / 盛群力，何珊云主编）

ISBN 978-7-5739-0605-2

Ⅰ.①可… Ⅱ.①朱… ②屠… Ⅲ.①学习迁移-研究 Ⅳ.①G442

中国国家版本馆CIP数据核字（2023）第086639号

丛 书 名	迁移教/学译丛		
丛书主编	盛群力　何珊云		
本册书名	可迁移的学习：为变化的世界设计课程		
著　者	［美］朱莉·斯特恩（Julie Stern）　［美］克里斯塔·费拉罗（Krista Ferraro）		
	［美］凯拉·邓肯（Kayla Duncan）　［美］特雷弗·阿莱奥（Trevor Aleo）		
译　者	屠莉娅　贺湉汐　崔婧妍　张梦捷		
审　校	屠莉娅　盛群力		

出版发行	浙江科学技术出版社
	杭州市体育场路347号　邮政编码：310006
	办公室电话：0571-85176593
	销售部电话：0571-85176040
	网址：www.zkpress.com
	E-mail：zkpress@zkpress.com
排　版	杭州万方图书有限公司
印　刷	杭州高腾印务有限公司

开　本	787×1092　1/16	印　张	19.5	
字　数	330千字			
版　次	2023年7月第1版	印　次	2023年7月第1次印刷	
书　号	ISBN 978-7-5739-0605-2	定　价	68.00元	

责任编辑　曹梦洁		**责任校对**　张　宁	
责任美编　金　晖		**责任印务**　叶文炀	

本书是国家社会科学基金2022年度教育学一般项目"核心素养视域下可迁移学习的理论建构及其文化实践研究"（编号：BHA220135）研究成果之一。

赞 誉

《可迁移的学习：为变化的世界设计课程》是难得的将实用性与启发性有机整合的一本书。结合心理学、神经科学和学习科学的概念，作者循序渐进地提出迁移是课程设计的关键之一，可以在21世纪引导学习者产生深入且持久的学习。这本书受到世界各地教育工作者的喜爱，因为它清晰、实用且契合当下的教育环境。

莎拉·M. 法恩（Sarah M. Fine）
高科技高中教育研究生院圣地亚哥教师实习中心主任

本书易于理解，能够引发对教育的思考和反思，极具时代性，能够激起人们的教育热情且引人入胜。通过提出所有正确的问题，借助揭示概念之间的复杂关系，并应用真实世界的迁移来拓展学习，这本书为教师能够应对大量的学习结果提供指导。我希望教育能帮助我们培养深思熟虑、富有同情心的人，而这本书完全支持这一目标。

查理·格（Charlie Kraig）
专业学习设计师/学习网络教育服务

这本书有很多我喜欢的地方。它建立在研究和实践的基础上，提供了一个循序渐进的过程，允许读者将学习和所做的工作联系起来。

教育博士 彼得·德威特（Peter DeWitt）
作者/顾问
寻找共同点博客（教育周刊）

这是一本严谨且雄心勃勃的书，从学习模式到课程设计和实施都有明确的联系。在这样做的过程中，它为读者提供了一个明确的结构，在习得、联结和迁移所学知识的过程中促进了自己的进步，展示了学习模式的有效性。

奥利弗·格利奥里（Oliver Caviglioli）

设计师、插画家、作家

作者独到地阐明了今天教学的目的——我们的学生必须能够习得、联结和迁移知识，作为教育工作者，必须在课程设计中有意识地确保这一点。这本书是21世纪所有教育工作者的宝贵资源。

杰夫·比尔登（Jeff Bearden）

佐治亚州福赛斯县的学校督学

我们该如何设计灵活的课程，让学习者为这个难以预测的世界做好准备？我们如何为一个去筒仓系统（Silo-free system）① 设计学习体验，即使我们要在其中继续学习？实用的智慧和有形的工具嵌入了这本开创性文本的每个角落，使这本书能引起当今社会教育者的共鸣，也使有关读者能从中汲取经验。

安吉拉·斯托克曼（Angela Stockman）

作家及专业学习促进者

这本书以清晰和具体的方式指导你从"无知到惊叹"（what to WOW），它提供了大量的策略作为设计可迁移学习的入门。它的所有内容都经过了像你一样的教育工作者针对全球不同学生开展的测试。这项工作是对教育转型的承诺，始终聚焦学生的自主能力、

---

① 译者注：筒仓系统（或谷仓系统）指的是独立进出系统无窗的结构，储存大量谷物或资源的系统。筒仓效应指筒仓间无横向沟通和互动，使得问题无法解决、效率低下。此处是希望学习设计打破边界，促进沟通。

复杂思维和相关学习。

阿勒娜·辛克(Alena Zink)

学习专家/福赛斯县学校

作者提出了一种非常重要的有效教学的科学与艺术的新融通。通过聚焦实际方法，教师可以帮助学习者进行更深层次的概念理解，尽管我们构建的是日常课堂教学中的精致细节，但这本书能帮助我们持续思考关于生命、人性和可持续性等重大问题。

苏珊·哈尼施(Susan Hanisch)、达斯汀·埃尔多什(Dustin Eirdosh)博士

马克斯·普朗克进化人类学研究所教育研究员

我们生活在一个充满困惑的世界之中。维果茨基说，孩子们开始思考的方式是，将他们眼前的世界组合成心智综合体，并通过比较来理解其中的特殊性。通过学校教育，孩子们学会了用概念或可迁移的意义模式来建构对世界的认知。这本重要新作巧妙地探索了这两个关键思想——概念及其迁移——在教育实践中的作用。

比尔·科普(Bill Cope)教授、博士

伊利诺伊大学教育学院

在一个绩效和责任制日益盛行的新自由主义世界里，这本书对任何热衷于真正学习的人都是一种战斗的号角。"即用策略"会提高任何课堂的教学效果，因为它们是对你现有实践的补充。

格里高利·安德森(Gregory Anderson)

英语教师

《可迁移的学习：为变化的世界设计课程》阐明了过去和当下知识之间的联系，为未来的学习提供了一个框架，这个框架将随着教育的发展而延展。作为一名教育工作者，

我非常看重理论与实际整合的"即用策略",这将对所有教师准备教学计划有所裨益。

米歇尔·杜根(Michele Dugan)
替代认证和入职协调员/福赛斯县学校

想象这样一个教育系统,"让教师和学生有能力解决我们在21世纪及以后面临的问题"。这本书为其实现提供了现实指导策略。作者在引发思考和提供实施方案的基础上,详细介绍了他们在自己的课堂上使用的策略、工具和支持,以使学生在一个未知的未来茁壮成长。

朱莉·M. 威尔逊(Julie M. Wilson)
未来学习研究所创始人兼执行董事

作为教育工作者,我们不断努力让学习者准备好应对世界的复杂性。根据最新的研究,作者阐明了一个极具吸引力的直观模型,使学生将他们的理解应用到新的情境。对于正在寻求为学生提供真实学习机会的教师来说,本书极具价值。

理查德·希利(Richard Healy)
马尼拉高级英国学校校长

世界正变得越来越复杂,学生是否能为未来做好准备,不再只取决于教师教授课程的能力。对于任何教育工作者来说,通过深入、有力的思考和学习,让学生准备好迎接挑战,本书是必不可少的指南。

凯蒂·格雷厄姆(Katie Graham)
草原学校分部学习服务助理主管

这本书是如何设计有意义且有趣的课程以引导学生习得学习经验的具体案例。阅读每一章时,我都感觉自己被赋能了,我认为这些方法可以很容易地立即融入我的实践中。

赞　誉

这应该是每个学校和教师教育项目的必读书目。

珍妮·多诺霍（Jenni Donohoo）
作家/教育顾问

在一个相互联系而复杂的世界里，我们应对环境变化的能力变得至关重要。在这个世界里什么是根本？——学会迁移。利用多样的学术研究和丰富的课堂经验，这本书为所有类型的教师揭示了什么是迁移、为什么要迁移，以及如何实现可迁移的学习。这是所有追求教育公平和卓越教育的人的必读书目。

迈克尔·克劳福德（Michael Crawford）
EdSpace联合创始人

今天，没有人会认为我们生活在一个稳定的世界——几乎没有什么变化，以往作为个人几乎不需要去适应未来几个月的挑战，更不用说未来10年、20年或30年了。仅仅是第四章"现代素养　学生需要什么来驾驭当今世界"，就值得每个教育工作者阅读本书。一如既往地，我们必须教育和引导学生，不是为了期末考试，而是为了生活。这本书会对你有所助益。

瑞克·吉尔松（Rick Gilson）
南阿尔伯塔专业发展联盟执行董事

赋予知识以意义和情境，赋予知识以深刻的内涵，是人类独有的特性。通过ACT心智模型、实践中转变的实际案例、课程规划的指导等，这本书能为读者赋能，让其能够重新构建学习，并挖掘更深层次的价值从而促使教育发生革命性变革。

凯特琳·克劳斯（Caitlin Krause）
《用心设计》和《设计奇迹》作者

教授迁移的乐趣

约翰·哈蒂（John Hattie）

两百年来，虽然我们知道从一个问题迁移到另一个问题或从一种情境迁移到另一种情境的重要性，但众所周知，教会学生进行迁移是极其困难的。通常情况下，我们会说某同学可以迁移，他一定很聪明，不过我们不太能够教其他学生迁移和变得聪明。艰难玉成，这本书就致力于探讨教学迁移的核心议题。

将知识和理解从一种情境迁移到另一种情境需要一些本领。这可以是近迁移（要解决的问题在某种程度上与刚刚完成的问题相似）或远迁移（要解决的问题非常不同，但与相似的思考过程关联），或者是知识的迁移以及问题解决方法的迁移。这本书介绍了相似（similar）或相异（dissimilar）迁移，抓住了迁移的这些变化，并为两种迁移概述了最佳的教学方法。这种方法需要深思熟虑地选择学习策略、知识和观点，发现当前情境和新情境之间的异同，并建立高于具体问题的深层次的概念理解。马顿（Marton，2006）认为，当学习者学习了适用于特定情境的策略，且意识到（或被动认为）第二种情境与第一种情境相似时，他们能够在另一种情境中做同样的事情，迁移就发生了。他声称，不仅相同、相似或同一性可以将情境联系在一起，细微的差异也可以将它们联系在一起。学习如何发现这些差异是学习迁移的关键。正如赫拉克利特（Heraclitus）所言："人不能两次踏入同一条河流。"没有两种经验是完全相同的。

迁移研究的先驱之一，吉克和霍利约克（Gick & Holyoak，1983）的经典著作表明，我们能够成功地教授学生解决一个问题，但是学生无法将知识迁移到一个类似的问题解决之中，假设后者的问题情境完全不同，且仅仅发生在前一个问题的不久之后。但是，如果请学生去发现这两个问题之间的联系，那么他们成功的概率就会增加。教师需要教导他们"在新情境中看旧问题（see the old in the new）"。同样地，即使新问题不需要他们这么做，或者确实需要替代性策略才能成功，学生也会做出过度概括和应用不同策略。这种负迁移的发生主要是因为学生没有意识到有不同的要求。因此，学生需要一套技能来帮助其避免过度概括，而是暂停并发现差异——两个相似或看似相同的任务和任务要求的差异。

本书中有许多关于如何发现相似和差异以及如何运用"识别模式技能（pattern recognition skills）"的例子，重点是教学生用学习来解锁新颖的场景。他们采用适应性语言，联手环境做出理解，并建立一个认知复杂性的模型，从想法到概念，再到能够检测这些想法和概念之间关系的模式。通过对模式识别技能的不断完善，我们开始掌握了迁移技能。因此，这里有三个相互关联的步骤：习得、联结和迁移。

这种识别模式技能是学习的核心技能。当我们第一次遇到新的知识时，比如在解剖课上，听着教师一一介绍数百块骨头，我们通常会根据先前的知识寻找模式。在这个阶段，通过总结和概述来构建模式以及"挂起"新想法和事实是必要的，否则新想法和事实很快就会在脑海中消逝。建立这些"衣架"或"图式"能帮助我们形成各种概念之间的联系，容纳新的概念，并做出预测和假设。可能很多学生找不到与过去概念的联系，不能总结和建立最初的图式，往往很快就被纷至沓来的更多概念淹没了，以至于我们想不通为什么学生无法迁移。教学生进行模式识别是学习的核心技能，更是迁移的核心技能。这种观点认为，有四个重要的方式来组织课程成果，以促进教学的迁移——仔细考虑优先次序、有效安排各项内容、跨学科的战略互补和前后连贯彼此照应。

本书中有很多关于如何在众多课程领域中进行迁移的例子。我喜欢这样的类比，就像建造一个带倒刺的铁丝栅栏（在农场生活了很多年，它们仍然让我感到害怕，尤其是当顶部的一根电线通电时，但是这样做的效果很好）。这个故事是关于木桩的，木桩必须很结实，才能支撑铁丝，塑造铁丝的形状。然后这些铁丝串起来，这些倒刺可以抓住这些想法，并将它们构建成一个更连贯的模式,形成整个"栅栏"。并不是一个伟大的思想造就了这些铁丝,而是许多知识链的重叠(Wittgenstein,1953)。我们必须教导基本原则(木桩),定位这些木桩之间的新想法,然后教学生如何将许多的想法编织成一个连贯的图景。当遇到新想法和问题时,他们可以使用这些更大的图景解码所需要的技能,了解所需的策略,并将新想法带入连贯的整体(甚至质疑连贯的整体是否是最佳的)。

很高兴能就这个至关重要的话题出版一本详尽的著作。希望在我们的学校里,这种对迁移的关注能受到重视、被广泛应用和引发更多的讨论。

参考文献

Gick, M. L., & Holyoak, K. J. (1983). Schema induction and analogical transfer. *Cognitive Psychology*, *15*, 1–38.

Marton, F. (2006). Sameness and difference in transfer. *The Journal of the Learning Sciences*, *15*(4), 499–535.

Wittgenstein, L. (1953). *Philosophical investigations*. Wiley.

学习至关重要

赵勇

澳大利亚　墨尔本大学

美国　堪萨斯大学

我们是天生的学习者。当我们出生时，我们唯一的生存技能就是不断学习。我们观察、模仿、创造、应用。学到的东西会让我们成长。

但是世界上有很多东西要学。我们变得挑剔。有些东西是我们想学的，有些东西是我们不感兴趣的。渐渐地，我们可以决定自己想学什么。我们开始专注于重要的学习。

当我们上学时，学习就改变了。我们被教导要学教师教的东西，被教导为了分数而学习，被教导为了回报而学习，不管回报有多小。我们被教导要学会避免惩罚。我们开始跟随教师而非自己的心。我们开始服从学校的命令，而不是自己的热爱。我们学会了不要问为什么学习。

阅读《可迁移的学习：为变化的世界设计课程》(Learning That Transfers: Designing Curriculum for a Changing World)是非常愉快的过程。这本书提出我们需要可迁移的学习。也就是说，我们需要那些能够让学生具备在未来不同情境中应用他们所学知识和技能的能力的学习活动与过程。这一论点并不新鲜，已被心理学和教育界普遍接受。

有目的或有意识的学习是学校应该提供给学生的。学习迁移也是有目的的和有意识的。我们生活的世界是不确定的。变化发生得极其迅速。我们无法向学生传授完全符合他们将来会遇到的问题的知识。没有任何知识能保证满足未知未来的需要。学生需要能够帮助他们开发解决从未遇到的新问题的能力和态度。换句话说，学校里的学习不是死记硬背现有问题的既定解决方案的过程。

虽然该论点并不新鲜，但本书为教师提供了一个绝妙的计划和一系列策略，使学习迁移成为现实。书中思考的缜密和全面给我留下了深刻的印象。从对学习迁移的深刻理解开始——从根本上基于对概念的理解，到对学习迁移的基础的广泛考虑——包括教师角色、学生角色、课程和评估的转变，本书列出了学习迁移的要点。随后，本书对学习迁移作了全面的描述，提供了基于研究的策略和战术，教师可以使用它们来开展促成学习迁移的教学。

学习迁移并不容易，但可以做到。在许多方面，所有的学习都应该与迁移有关。如果我们学到的东西不能应用于未来的情境，那么学习也许就是浪费时间。更重要的是，无法迁移的学习会教给学生一种心态，即学习的直接目的为通过考试或学习，这是学校中的一种人造活动。这种心态可能成为教育非常消极的结果之一。

教育的目的之一是提高每个学生的能力，以及培养他们可以随时改变和适应的心态。教育也关乎发展他们的优势和热爱。因此，教学生学习迁移需要考虑到学习者——他们的愿望和热情、他们的优势和弱点，以及他们控制自己学习的能力。在这本书中，朱莉·斯特恩、克里斯塔·费拉罗、凯拉·邓肯和特雷弗·阿莱奥对学习的重要性有了很好的理解，他们把"培养自主学习"作为教师扮演的基本角色之一。

本书的很多方面我都很喜欢。但我最喜欢的方面是对学习者的关注。它抓住了教学的整个过程，而最终的目标是促进学生的学习，尊重学生个体作为学习的驱动力，明确"自主学习"是学习的核心基础。它使教学的基础回归到学习的自然本质。所有的教学都是关于学习。

归根结底，学习是人类的一种自然趋势。这种趋势不应加以抑制。我们可以找到方法来引导这种趋势，使其产生更有成效的结果。我们可以开发情境，让学生探索他们的自然学习倾向。我们也可以为学生创造机会，让他们锻炼这种天生的倾向，这样他们就可以在所学的东西上取得更好的成绩。作为教育工作者，我们能做的最好工作就是跟随和支持这种趋势，并致力于创造可迁移的学习！

前 言

我们身处什么样的时空？为什么我们需要重新思考课程设计

我们像现在这样教育孩子多久了？出人意料的是，我们根据年龄把学生分开，经常让他们在不同的学科领域轮转，评估特定的内容知识，这种教育方式的持续时间只占人类生存历史的极小部分，不到0.5%。

作为一个物种，纵使没有像现在这样教学，我们已经发现并创造了惊人的成就，如火、语言、宗教、艺术、数学、医学、体育、民主和农业。我们对这一认识感到欣慰，因为改变是一件困难的事情。变化是复杂的，改变是有风险的。然而，我们必须改变设计学校的方式，因为不去尝试改变才是最大的风险。2019年新冠病毒感染疫情的发生凸显出我们当前教学方式的重大缺陷，例如学生变得极其依赖成年人指导学习，以及评估实践对学习的内在动机造成了极大的抑制。

我们必须重新思考课程和教学设计，因为世界正在发生大规模和迅猛的变革。技术、经济、信息、政治、气候及人口结构的变化速度和程度空前巨大，其正深刻地影响着人类的行为和互动，并可能产生毁灭性的后果（Bostrom，2019）。虽然在过去的几千年里，大脑结构相对稳定，但我们用来赋予生活和世界意义的工具和技术对思维、互动方式产生了重大影响。就像口头语言或大规模扫盲（large－scale literacy）的出现一样，技术的快速发展正在导致人类交流和相互联系的方式产生巨大变革。我们分享和处理的信息比以往任何时候都多，需要新的认知工具来解决21世纪生活中日益复杂的跨学科问题。在我们的孩子完成学业、进入社会后，死记硬背和孤立的学习结果将变得越来越无用。

指数式的变化经常带来混乱和失控感。这些感觉引发了各种各样的负面后果，如成瘾、阴谋论的兴起、政治极化（Friedman，2016）。年轻人的精神疾病正以令人担忧的速度增长（Twenge et al.，2019）。我们已经进入了这样一个时代，过去用以将社会维系在一起的故事、结构和规范正在受到质疑。正是处于这样的时代，我们需要一种探索和创新的精神来帮助自己更好地自省，并在这个复杂而相互联系的世界中给予我们指引。我们需要为学生提供新的意义构建工具，以便他们能够理解复杂性，然后以知情的方式行动。

所有这些因素导致我们迫切需要教育学生成为适应性强、灵活的终身学习者。但到底该怎么做呢？是否应该寻求更开放的方法，如基于项目的学习、个性化学习和真实性评估？批判性思维和创造力等能力的获得是解决方案吗？这些与工作准备和职业教育有什么关系？

使学生获得这些能力的举措是有前景的，但它们的功效可以通过学习迁移而显著增强。也就是说，明确地帮助学生构建理解世界的更深层次的结构模式，这样他们就可以把所学的知识运用到当下的情境之外。我们可以利用学习科学的研究，确保学生为终身学习做好准备。本书将详细介绍一个框架和原则，帮助教师和其他教育工作者整合来自许多领域和视角的想法，以回答我们都在探求的问题：如何才能更好地让学生过上有意义的生活？

> 作为教育工作者，我们需要一个框架，以对变化做出反应，而不必不断地彻底检视或重新创造所做的一切。

过去的教师明白学生需要知道和能够做什么，而这种情况正在迅速改变。如何让学生为自己无法预见的未来做好准备？怎样才能做到这一点而不让自己精疲力竭呢？许多教师缺乏时间或精力。即使他们想要创新，也会觉得被设定的学习目标所束缚，或者缺乏工具来引导更发散、更自主的学习。作为教育工作者，我们需要一个框架，让我们能够对变化做出反应，而不必不断地彻底检视或重新创造所做的一切。

如果从课程中选择最有影响力的、可迁移的、有组织的思想，并在这些概念中锚定我们探索的一切，会怎么样？这能帮助教育工作者关闭涵盖无穷无尽目标的"传送带"，同时确保学生准备好在没有教师指导的情况下解决他们遇到的问题吗？是的，它可以。我们既可以教得少，又可以让学生准备好应对更多。

心智模型（mental model）是我们用来思考复杂情境的框架——我们经常不经检查就自动使用了。相信一种能帮助我们理解不断增加复杂性的新思维模式，将是引导学生成为适应性强、灵活变通、终身学习者的关键。认知科学和神经科学的研究表明，每一个专业领域都可以通过最基本的元素——概念——以及这些元素相互作用的方式来理解。我们可以通过一种习得、联结和迁移概念性关系到新情境的模式来理解课程目标，从而加快学生形成将学习成果应用到新情境的能力。

> 学习迁移：利用之前的学习来理解或开启一个全新的情境。
>
> 心智模型：通常是通过言语和视觉帮助我们将不可见的变为可见的一种表达方式，常常是用来思考复杂情境的潜意识框架。
>
> 概念：可以在多元的案例中适用的具有不同属性的组织思想。

我们可以利用数学、科学和艺术等长期存在的学科的力量，帮助学生成为创新的问题解决者。即使世界在变化，技术在进步，认知、思考、分析和交流的关键学科方法仍将在我们解决复杂问题时为之服务。但是，随着社会的不断发展，我们的教育方法也必须与时俱进。知识可以通过互联网轻松获得，因此，知识习得不再是教育的唯一优先事项。将理解和技能应用到新情境，进行学习迁移，务必成为首要任务。学习者必须能够运用他们的学习来解锁新情境。

在学生解决复杂的现代问题时，我们可以以一种利用传统学科的关键概念的方式来组织课程。这种方法有助于实现系统公平。它甚至可以成为迫在眉睫的心理健康危机解决方案的重要组成部分。课程设计可以帮助年轻人理解这些复杂的问题，激发自己的热情，解决社会中的复杂问题。这并不容易，但物有所值。已经在实践这些理念的学校的经验使我们备受鼓舞。

本书不是一套限制教师自主性的硬性规定，也不是一个缺乏实施细节的励志短语清单。在接下来的章节中所描述的框架和原则将使教师和学生能够解决置身于21世纪及以后所面临的问题。在信息时代和第四次工业革命中，我们仍然需要事实性知识来取得成功。然而，如果想让教育跟上快速变化的世界，我们必须集中精力来引导、阐释和迁移学习。

本书核心的心智模型是教导学生如何有意识地和相对迅速地掌握数学、科学、语言等领域的结构，使学生成为适应性强的终身学习者。然后，学生可以将同样的学习方式——获得对单个概念的理解，将它们联系在一起，并将这些关系迁移到新的情境——应用到越来越重要的领域，如数字素养和伦理推理。未来最需要的技能组合是将源远流长的专业知识与新领域相结合的能力，以此通过创新来解决世界上最严峻的挑战（Gardner，2006）。

如果我们看到世界是如何组织的，就能理解它。如果我们能理解它，就能影响它，让它变得更好，使自己过上有意义的生活。这一信念是我们工作的核心，也是本书的指导原则。

作者简介

朱莉·斯特恩（Julie Stern）是《小学概念理解教学工具》（Tools for Teaching Conceptual Understanding, Elementary）、《中学概念理解教学工具》（Tools for Teaching Conceptual Understanding, Secondary）、《社会研究的可见学习》（Visible Learning for Social Studies）和《可迁移的学习：为变化的世界设计课程》（Learning That Transfers: Designing Curriculum for a Changing World）等畅销书的作者。她是全球系列研讨会"理解学习迁移"（Making Sense of Learning Transfer）的思想领袖，也是"可见学习+"（Visible Learning Plus）的认证培训师。她热衷于将最好的教育研究综合成实用工具，以支持教育工作者打破教育的工业模式，向可持续发展、公平和幸福的教学与学习方向发展。她是詹姆斯·麦迪逊宪法研究员（James Madison Constitutional Fellow），在美国华盛顿哥伦比亚特区和她的家乡路易斯安那州教授社会研究多年。朱莉每隔几年就和她的丈夫（一位美国外交官）以及两个年幼的儿子去各国旅行。

克里斯塔·费拉罗（Krista Ferraro）是美国马萨诸塞州布伦特里（Braintree）萨尔学院（Thayer Academy）的历史教师和系主任。她热衷的领域包括公民教育、社会公正和培养学生成为优秀的全球公民。此前，她曾在华盛顿哥伦比亚特区的查韦斯学校（Chavez Schools）担任公共政策和课程

创新副主任，在那里她还教授历史和公共政策课程。她的作品包括最畅销的《小学概念理解教学工具》(*Tools for Teaching Conceptual Understanding, Elementary*)《中学概念理解教学工具》(*Tools for Teaching Conceptual Understanding, Secondary*)。克里斯塔拥有康奈尔大学美国研究和西班牙语学士学位，以及美国大学教学艺术硕士学位。她也是"为美国而教"(Teach for America)[①]中的成员。

凯拉·邓肯(Kayla Duncan)是美国佐治亚州卡明市福赛斯县学校(Forsyth County Schools)的一名个性化指导教师。她激情地致力于通过有意义的、真实的体验和更多的学习主体性来放大学生的声音。凯拉目前致力于帮助学校通过个性化学习、设计思维过程创造教育新愿景。她认为学生和社会的声音应该推动学校变革。在担任指导教师之前，凯拉教授小学体育和中学数学。她持有佐治亚大学的运动学学士学位以及学习、设计和技术教育专业学位，西部州长大学(Western Governors University)的数学教育硕士学位。凯拉正在攻读学校改善教育博士学位，她希望推动学校朝着教育创新的方向发展。凯拉和她的丈夫住在佐治亚州，她的丈夫也是一位教育工作者，他们还有一只14岁的狗，叫乔治。

特雷弗·阿莱奥(Trevor Aleo)是美国康涅狄格州威尔顿市的一名中学英语教师，他在工作中为学生设计有意义的学习体验，和他们一起阅读和写作。在担任目前的职位之前，他在美国弗吉尼亚州威廉王子县(Prince William County)担任年级主任和高中教师。

---

① 译者注：为美国而教(Teach for America)是美国一项旨在吸引各专业优秀大学生到中小学执教的计划。自1990年创立至今，已经有数万名来自哈佛、耶鲁等名校的大学毕业生放弃了去投行、咨询公司的机会，毅然走上了教学的讲台，为教育欠发达的地区做出自己的贡献。在30多年的发展历程中，其对美国教育领域产生了深远的影响。

除了在自己的学校领导团队外,他还初步设计了地区层面的课程,为弗吉尼亚州教育系统提供了教学资源,曾在当地、州和全国会议上发表演讲。他认为,教育应该帮助人们成为更好的意义建构者和故事讲述者,他是这种教育方法的忠实拥趸。他在教师的家庭中长大并养成了对学习的热爱,这一直是他所有工作背后的动力。他拥有美国詹姆斯麦迪逊大学(James Madison University)英语文学学士学位和教学文学硕士学位,目前正在伊利诺伊大学厄巴纳—香槟分校攻读学习设计和领导力博士学位。目前特雷弗和他出色的妻子林赛住在康涅狄格州的费尔菲尔德,就在本书出版之际,他即将迎来他的儿子。

目 录

赞 誉

教授迁移的乐趣

学习至关重要

前 言

作者简介

导 论　章节概览以及本书的使用指南 1
　　章节概览 2
　　本书的使用指南 4
　　设计可迁移学习的四种水平 4

第一章　学习迁移　什么是学习迁移以及它将如何转变教与学 7
　　本章结构 9
　　概念在促进迁移中的作用 10
　　ACT：学习迁移的心智模型 13
　　融会贯通 25
　　展望可能性 27
　　结 语 29

· 1 ·

第二章　实践中的转变　如何为可迁移的学习建立基础 31
　　本章结构 33
　　转变1和转变2：学生和教师的角色 34
　　转变3和转变4：课程和教学的作用 40
　　转变5：评估的作用 46
　　转变6和转变7：领导者、家长和社会的角色 49
　　运行中的ACT模型 53
　　结　语 59

第三章　学科素养　如何释放所教学科的内在力量 61
　　本章结构 64
　　学科视角的力量：集中力量让学生走向专业 66
　　为每门学科建立愿景 68
　　纵向协调：从学校学习经历的整体看课程 76
　　明确课程的学科视角 81
　　纵向协调促进学科深度 87
　　结　语 89

第四章　现代素养　学生需要什么来驾驭当今世界 91
　　本章结构 94
　　确定要培育的现代素养 95
　　横向协调拓宽跨学科广度 116
　　结　语 127

第五章　课程故事　如何构建引人入胜的叙事来指导学习 129
　　本章结构 131
　　聚焦迁移的课程中内容安排的关键步骤 131
　　阐明课程的整体故事 142
　　结　语 149

第六章　单元规划　如何有意识地设计可迁移的学习 151
　　本章结构 153
　　灵活选择单元规划步骤 154
　　细化：单元规划 155
　　单元故事板：规划从相似到相异至真实世界的迁移 174
　　为学生的表达、选择和热爱保留空间 179
　　结　语 185

第七章　评估　在聚焦迁移的课堂中评估的作用是什么 187
　　本章结构 190
　　评估作为反馈系统 190
　　规划迁移的总结性评估 196
　　规划迁移的形成性评估 214
　　融会贯通 218

第八章　教学设计　为可迁移的学习建立共同体 221
　　本章结构 222
　　强调智力增长的重要性 224

习得对单个概念的理解 …………………………………… 227
　　联结概念性关系 …………………………………………… 237
　　将概念性关系迁移到新情境 ……………………………… 246
　　设计教学日历 ……………………………………………… 255
　　设计教案 …………………………………………………… 257
　　结　语 ……………………………………………………… 258

结　语　灵活应变　如何在一个前所未有的世界中持续发展 ……… 261

术语表 ……………………………………………………………… 267

部分参考文献 ……………………………………………………… 270

译后记 ……………………………………………………………… 279

— 导 论 —

章节概览
以及
本书的使用指南

本书有意识地从理解迁移的工作原理、实践中的关键转变开始，为可迁移的学习奠定了基础，然后通过一系列具体的步骤来规划课程、学习单元、评估和教学，以促进学习迁移到新的情境。我们遵循的是一种全面的"逆向设计"（backward design）的方法，即以终为始。我们从课程目标开始，然后是评估即我们将如何衡量这些目标及其达成，最后是教学计划。

> 逆向设计：以终为始。首先，建立学习目标；其次，设计衡量这些目标的评估；最后，设计学习体验。

有助于指导本书思想应用的功能模块包括："用心思考"（thinking prompts），提供了重要的反思时机和框架，以指导课程设计；"即用策略"（next-day strategies），提供了可以立即在课堂上实施的实用建议；"设计步骤"（design steps），这是创建可迁移学习的课程的关键；最后的"术语表"还提供了文本中大多数关键术语的定义。

章节概览

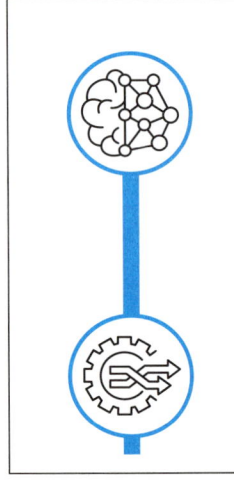

◇学习迁移。本书第一章概述了学习迁移的心智模型——一种理解新主题和领域的方法，帮助我们掌握世界的整体结构。我们解释了学习迁移的概念、工作原理，以及如何使用这个相对简单的模型来思考和设计课程及学习经验。最重要的是，我们可以教学生如何使用这种心智模型，这样他们就可以成为自己的老师——尤其是当他们遇到全新的和不同的情境或挑战时，可以有效地利用以前的学习。

◇实践中的转变。第二章将注意力放在实践中明确的变化上。这些变化对于真正利用学习的力量和潜力是必要的。我们不需要抛弃目前正在做的一切。通常，简单的重构可以产生深远的结果。但如果在一些关键领域没有改变，就会让为迁移而教的尝试归于失败。

◇学科素养。第三章指导我们将独立的主题、话题或标准视为更大学科的一部分——或者是理解复杂世界的一种方式。学科素养能有效地引导我们思考各个学科领域以帮助我们理解、沟通和采取行动。本章将鼓励你以非标准化的方式使用标准,在课堂上接纳概念的力量,并清晰地阐述课程的整体愿景,以促进学习和迁移。我们提供了几个反思框架和注意事项,以阐明每门课程的最基本元素,使学生能够将学习迁移到新的情境。

◇现代素养。第四章试图将越来越多的重要能力集中在一把大伞下,即现代素养。我们都知道,教授科学、数学和所有其他传统学科,不足以让学生准备好应对当今复杂的世界。学生必须学习以具备数字素养、跨文化和跨领域交流能力,并做出伦理决策。我们可以将学习迁移的心智模型应用于发展这些能力。我们可以将它们与更经典的学科素养结合起来,以解决多方面的问题。

◇课程故事。第五章综合了前面的章节,为读者所教的课程提供了一个整体的愿景。

◇单元规划。第六章建立了单元规划的步骤,概述了以迁移为重点的课程的关键步骤,以确保学生可以在新的和日益不同的情境下应用所学知识。然后我们提供了一系列的练习和模板供教师团队选择,以建构出每门课程的内容。

◇评估。第七章提供了21世纪评估设计的构建模块。我们想要评估的不仅仅是学生对知识的记忆。本章不仅提供了使用新情境的指导和策略,还提供了学校围墙之外的真实价值,并创建了全面的评估系统,让所有相关人员了解学生迁移学习的能力。

◇教学设计。第八章将所有内容与工具结合在一起,用于创建高效的课程计划,旨在帮助学生在表层、深层和迁移学习水平之间切换。这部分解释了如何利用概念获得、概念性问题和新情境,以确保学生可以将知识应用于任何情境。我们提供在课堂中的策略、工具和案例来支撑计划。

结论提出了其他值得思考的东西,让学生为一个前所未有的世界做好准备。我们概述了一些关键的变革驱动力,比如人工智能以及中国作为一个全球大国的崛起,以此来预测正规学校教育可能面临的情况。我们也整合了那些能够推动深入思考的内容,但不属于本书主体部分论述的范围。

本书的使用指南

为了真正发挥可迁移的学习的力量，教师需要在实践中考虑一些关键的转变，以确保我们的许多行动是一致的，从而最大程度上优化学生的学习成果。本书的前两章旨在通过一系列的"用心思考"来促进这些实践中的转变，推动反思并给以有目的的计划，以及提供一些重要的"即用策略"，为在课堂上的实际应用提供建议。我们希望读者能够体会到其中的关键思想，同时对此感到兴奋，并准备好设计有效的聚焦迁移的学习体验。第三章和第四章为课程设定了总体目标，包括课程概述以及纵向和横向的协调，第五章开始对具体单元进行了排序和规划。

> 搜索可迁移的学习（Learning that transfers）的专属网页可获得更多资源。

作为本书核心的"学习迁移心智模型"（learning transfer mental model，或简称ACT模型），是一种思考如何促进和设计学习的方法，这种学习可以应用于多种情境。它不是一个严格的程序，没有执行的"正确方式"。

与此同时，如果没有一个清晰的、长远的眼光，所有改善教与学的努力都会以一种无序的方式进行。教师经常会纠结于学习成果或学习标准的细节。在深入研究这些细节和单元计划之前，我们需要从整体出发，聚焦于学校教育的更大目标和我们所教授的学科。本书中多次提出一个关键的反思问题：我们希望学生最终能理解和做什么？换句话说，我们真正想要达到的目标是什么？这个问题将在本书的前半部分做出解答，这样就可以通过本书后半部分的设计步骤，为学生获得有效的学习经验进行安排。

设计可迁移学习的四种水平

根据时间和投入的有效性，我们划分了四种参与水平。虽然我们并不倡导每个人只尝试设计一堂课——因为这同逆向设计中始于目标，其后设计评估，再后进入教学的原则相违背——但我们从现实出发，也许你从水平1起步，当你体会到这种设计的价值时，你会重新回到书本中并迈向水平2。

水平1：设计一堂课（lesson）

◇阅读第一章，了解可迁移学习的目标和模式。

◇阅读第二章,了解为可迁移学习奠定基础所需要的关键转变。

◇阅读第六章,阅读关于锚定概念的部分,至少选择几个重点概念,并提出涉及这些概念的概念性关系的问题。

◇使用第八章的日常教学策略来促成可迁移的学习。

水平2:设计一个单元(unit)

◇阅读第一章,了解可迁移学习的目标和模式。

◇阅读第二章,了解为可迁移学习奠定基础所需要的关键转变。

◇翻到第三章的表3.15,并阅读相应的文字部分,选择2~3个你希望学生在各种课程情境中都要应用的学科视角。

◇然后,阅读第六章,了解具体的单元规划步骤。

◇接下来,建议翻到第七章进行评估设计。

◇最后,使用第八章的日常教学策略来促成可迁移的学习。

水平3:设计一门课程(course)

◇阅读第一章,了解可迁移学习的目标和模式。

◇阅读第二章,了解为可迁移学习奠定基础所需要的关键转变。

◇至少完成第三章的一个练习,从更宏观的角度思考所教的学科。翻到第三章的表3.15,并阅读相应的文字部分,选择2~3个你希望学生在各种课程情境中都要应用的学科视角。

◇至少完成第四章的一个练习,选择几个现代素养的概念。

◇详细阅读第五章,了解所教课程的标准和概念的排序,然后阅读第六章了解单元规划。

◇接下来,建议翻到第七章进行评估设计。

◇最后,使用第八章的日常教学策略来促成可迁移的学习。

水平4:设计所有课程(curriculum)

◇组织一个由有才华的教育工作者和其他成员组成的团队,一步一步地阅读这本书。

◇查看针对具体角色——比如地区或区域层面的课程负责人、教学指导者、学校管理人员、年级负责人或部门负责人——提出的使用本书的建议。

我们在书中和配套的网站上提供了大量的反思指南、模板和灵活的选择(或者是可以调整你当前的课程规划的方式）。如果你觉得自己在按照书中的内容"逐项核查"（box ticking）或是亦步亦趋，那么请暂停一下，试着把握这部分内容想要达到的整体目标。如果你不能厘清用心思考、步骤设计、整体模板或特定框架的目的，以及它们在课堂实践中的作用，我们完全支持你跳过相应部分。教师应该对自己的课程规划有自主权。我们相信你的专业判断，这本书能拿在你的手中，我们感到很荣幸。

本书提供了框架、原则和策略来指导教师创建深入的、可迁移学习的课堂。希望它能把学校转变成一个有联系、有意义、有创新的地方，这样我们内在的理解力就能跟上不断变化的世界。因此，我们设想一个更健康、更可持续、更和平的世界，由这一代的孩子来领导，他们将把自己的学习成果用于解决当今的复杂问题。

— 第一章 —

学习迁移
什么是学习迁移以及它将如何转变教与学

"掌握一门学科的结构就是以一种允许许多其他事物与它进行有意义联结的方式来理解它。简而言之,要掌握结构,就要学习事物之间的联系。"

——杰罗姆·布鲁纳
(Jerome Bruner)

> 为什么这一章很重要？我们需要教学生如何应用所学来解锁新情境。
>
> 这章结束时，你能做些什么？你将能够解释学习迁移的工作原理并开始重构对教学的看法。

我们从未见过一位教师对于学生的希冀是止步于课堂内的。在每节课、每单元、每学年结束时，教师都希望学生带着新的知识与技能，帮助自己更好地理解和影响所生活的世界。比如，教师希望学习水循环能帮助学生学会关心环境，研究政府政策能帮助他们参与公共生活，研究食物营养能帮助他们在合适的时机灵活把握食谱上的食材用量。简而言之，教师希望学生能将他们所学的迁移到真实世界。

学习的迁移既非常简单，又非常复杂。在最基本的层面上，它仅仅意味着将我们过去所学的知识应用到新情境中。人类天生就会这么做。就像被邻居的吉娃娃咬伤的小孩遇到奶奶的金毛猎犬时，可能会哭出声来，或者躲到父母的怀里，我们都会本能地利用过去的经验来帮助自己适应新的环境。然而，在学校里，当学生被要求将在周一数学课上所学的知识应用到周五的应用题考试中时，他们会备感挣扎。为什么在课堂学习中，我们进行学习迁移的自然能力会失灵呢？

> 在最基本的层面上，它仅仅意味着将我们过去所学的知识应用到新情境中。人类天生就会这么做。

也许问题在于大多数课堂学习与学生的生活经验脱节。我们浏览课程标准的列表或教科书的章节，在真空状态中涵盖所需学习的内容，却很少要求学生从可以迁移到的生活的其他方面汲取经验。我们规划参与性的活动来保持学生的注意力，但很少计划让他们运用自己的所学来影响真实世界。因此，大多数学生都认为，学校的学习止步于校园。我们没有教导学生学以致用，所以他们就不曾思考这方面的尝试。

因此，教师所面临的挑战是打破关于学校是什么的固有模式。我们必须重新调整课堂，使可迁移的学习成为所有工作的核心。令人惊讶的是，其实这种转变并不难实现。我们不需要抛弃现有的课程，或者重组整个学校来实现这一目标。事实上我们发现，一旦教师理解了为迁移而教学的基本要素，他们就能更好地为学生规划和实施令人兴奋的、有价值的课堂，并感到充满活力，不再心力交瘁。

> 一旦教师理解了为迁移而教学的基本要素，他们就能更好地为学生规划和实施令人兴奋的、有价值的课堂，并感到充满活力，不再心力交瘁。

在继续讨论之前，我们可以停下来思考以下问题：每一章在章节开始以及章节的最后提供的一组反思问题。这将引导你激活思想，拓展或深化思考，从而优化你的阅读旅程。我们建议你花点时间把想法记下来，然后，在本章结尾时，你可以反观这些想法并加以补充。

 **用心思考**

◇ 目前你如何帮助学生梳理知识并达成理解？
◇ 你会使用哪些策略来激励学生？

_____
_____
_____

本章结构

本章提供了理解迁移的基础，以及我们如何通过一个强大而灵活的模型来组织课程和教学，这个模型可以应用于任何学科、课程、技能或爱好。我们将使用这个模型来设计课程和学习体验，让学生为面对一个复杂的世界做好准备。本章由以下几部分组成：

◇ 概念在促进迁移中的作用
◇ ACT：学习迁移的心智模型

　· 第一步：习得
　· 第二步：联结
　· 第三步：迁移

◇ 融会贯通

◇ 展望可能性

概念在促进迁移中的作用

理解一个学习领域的组织结构既是具备专业知识的标志，也显露了我们将所学迁移到新情境中去的能力（Bransford et al，2000）。为了让学生在迁移方面做得更好，我们必须帮助他们关注学习的更深层次的结构，并以专家的方式将知识组织到这些结构中。这也意味着教师要引导学生在大脑中构建这些结构。我们一起来看看它的工作原理。

概念是用独特的属性将思想组织起来，这些独特的属性是各种各样的案例所共享的。就像大脑中的文件夹，概念帮助大脑基于共享的属性将不同的例子组织成有意义的群组。比如尽管不同的狗之间存在差异，但无论我们是在看吉娃娃还是金毛猎犬，大脑都能注意到每条狗的鲜明属性——皮毛、鼻子、四条腿、尾巴等——并将它们放入我们关于"狗"这个概念的文件夹中。图1.1可视为概念作为大脑文件夹的图解。

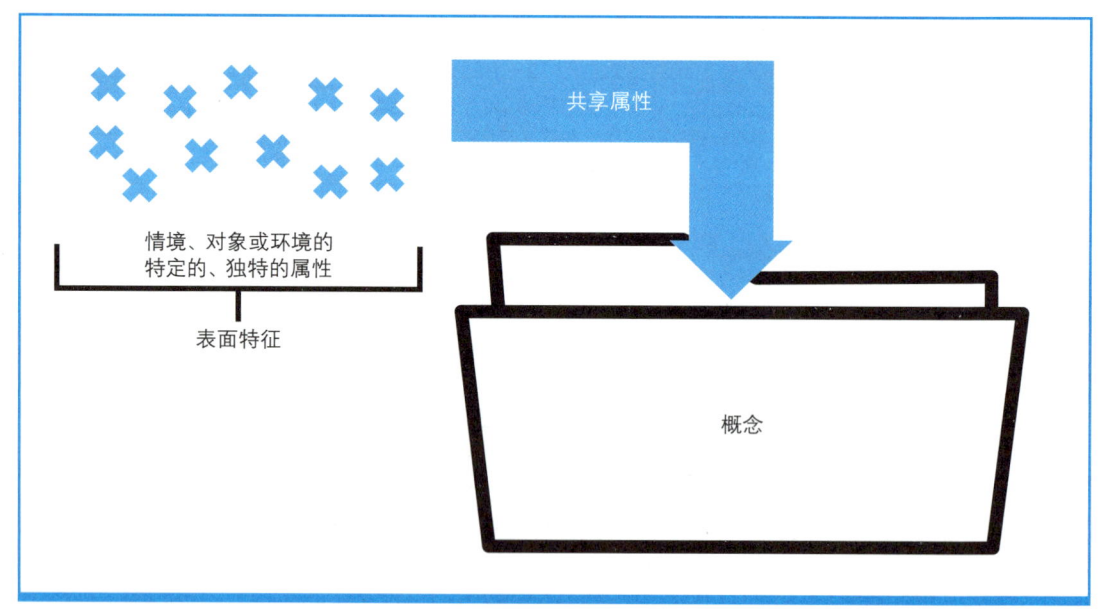

图 1.1　概念作为大脑文件夹

这个组织的过程可以帮助人们建构意义。通过将新奇的体验、对象或环境与已有的认知框架联系起来，我们就能够理解所在的世界。正如以下解释：幸运的是，即使是新奇的事物通常也与人们已经知道的事物相似，往往是人们熟悉的一类事物的例证……概念是一种心智黏合剂,将过去的经历与我们现在和世界的互动联系在一起,因为概念本身与更大的知识结构相连(Murphy,2002)。

无论是对于在自己领域内处于前沿的科学家,还是一个在客厅里蹒跚学步的孩子,概念都是新旧知识之间的联结点。重要的是,我们获得和吸收的知识越多,就越有能力学习更抽象和复杂的概念。我们开始在一个特定的领域或学科中学习专业知识时尤其如此。

例如,科学家利用生态系统的概念来了解地球上不同的生命群落,如珊瑚礁和雨林。当一位科学家了解到一个新的生态系统——沙漠或苔原——他们就会将新知识与大脑中生态系统这个"文件夹"中的其他信息联系起来。他们不是试图重新开始记住沙漠中生命的所有表面特征,而是建立在他们之前对一般生态系统更具普遍属性的理解之上。图1.2有助于说明这一点。

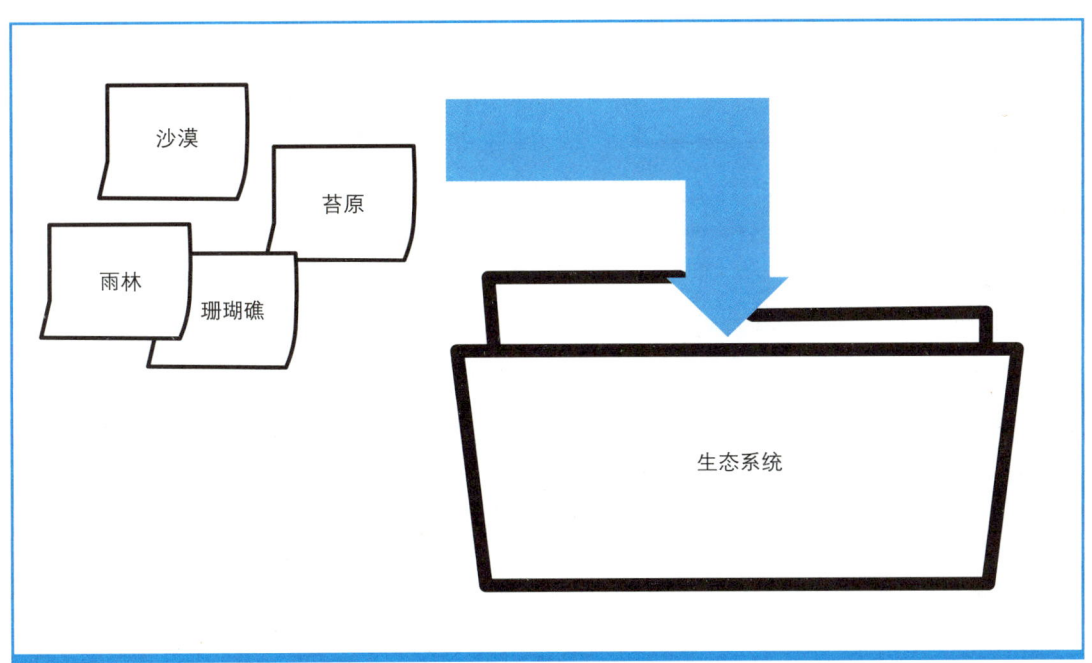

图1.2 生态系统的概念文件夹

正如生态系统的例子所阐明的那样,概念的魅力在于能够让学生和教师超越特定情境的表面特征,看到每一种情境下存在的更深层次、隐形的结构特征。然而,仅仅依靠概念还不足以建构真正的专业知识。专业知识和迁移的真正驱动力是能够看到学科内部概念之间交互模

> 专业知识和迁移的真正驱动力是能够看到学科内部概念之间交互模式的能力。

式的能力。例如,科学家要做的不仅仅是认识到沙漠是一个生态系统,他们需要利用对生态系统如何受气候影响的理解,来预测平均气温上升会如何影响撒哈拉沙漠地区的生物。头脑中的"文件夹"——诸如生态系统和气候等概念——需要相互联结起来,在专家的头脑中形成一个概念性框架(conceptual framework)(Donovan & Bransford, 2005)。图1.3展示了这些概念文件夹是如何在专家的头脑中组织、联结和建构的。

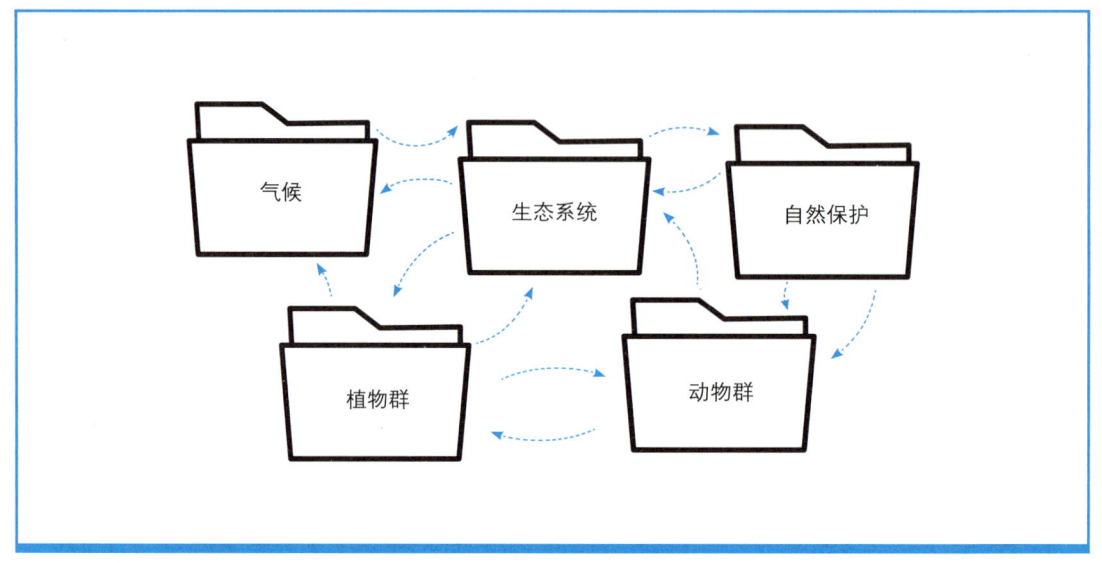

图1.3 概念文件夹的交互模式

在任何领域,将理解迁移到新情境的能力都是具备专业知识的表征的。例如,给一个专业厨师和一个新手厨师各一篮子他们不熟悉的食材,要求他们做一桌菜。即使专业厨师从来没有使用过特定的肉类、蔬菜和香料,他也可以利用自己对味道、口感和调和的理解来制作一道美味的菜肴。而新手厨师如果没有菜谱的指导,可能会迷失方向。

> 概念性框架:
> 思想在大脑中组织的方式。

研究表明,专家能够进行这种迁移的原因之一是知识在他们大脑中的组织方式,以及专家在新情境下获取知识的方式(Anderson et al., 2001; Vendetti et al., 2015)。新手往往把注意力放在新情境的表面特征上,而不是更深的、潜在的结构上。因此,初学者倾向于将零碎的信息视为独立的、不相关的,专家则将新的、丰富的信息视为存在于头脑中的一个更大的思想体系的一部分。他们在头脑中将自己领域的概念组织成框架,帮助他们快速吸收新知识、检索先前的知识,并解释问题(Bruner, 1977; Donovan & Bransford, 2005; Mehta & Fine, 2019)。

ACT：学习迁移的心智模型

每个领域、爱好或复杂的技能都可以通过对基本要素或概念，以及这些要素之间可预测的交互方式的模型来观察。篮球运动员明白进攻的目标是确保至少有一名球员处于"空位"（没有对手的防守），这样他们就可以投篮。同时，他们也明白防守的目的是防范对手的进攻。进攻、防守和开放性的基本概念在玩家的大脑中形成了一个互动网络，他们利用这个网络来适应游戏的新情境。如果将一场比赛分解开来，玩家可以利用这种理解来有效地进行即兴发挥。

音乐家都知道，在典型的音乐演奏中，那些刺耳的、不和谐的声音通常会被更稳定的、和谐的和弦所化解。"和弦""不和谐音""和谐音"等基本概念——每一个都有自己的"文件夹"——以一种可预测的模式联结在一起，以帮助音乐家欣赏一首新乐曲或谱写一首新歌。

作为教师，我们经常假定学生在大脑中创建了正确的"文件夹"，明白课程的每个要素是如何同其他要素相互关联的。我们假设学生在学习时头脑中将形成知识框架。这种情况经常发生，因为教师具备的专业知识会使其产生盲点，这意味着他们对内容看得太清楚，理解得很深，以至于忘记了这些内容在学生眼中是什么样子（Wiggins & McTighe, 2005）。他们凝视夜空，立即能看到具有独特形状和意义的星座——他们看到大熊座和猎户座的腰带——而学生虽然凝视着同样的星空，看到的却是随机的光点。他们忘记了看不到联系是什么感觉，教师讲授每颗星星——依据每个标准、主题或信息单位——并假设学生在头脑中形成了正确的星座图。然后，当学生在迁移中挣扎时，教师并不知道哪里出了问题（Perkins & Salomon, 1992）。

为了真正实现为迁移而教学，教师必须首先教会学生在任何情境下寻找和识别更深层次的概念结构。我们使每个领域的概念之间的关系能够让学生看见，并教导学生在解释新现象时有意识地利用这些模式和结构。如果这样做了，我们可以提高学生记忆信息的能力和应用技能，并将他们所学的知识灵活且创造性地迁移到真实世界的问题解决之中。

当然，发展专业知识的过程是复杂和耗时的。但我们发现，图1.4所示的简单模式却是一个强大的迁移教学工具。三个步骤——习得（acquire）、联结（connection）、迁移（transfer）（ACT）——可以用来设计学习体验，确保学生既能理解星座，也能认识每一颗星星,当看到天空中一个不熟悉的象限时,他们可以创造和应用新的模式。

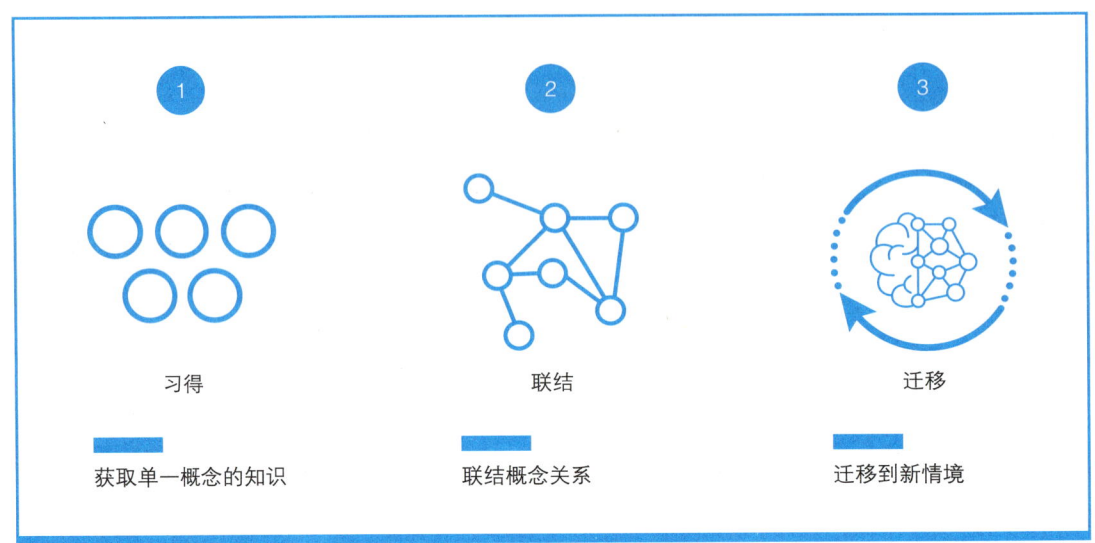

图1.4　ACT:学习迁移的心智模式

第一步:习得

如果我们希望学生能够将知识迁移到新情境,首先必须有意识地了解他们是如何在头脑中进行知识获取和存储的。因此,为迁移而教的第一步是帮助学生理解每一门学科中最为重要的组织概念,并确保他们使用这些概念对所学的关键细节进行归类。或者,继续使用我们之前的类比,教师要帮助学生跨过具体情境中的表面特征,并在头脑中创建不同的"文件夹"。

> 为迁移而教的第一步是帮助学生在每一个学科中理解最为重要的组织概念,并确保他们使用这些概念对所学的关键细节进行归类。

我们来思考烘焙中的一个关键概念:发酵。发酵指的是给面团或面糊中加入气体,从而使得它在烘烤时膨胀的过程。这可以通过多种成分或方法来实现。比如,小苏打是一种碱,可以与酸(如脱脂牛奶或柠檬汁)结合产生微小的气泡,使得煎饼变得更松软。搅打蛋清形成空气泡沫,然后将其叠进面糊,也可以起到同样的效果。酵母菌是一种单细胞生物,当它们与水和糖混合的时候可以在烘焙制品中产生气体,气体由于温度升高会膨胀上升,从而使面团膨松。

对新手而言,小苏打、搅打的蛋清和酵母菌是不同的、不相关的成分。新手烘焙师可以很容易地遵循一个配方来制作一块适当发酵的酸面包,或是一个充分膨化的糕点。但是如果让他们制造出不使用发酵剂的替代品,或者根据口味来调整配方让面团发酵得大一点或小一点，他们会觉得非常困难。但是，一旦在头脑中创建了关于发酵概念的"文件夹"，并能相应地组织这些看起来不相关的成分，他们就朝着成为专家迈进了一步，更有能力灵活地使用知识来应对新情境。

对于学习学术性知识的学生而言也是如此。仅学习了结束第一次世界大战和第二次世界大战的国际协议，并不意味着他们对于"条约"的概念有了更广泛的理解。计算集中度的特征量和离散度的特征量并不意味着他们就自动拥有了关于度量、误差和数据表征等概念的专业知识。当学生浏览课程内容的细节时——历史事件、文学作品、数学算法、科学事实——我们有责任帮助学生认知其中发挥作用的概念，并以概念性术语来组织学习（Bransford et al.，2005；Bruner，1970；Perkins & Salomon，1988）。

因为所有新的学习都需要某种程度上的迁移，通常是将之前的学习与新的情境进行比较，通过跨越每个情境的表面特征并探寻更深层次的结构，我们可以更有力地利用学生带到课堂上的既有知识和经验。当学生努力理解新情境时，恰恰说明他们被情境中的表面特征所困扰了。例如，学生可能很难理解像《杀死一只知更鸟》(*To Kill a Mockingbird*)这样复杂的文本，因为他们关注的是文体和那个时期的习俗，这对他们来说可能是陌生的。但他们可能对公平、正义、勇气、归属感、社会压力、文化和种族主义等概念有过了解，因此当他们想到自己最喜欢的歌曲、音乐短片、电影、电视剧等时，很可能就可以理解词汇选择、场景设置、角色成长和悬念等概念的价值了。组织概念将学生带入情境，使其更容易理解新情境的独特细节。

作为教师，我们必须经常培养自己跨越所教授内容的表面特征，找到组织观念或概念。如果我们只关注那些具体的细节，而不帮助学生按照概念来组织它们，就会使课堂沦为死记硬背的场所，这样的学习对于学生在其他情境中是无用的，而且很容易被遗忘（Bruner，1977）。图1.5直观地描述了为了识别嵌入在学科更深层次结构中的组织概念，我们常常不得不忽略所教授的主题的表面特征。

看一看今天学校教授的常见主题列表（表1.1），以获得相应的组织概念的例子。潜在概念的列表当然不是详尽无遗的，这是为了说明我们希望如何引导学生注意在每个新的学习情境中找到组织概念。表1.1左边的主题是我们经常听到的教师正在教授的内容。我们必须培养自己和学生通过组织概念来看待这些主题。

一旦确定了组织概念，我们可以帮助学生注意定义这些概念的特征。为了帮助学生获得概念知识，教师可以使用如表1.2所示的活动。

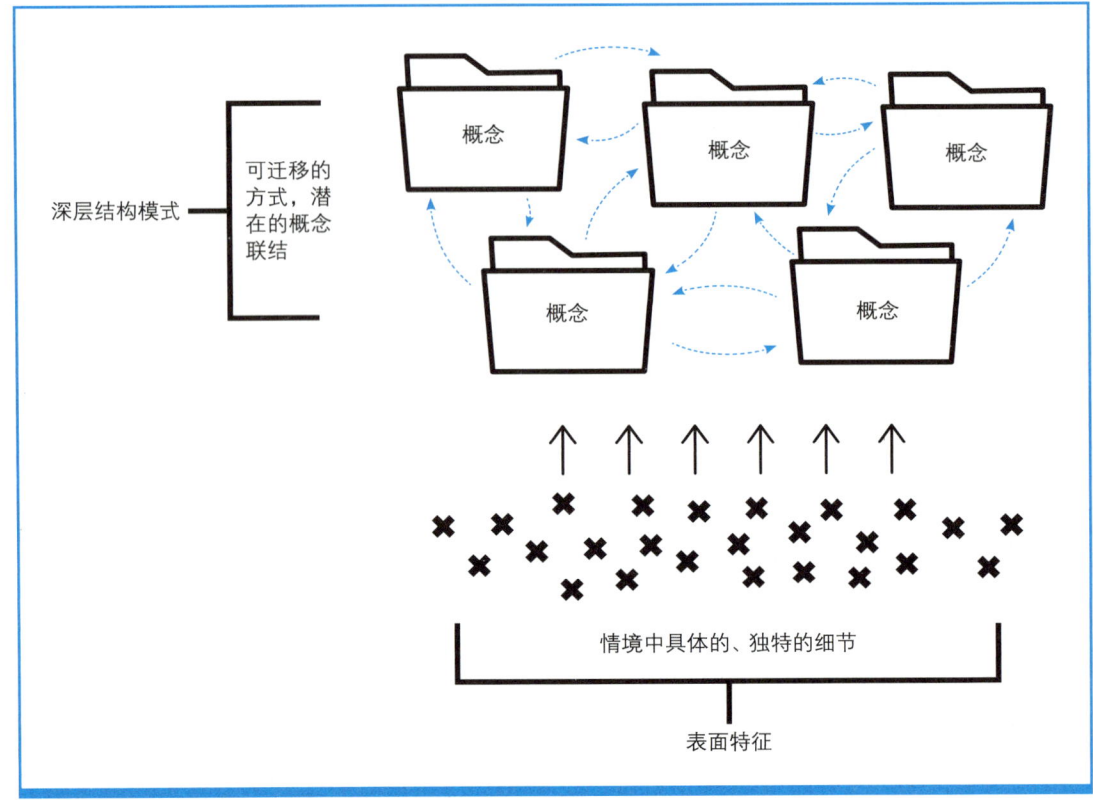

图1.5 在课程中识别深层的结构性概念

表1.1 从主题到组织概念

学科领域	常见主题：事实、技能、例子和细节	潜在的组织概念
科学	爬行和飞行动物	特征、互动、生物、环境
	岩石和矿物	变化、地球的演变、原因和结果
	遗传学	模式、编码、关系、繁殖、序列、身份、突变、遗传特征、特质
	电和磁	联结、流动、吸引、排斥、能量
数学	跳跃计数	策略、数感、顺序、数量、模式
	与数组相乘	乘法、模式、结构
	交换律	等价、关系、操作、灵活性
	链式法则	导数、函数、变化率、相互依赖性

续表

学科领域	常见主题：事实、技能、例子和细节	潜在的组织概念
英语	故事和童话	生活课程、友谊、想象、善良、挣扎、解密、拼读、词汇
	非虚构性文本	知识性、文学性、文本特征、结构、媒介、受众、语境、目的
	《罗密欧与朱丽叶》	爱、恨、忠诚、身份、竞争、悲剧、比喻语言、戏剧元素
	《最蓝的眼睛》	身份、白人、黑人、美、种族主义、叙事、象征主义、特征
社会科学	河流、湖泊、草原、山脉	地理位置、地点、自然资源、人类与环境的交互作用、聚落
	古希腊	文明、资源、制度、治理、社会结构
	第二次世界大战	冲突、权力、竞争、合作、联盟、民族主义
	宏观经济学	供给、需求、稀缺性、赤字、债务、预算、通货膨胀、增长、政策、刺激

表1.2　习得单个概念的知识

策略	案例
在案例中识别共同属性	理科生在实验室中研究各种物理变化，以便为这个概念撰写定义
对每个概念的例子和反例进行区分	学数学时，学生将一系列图表分成两类，以显示哪些是函数，哪些不是函数
用自己的语言来解释每个概念	文学专业的学生转向他们的搭档，用尽可能多的不同方式解释讽刺
用非语言表征来说明每个概念	学习政法的学生画图像和图表来解释政府机关彼此之间相互制衡的概念

　　这些策略的关键是确保学生使用概念来组织具体细节或例子的学习，而不仅仅是记忆概念的定义或知识点的列表。我们来比较一下关于数字和加法的死记硬背的学习和关于同一主题的概念性学习，可以在表1.3中看到课堂A和课堂B的区别。

表1.3 数学中的死记硬背（rote learning）和表层学习（surface learning）

课堂A	课堂B
教师告诉学生，为了成为优秀的数学家，他们必须能够快速和轻松地回忆起基本的数学事实。然后，学生制作带有基本加法事实（1＋2＝3，2＋3＝5，等等）的抽认卡，并和他们的伙伴一起练习。教师定期向全班发起"疯狂一分钟"的挑战，让学生在60秒内回答尽可能多的基本加法问题	教师向学生解释数字可以由其他数字组成。他们教学生如何将一堆5个苹果分成两堆，一堆2个一堆3个，或者一堆1个一堆4个。学生尽可能多地把数字5分解成其他几组数字。教师告诉学生，当数学家看到数字5时，他们也会看到3个和2个一组，4个和1个一组，甚至是两组2个和一组1个。然后，学生用不同的方法组成（或分解）数字5来制作抽认卡，再和同伴一起练习这些加法

在课堂A中，学生可能会机械地认知数学事实（也可能会从中获得乐趣），但他们不太可能获得课堂B中学生能够获得的对数字或加法的概念性理解。在B课堂上，教师帮助学生根据学科的重要概念组织对数学事实的学习。

当然，形成概念性理解的同时也有必要进行课堂A中描述的记忆和练习，为了集中注意力解决更复杂的问题，学生需要在大脑中有现成的基本数学知识。但是，概念学习的基础必须到位，所有的练习都要有回报。是的，课堂B中描述的学习方式需要更多的时间。但是在大脑中重新设计可迁移的学习需要我们"先慢后快"——花时间帮助学生从概念上组织新的学习将使他们在未来更快地理解和记住新信息。

想象在一个没有概念组织的课堂上进行表层学习。例如，八年级的公民课上学生可能会被要求记住美国政府的三个部门——立法、行政和司法——以及各部门相互制衡的方式。然而，如果以一种随意的方式构建这些基础知识，而没有围绕诸如有限政府和三权分立等关键概念组织案例，学生就不会为深度学习或学习的迁移阶段做好准备。事实上，当他们完成了课程的学习，他们仍然会不断问这样的问题，总统为什么不制定一个法律来完成X？或者为什么总统不把Y送进监狱？考虑到政府不同部门之间的权力分立，学生提出的这两个问题都是不成立的，因为学生实际上并不理解在政府运作中起作用的更普遍的原则。这样一来，教师必须重新返回去教授旧的材料，以弥补学生第一次学习的不足。所有花在记忆这些术语定义上的时间不会帮助学生将学到的知识应用到新的情境中，而且从长远来看，是浪费时间的。

第二步：联结

在我们的模型中，第一步是让学生习得单个概念的知识——当他们进行表层学习时，将必要的细节和例子归档到正确的思维"文件夹"中。第二步建立在这个基础之上，要求学生在大脑中的概念"文件夹"之间建立联系。其结果是形成概念与概念之间的关系网。最后，联结概念形成关系这一步就是允许学生使用这些概念，而不仅仅是对新信息进行分类。

> 一旦学生理解了某些概念，教师就可以基于这些概念之间的关系提出简单的问题。

帮助学生构建这些意义网络的最直接方法是提出问题，促使学生注意概念性关系。我们可以将概念融入以下的概念问题的题干中来实现这一点：

_____和_____是如何联结的？
_____和_____之间的关系是什么？
_____如何影响_____？
_____和_____对_____有什么影响？
_____和_____如何互动？
_____在_____中的角色/目的是什么？

举例来说，音乐的学科观念涉及音调、节奏、和声和情感等概念之间的关系。通过考察这些概念之间的关系，如：在创造和声和表达情感中，音调和节奏的作用是什么？当节奏改变时，音乐表达的情感会发生什么变化？在没有明确的教师指导的情况下，学生能够更好地分析新的音乐流派的影响。一个理解这些概念复杂交互作用的学生可以更容易地选择、编辑，甚至为多媒体演示创建一个原创配乐，以传递特定的信息。

音乐学科的例子说明了一种简单而有效的设计可迁移学习的方法。我们可以使用一个包含两个主要组成部分的循环（cycle）作为思考课程设计的一般方式：

1.教师提出概念之间如何联系的抽象问题，以引起学生对特定情境中深层结构的注意。

2.学生探索一个特定的情境。例如，一个数学问题、科学实验、历史时刻或文本段落之中概念所发挥的主要作用。

在学生有机会探索特定的情境并回答概念性问题之后，这个循环应该继续下去，让学生将自己的理解应用到不同的情境中。请参见图1.6查看此循环的示意图。本书的后续章节中，将展示如何使用这些步骤来设计课程。现在，我们仅呈现整体的概貌。

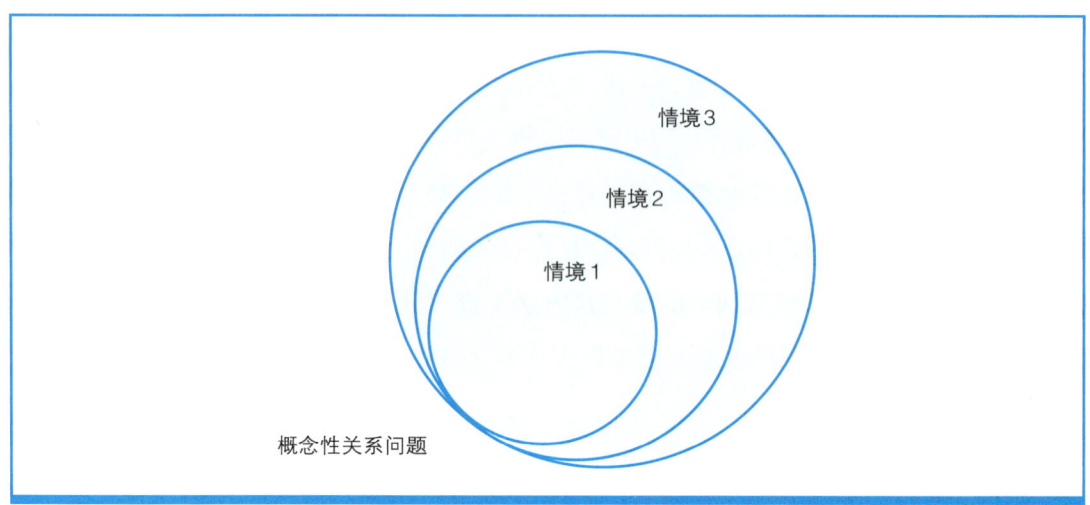

图1.6 深化学习的学习迁移循环

来源：Stern（2017）.

思考表1.4中的案例，这个案例来自一所小学的社会情感课程。学生正在探索同理心和冲突的概念。当然，教师要帮助学生理解每个概念。他们让学生快速定义每个概念，并让其将一系列场景和图示进行分类，以代表同理心或缺乏同理心。学生头脑风暴尽可能多的冲突类型，并创造一个非语言的表征来表达冲突对他们意味着什么。这些活动有助于引导学生在头脑中努力探寻同理心在新情境中的共同特征，这对学习至关重要（McTighe & Willis，2019）。

表1.4 学习迁移循环案例

同理心和冲突是如何关联的？	
抽象的概念性问题	探究的情境
缺乏同理心怎么会导致冲突呢	学生读一篇小故事，讲的是一个弟弟总觉得被哥哥姐姐冷落。然后他们讨论了缺乏同理心对兄弟姐妹的冲突产生的各种影响
冲突怎么会让人难以同理他人呢	学生头脑风暴自己与他人发生冲突的实例，并写一篇日记，记录冲突给他们带来的感受。然后讨论与冲突相关的情绪——愤怒、沮丧、怨恨、悲伤——是如何使自己难以设身处地为他人着想的
同理心如何帮助解决冲突	学生观看一段视频，视频中，一个女孩在和她最好的朋友吵架时，通过换位思考来克服愤怒
同理心和冲突是如何关联的	学生通过前三种情境来反思他们的学习，并回答同理心和冲突如何相互关联的整体问题

一旦学生理解了每个概念的含义，教师就会提出一个关于它们之间关系的简单问题：同理心和冲突是如何关联的？然后，学生通过学习迁移循环来加深对概念的理解，并弄清楚这些概念之间的联系。

请注意，在阅读每一本新书、观看视频或练习时，学生不仅跨越了不熟悉的、表面的特征，去认识熟悉的、有组织的概念，他们还利用情境的独特特征来探索同理心和冲突之间关系的更深层次的模式，以便在头脑中的两个概念之间建立一个复杂的联系网络。这有助于记忆的保持和学习的迁移，因为概念性关系中强有力的模式使得学生在面对新情境时能做出预测（McTighe & Willis，2019）。

这个循环的精妙之处在于，每一个新的情境都可以帮助学生加强对独立概念的理解。在探究了这些不同的、迭代的同理心和冲突的关系之后，学生在各自的大脑"文件夹"中会有许多关于每个概念的案例，并可以在探究概念性关系，如冲突与和平、同理心与韧性时借鉴这些案例。同样重要的是，每一个新的情境都为学习迁移的实践提供了肥沃的土壤，也就是模型的第三步。

第三步：迁移

最后，我们希望学生对重要概念及其关系的理解能够帮助他们应对新情境。虽然迁移是学习模型的最后一步，但通过各种不同的情境探究了概念之间关系的学生，已经在每次引入新情境时进行了学习迁移。每当接触到一个新的场景——一个新的数学任务、文章、实验、艺术作品或历史进程——他们会应用之前对概念的理解，然后根据新的信息改进原有理解。这就是为什么我们经常提醒教师，迁移既是手段，也是目的。

迁移之所以有效，是因为我们的大脑被设计成寻找模式的方式（Gentner，2010）。我们自然地寻找事物的相似和不同之处，以便评估新的信息或情境，并将其吸收到现有的思想和经验网络中。思维的网络或模式叫作图式（schema）。这种天生的倾向不仅在基本的心理过程中

> 图式：概念和思想之间的互动模式或思想网络。

帮助我们，比如战斗或逃跑反应中，而且联结的建立和模式的寻找也提高了大脑学习和保留信息的能力（Sousa，2017）。模式不仅能帮助我们更好地记住信息，还能助力于预测和应对新现象。例如，一旦内化了大多数童话故事中"正义战胜邪恶"的模式，我们就可以很容易地预测以前从未读过的故事的结局。了解了"战利品归胜利者"，即使给出了其他理由，我们也能识别出战争的潜在动机。

大脑寻找模式，是因为我们对把信息组织成系统有偏好，这意味着人们更喜欢把世界看作是可预测的、连贯的，而不是随意的或随机的（Gentner，2010）。然而，大多数课堂学习并没有充分利用大脑的能力来识别和应用模式，事实上仍然停留在事实和主题的水平，这不会促使我们将所学迁移到新情境（Erickson & Lanning，2014）。每当我们尝试将自己的见解从一种情境应用到另一种情境时，在知识帮助自己解锁新情境之前，我们会跨越表面的细节，抽象到概念层面，从一个具体的例子概括出一个更广泛的规则。如果教学停留在具体的实例中，而不是专注于给学生带来连贯性的更深层次的原则和模式，学生将很难把从学校学到的知识迁移到现实生活的情境中。

所有的迁移都是通过将我们已经了解的东西与新的情境进行比较来实现的。因此，显然，新情境与学生之前的学习经验越接近，他们就越容易迁移所知道的知识。学习画出函数图像 $y = mx + b$ 的学生，在被要求画出相同形式的函数图像时，相较于 $Ax + By = C$ 这种表达式，更有可能迁移他们的学习。我们可以想象，当一个应用题出现，要求学生迁移他们的绘图能力时，学生会面临更多的困难。同样地，能够识别故事类文体的主题的学生，在被要求将这种技能应用于一首诗歌时，也可能会遇到困难。这是因为迁移发生在不同的水平上。

> 相似迁移：将学习应用到与原来学习情境不同但非常相似的情境中。
>
> 相异迁移：将学习应用到一个完全不同于原来学习环境的全新情境中。

在20世纪80年代，研究人员帕金斯和所罗门（Perkins & Salomon，1988）创造了"近"和"远"两个术语来描述这些不同水平的迁移。将知识或技能从一个任务迁移到另一个非常相似的任务被称为近迁移。为了便于使用，我们将其称为相似迁移（similar transfer）。当学生刚开始学习时，相似迁移任务可以帮助他们在学习新材料时获得独立和自信。数学老师可能会为绘制函数图像的过程建模，然后提出一个非常相似的方程（近迁移），让学生自己练习绘图。但最终，我们希望学生进行相异迁移（dissimilar transfer）（帕金斯和所罗门称之为"远迁移"），这要求他们将所学应用到与原来情境不同的任务中去。

我们通常希望从相似任务的迁移开始。这是一个很好的开端，因为学生需要进行练习，从而抽象到概念层次并将所学迁移到相异的任务中。在非常匹配的场景中，进行迁移可以作为转向更有挑战性的迁移任务的辅助手段（Gentner，2010）。我们可以逐渐增加迁移任务的差异性，这样学生就可以从不同的情境中获得见解。

探究一下关于学习迁移最具代表性的研究。研究人员向受试者展示了有关一位将军和一座堡垒的故事。将军的目标是占领位于几条道路交会处的堡垒，每条道路上都设置了陷阱，这样大批军队就无法毫发无损地进入堡垒。然而，少数人可以安全地在道路上前进。由于将军无法向任何一条道路派出必要数量的部队以占领堡垒，他便将士兵分成更小的小组，并让每个小组分别取道，以便同时到达目标。

在听完这个故事后，研究人员要求研究对象想象自己是一名医生，试图拯救一名确诊恶性肿瘤的病人。这个肿瘤不能动手术，但可以用射线将其摧毁。然而，强到足以摧毁肿瘤的射线也会摧毁健康的组织，对病人造成巨大的损害。低强度的射线可以使健康的组织保持完整，但强度不足以治疗肿瘤。他们应该怎么做？尽管医生的解决方案——使用大量同时聚集在肿瘤上的低强度射线——与将军占领堡垒的策略非常相似，但研究中很少有受试者能够在没有被明确告知的情况下，将他们从故事中学到的知识迁移到肿瘤困境中去（Gick & Holyoak，1983）。观察图1.7，看看您是否能够识别两种情境下的共享概念。

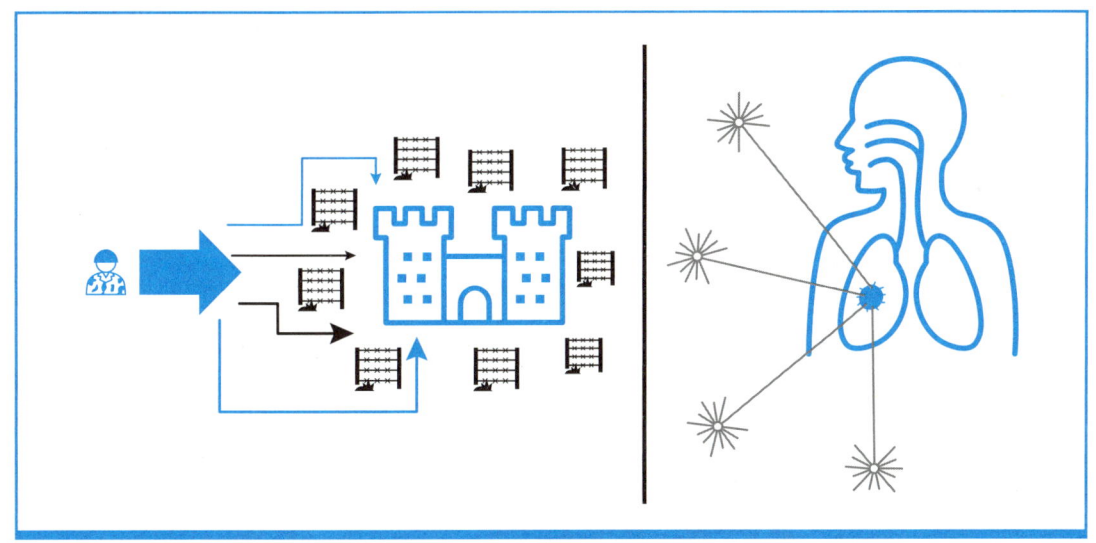

图1.7 相异迁移的案例

这是一个不同的、真实世界的迁移的典型案例，很好地说明了这种类型的迁移和创新之间的联系。研究要求参与者超越问题情境中的表面细节，并迁移他们对更深层次原理的理解——也许可以概括为"分而治之"或"力量的扩散"和"力量的汇聚"——从军事战略领域到医学领域，两种非常相异的情境。然而，一旦他们认识到每个问题的相似特征，来自一个领域的见解就可以应用于另一个领域并带来突破。我们越是能够指导

> 我们越是能够指导学生将一般模式和概念见解应用到相异的真实世界情境中，学生就越灵活，越具有创造性解决问题的能力，也更愿意创新。

学生将一般模式和概念见解应用到相异的真实世界情境中，学生就越灵活，越具有创造性解决问题的能力，也更愿意创新。

学生需要理解学科内部和跨学科的概念关系，以解决世界上最紧迫的问题。学生认识到的每一个概念结构都可以成为他们解决问题的新工具。如何使用取决于具体情况，但它具有足够的适应性，可以在许多不同的情境中起作用，并能与其他学科的特定技能一起使用。整合了广泛的跨学科结构和更集中的学科结构，将确保学生有能力应对复杂的学术情境和真实世界情境中的问题。

图1.8展示了教师如何有意识地使用情境序列来引导学生进行越来越相异的迁移行为。抽象概念问题要求学生解释韵律、重复、意象和文字游戏等概念对文本的影响。我们可以从简短的诗歌入手，逐渐增加诗歌阅读的难度。然后，我们可以将这种概念关系——关于韵律、重复、意象和文字游戏——迁移到其他类型的文本中，如歌词、童话，最终是谚语和成语。

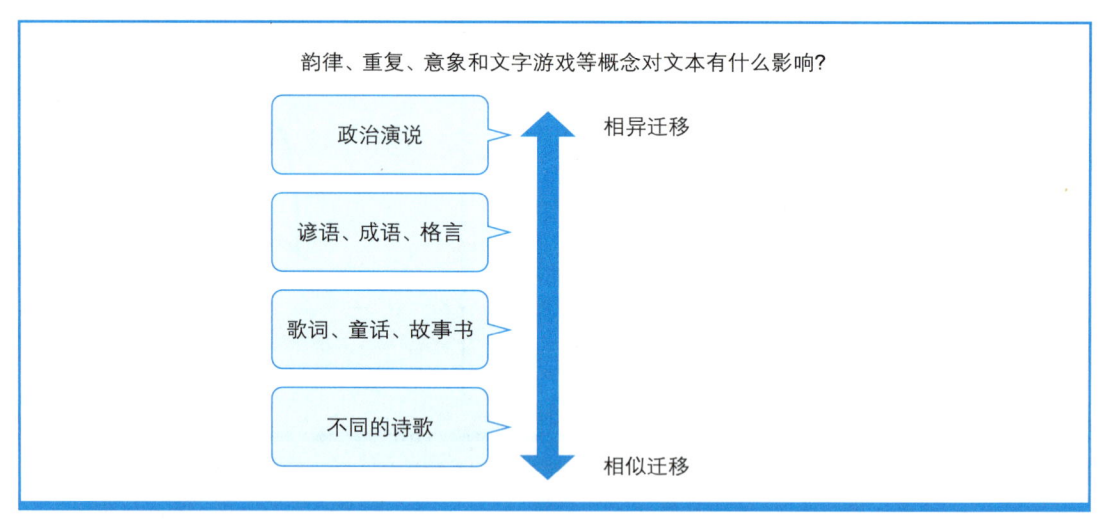

图1.8 从相似迁移到相异迁移的案例

来源：图示受帕金斯和所罗门研究启发（1988）。

每次迁移，我们都鼓励学生运用自己之前的理解，并在此过程中监控思维。记住，我们的目标是超越主题或事实层面的思考，从而发现在文本的诸多案例中都适用的更普遍的模式。在每一篇新的课文中，学生都加强了对这些模式的理解，并发展他们的大脑更清楚地分辨这些模式。这样，当我们迁移到政治演说时，比如马丁·路德·金（Martin Luther King Jr）的"我有一个梦想"的演讲，学生就会识别出更深层次的概念性联系，因此就能够熟练地将所学进行迁移，从而开启新的情境。

ACT模型是我们对学习是如何发生的综合理解，特别是可迁移的学习，与惰性的知识或纯粹的死记硬背是截然相反的。我们回顾了认知科学、教育心理学、神经科学以及对学生学习和成就的元分析，如罗伯特·马扎诺（Robert Marzano）和约翰·哈蒂（John Hattie）的研究。重要的是，ACT模型只是一种心智模型，或者是一种直观模型，它能帮助教师和学生思考如何有效地学习，并将所学迁移到新的情境中。它不是一种教育模式，也不是与其他教学模式或课程模式相冲突的僵化公式。它足够灵活，可以适应许多情境，希望你会注意到本书提供的各种案例和相应的数字资源。

> ACT模型：习得、联结和迁移概念及其关系应用于新情境的过程。

熟悉"可见学习"（visible learning）或哈蒂教授作品的读者可能会识别出一些经常被讨论的因素，比如运用学生的先验知识，以及一些在课程和教学方法中被低估的因素，如概念转化（conceptual change）和迁移策略（transfer strategies）。通过习得、联结和迁移概念性关系的步骤，学生正在参与以下所列举的对学习产生关键影响的活动之中，根据哈蒂教授进行的研究综合（Visible Learning MetaX，2020），所有这些都属于"显著提高学习的潜力"的范畴。这意味着，如果做得好，它们能够使一个学年所获得的学习成效倍增：

◇ 与先验知识的整合
◇ 概念转化
◇ 精细化和组织
◇ 自我判断和反思
◇ 迁移

融会贯通

现在，我们已经清楚了ACT模型的每一个步骤——习得、联结和迁移，考虑一下这个过程将如何改变典型英语课堂的教与学。让我们将一种更常见的方法——"对照标准列表教学"(teaching a list of standards),与刚刚描述的方法,为迁移而教学进行对比。我们想要指出的是,标准本身并不能阻止为迁移而教学。这同一个人如何着手处理、组织和构建标准有关。

在"对照标准列表教学"的取向下,教师使用内容标准或教科书来计划课程,将较大的内容组块分解为更容易消化的小块。其结果是学生学习经验的进展就像电视剧的情节一样展开。每个主题或章节在某种程度上都与其他主题或章节相分离,也许会暂且置身事外思考以欣赏更大的图景。在英语课程中,学生可能会花几周时间学习短篇故事,学习一些重要故事的关键思想、细节、技巧和结构。首先,他们读了《麦琪的礼物》(*The Gift of Magi*),然后是《日常生活》(*Everyday Use*),最后是《生火》(*To Build a Fire*)。在这个过程中,教师会有测试和小测验,可能是撰写论文或完成项目,以评估学生对每个故事的理解。该单元的最后是一个总结性评估,以评估学生对每个特定短篇小说知识的掌握程度。即使每个课程计划都与考试完全一致,并以一种引人入胜的方式来推进,学生发展的理解力仍局限于他们要考查的短篇故事集合。

在为迁移而教的取向下,教师通过提出以下问题来处理教学内容:

◇ 哪些组织概念使内容具有连贯性和意义?

◇ 这些概念之间的关系如何产生可迁移的见解,由此帮助学生应对其所在世界的复杂性?

◇ 从这些内容中学到的经验教训如何应用于当今的真实世界?

他们没有把信息分解成易于消化的组块——一个个供人消化和记忆的章节,而是设计概念性问题和一系列用以探究这些问题的情境。他们寻找一种新颖的真实世界的情境以评估学生迁移其学习的能力,以让学生走向概念性理解和学习迁移的方式来组织和架构标准。

要开始为迁移而教学,并不意味着必须抛弃课程,抛弃标准,从零开始。本书的作者之一特雷弗(Trevor)在美国弗吉尼亚州的一所公立高中教英语时,仍然遵循他所在学区的课程大纲,仍然教授许多同样的课文,仍然在一个部门工作,与拥有各不相同理念和方法取向的老师们共事。

通过创造性地定位和组织他的标准,他为原有的课程单元开发了新的框架。他将之前的短篇小说单元变成了权力悖论单元。他没有让学生随意阅读一系列的短篇小说,而是选择了探索权力、控制、阶级和地位等概念的文本。每个短篇故事还配有非虚构类文本、播客、TED演讲或其他视频，以建立有效解读故事所需的背景知识。学生仍然阅读短篇小说、分析人物、推断主题，并写下读后感。但是，他并没有把每一篇文章当作孤立的学习经验，而是选择那些能够探究两个概念性问题的故事：

1. 权力、控制、阶级和地位之间的关系是什么？
2. 情节、背景、角色和冲突如何影响主题？

学生在每一个文本中探索这些概念之间的关系，在每一篇新文本之后提炼理解。最重要的是，在这一过程中发展起来的理解并不局限于那些单独的故事。他们能够将自己对情节、背景、角色、冲突和主题之间关系的理解迁移到在接下来的一年里阅读或创作的每一篇文章中。同样地，由于每个故事的内容，以及与之匹配的非虚构作品，都让学生对权力、控制、阶级和地位等概念形成了图式，他们能够在未来的阅读中利用这些知识。

这种对原有单元的简单重构，帮助学生将内容进行更有意义的联结，更多地投入学习过程中，甚至开始将他们的理解迁移到自己的生活和演讲中。可迁移的学习不需要一场课程革命、大量的技术，或无数小时的创造和实施，它所需要的只是用一种新的方式来思考、关联和组织内容。

展望可能性

想象一下，如果每个年级、所有学科的学生都经历这种学习方式，会发生什么呢？与其把学校学习视为一系列饱受折磨的过程——需要记忆的词汇表、要完成的任务单、要完成的考试，还不如让学生接收到这样的信息，即教育的目的是让他们准备好应对每一个人在真实生活中都必须面临的复杂挑战。他们不会因为癌症治疗等复杂问题而感到害怕，而是会感到有能力参与，形成自己的观点，并采取行动。

同样令人兴奋的是，这种类型的教学使大多数学生告别充满挫折的学校体验。以下是九年级学生在开学第一个月所学习的主题列表：

◇艺术——平面艺术中的线、形、色
◇英语——诗歌和短篇小说
◇科学——生态系统
◇历史——中世纪的伊斯兰教
◇数学——求解方程

按照传统的教学方法，学生在第一节课要思考一首诗的主题，然后到隔壁教室去解方程。午餐后，他们将学习穆罕默德的教义，然后去听一个关于热带雨林的讲座。难怪学生很难将所学的知识组织成有意义的知识框架。

但是，当整个学校都在为迁移而教学时，一些简单的改变可能会产生深远的影响。我们可以培养学生通过可迁移的概念来识别情境的深层结构之间的异同，比如：改变系统中的一部分会如何影响其他部分？

◇艺术——颜色/线条/形状的变化如何影响我们对平面艺术作品的感知？学生通过改变颜色、线条和形状来创建同一个图像的三个不同版本，然后讨论一个元素的变化如何影响整体。

◇一个词能改变一首诗的意思吗？学生思考短诗中词语的具体内涵，并讨论替代词语的含义，然后他们自己写诗，并向全班同学作报告，解释自己的用词。

◇科学——当生态系统的一部分受到干扰时会发生什么？学生研究污染对当地流域的影响，并描绘出其对该系统中所有生物产生的涟漪效应。

◇历史——经济和宗教扩张如何相互促进？学生研究伊斯兰教的扩张是如何与中世纪伊斯兰社会及其邻国之间的贸易扩张交织在一起的。他们研究经济扩张如何为宗教皈依铺平道路，以及宗教扩张如何为贸易繁荣奠定基础。

◇数学——我们如何改变一个方程，让它更容易解？学生学习如何处理方程来分离变量，区分保持方程原有平衡的变化（例如，两边同时减去7，或两边同时乘以2）和破坏方程原有平衡的变化（改变一边而不改变另一边）。

这是一个类比推理和跨学科学习的例子，我们将在以后的章节中进一步探讨。由于几乎所有的新学习都涉及将以前的理解迁移到新的情境中，我们可以期待学生的学习随着遇到的每一个新情境而深化。想象一下，在学完这些单元后学生的能力变化，他们将会明白：

因为系统的所有元素都以复杂且通常无形的方式联系在一起，所以对系统某个部分的更改经常会在系统的其他部分产生意想不到的"副作用"。当我们理解系统中的关系后，可以操纵它们以产生所需的更改。

本单元结束时，学生将以许多不同的方式研究系统变化的本质。他们会逐渐理解系统中的相互依赖，来自一门学科的见解很容易在另一门学科中得到验证。最终，一个项目要求学生将这些变化的原则应用到一个新的场景中，这将呈现他们以灵活的方式运用这些概念的能力。

想一想这种类型的学习如何适用于一些可能的项目和表现性任务。这里有一个简单的例子：学校是一个相互依存的系统，考虑你想在学校做出的改变，然后分析你想要的改变可能会对学校的整个系统产生的影响。创建一个演示内容，注意直观性和语言的表达，将这种分析传达给学生、教师和家长。之后，写一篇反思性的文章，解释你对变化、系统和相互依赖的理解是如何影响你的项目进程的。

这个例子意味着什么？即为迁移而教是令人兴奋的，并且能够将学校转变为学习和解决问题的充满活力的实验室。我们不需要为了实现这个目标而抛弃学校的整个基础设施。

结　语

第一章的内容是为了展示本书，以及我们对课程和教学的更广阔的视野是基于研究和课堂经验的塑造。"可迁移的学习"这个概念并不是我们发明的一个时髦词，用来迷惑读者和销售书籍。这是一个公认的且认知科学家研究的现象。我们读过相关的学术著作，也知道相关的挑战，但我们也知道，死记硬背的知识和脱离情境的技能不足以让学生为日益复杂的世界做好准备。如果想真正帮助学生发展在学校内外进行意义建构和做有意义事情的能力，我们需要整合过去和现在的教学方法中所有最好的元素（以及添加新的元素），以帮助他们发展迁移概念性理解的能力。

在本书中概述和分享的工具、框架和策略，并不是纸上谈兵的理论，我们自己已经在课堂上与同事以及世界各地的教育工作者一起使用了它们。在这些工具、框架和策略中，我们认为ACT模型是最强大的。它是一种具有极佳适应性的工具，可以用来指导和安排学生的学习过程。尽管这是一个相对简化的关于如何学习的模型，但我们相信它应该是一种探索性的步骤，来概念化、组织和支持所有其他用以形塑教学的复杂的策略、框架和工具，而不是试图取代它们的僵化模式或规定形式。它不是填空模板或一成不变的框架。就像它所代表的学习过程一样，它是动态的、开放的，且可以根据你的学习情境和目标进行适应和调整。

为了帮助你更好地设想如何创建专注于可迁移学习的学校和教室，第二章将详细介绍实践和思维方式的基本转变，为更有意义和可迁移的课程与教学奠定基础。虽然我们不需要抛弃整个学校的基础设施来实现本书中所分享的理念，但仍需要深入和慎重地思考我们作为教育工作者的教学、实践和信仰之间的关系。

> **用心思考**
>
> 反思在这一章节中我们的思考是如何拓展、深化或发展的。
> ◇ 概念和模式如何影响学习迁移？
> ◇ 学习迁移和学生学习动机之间有什么关系？

LEARNING THAT TRANSFERS

— 第二章 —

实践中的转变
如何为可迁移的学习建立基础

“对我来说，孩子是未来的真实写照，是一种可能，是一种蓄势待发的状态，是一种无法预先确定或预先描绘的成长。我看到了这些孩子，不止一个像她一样的人，冒着风险，竭尽全力，想要找到答案，提出自己的问题，体验一个共享的世界。”

——玛克辛·格林

（Maxine Green）

> **为什么这一章很重要？** 改变某些实践做法可以加速学习迁移的能力的形成。
>
> **这章结束时，我能做些什么？** 我将能够反思我的教学习惯，并在实践中应用能促成转变的策略。

想象一下，在教室里，学生正忙着编辑提案，想办法让校园成为一个更具包容性和支持性的社区。他们分成几个小组，就最新的提案提出建议和接受反馈。当学生交换想法和提供见解时，空气中有一种明显的嗡嗡声。大部分的墙壁成为直观的思考空间，贴满了便利贴、连接线和他们早期想法的草图。这间教室看起来就像一个新项目正在如火如荼地进行的设计工作室。

学生的肢体语言体现了认真参与——他们身体前倾，移动便利贴，在自己的笔记本上记笔记，做出生动的手势和发出兴奋的声音，又积极地倾听同伴发言。这些小组正在组织来自不同领域的概念：恢复性司法、民权、住宅设计及装饰、比例尺图纸和心理健康。学生正在使用设计思维和解决问题的框架来改进提案——就像专家一样。下周，他们将在当地学校董事会上提出想法。他们兴奋无比，气氛热烈。

他们从这个引发性问题开始：怎样才能使校园成为一个对所有人都更具包容性和支持性的社区？他们将不同的学科概念应用到这个问题上，在当地社区的特邀演讲者和导师的帮助下，他们像历史学家、科学家、数学家和艺术家一样停下来思考。然后，每个学生都在项目中就吸引他们的兴趣和热情的特定方面开展研究。现在，每个小组都聚集在一起，将各方面的发现综合成一个提案。

这只是一个例子，来说明当迁移是学习的焦点时，学习是什么样的。虽然本书的大部分内容都集中在课程设计上，但为了真正释放教学的力量，许多领域需要重新架构，在某些情况下变化是显著的。本章提供了明确的转变策略，为可迁移的学习打下了坚实的基础。

用心思考

在继续之前,我们思考一下以下问题:
◇你认为课堂上学生的主要角色是什么?教师的角色是什么?
◇在你的课堂上,课程、教学和评估的作用是什么?
◇在你的课堂上,家长、领导者和社会扮演着什么角色?
我现在的想法:
_____
_____
_____

本章结构

本章着重阐述实践中的七个关键转变,这些转变对于学习迁移在学校中扎根是必要的。一些即用策略能够帮助教师立即应用这些转变,本书的其余部分则更仔细地聚焦每一个转变,更为全面地调整教学惯例和习惯。

◇转变1和转变2:学生和教师的角色
　・培养学生自主学习
　・建立教师信誉

◇转变3和转变4:课程和教学的作用
　・从科目到学科素养
　・促进迁移的扩展性框架
　・助力迭代学习的心智组织

◇转变5:评估的作用

◇转变6和转变7:领导者、家长和社会的角色
　・学习迁移坐标

◇运行中的ACT模型

表2.1中列出了实践中必要的基本转变,为可迁移的学习打下基础。当你阅读每一条时,考虑一下你目前的实践与之相匹配的程度,以及哪里有成长的空间。

表2.1　实践中的基本转变

转变1：学生	学生的角色是自己学习的指导者
转变2：教师	教师的角色是聚焦迁移的课堂设计者
转变3：课程	课程的目标是建立学科素养和现代素养的可迁移的组织图式
转变4：教学	教学尊重学生先前的知识和经验，以促成可迁移的概念联系
转变5：评估	评估是一个关于教与学的质量的反馈系统
转变6：领导者和家长	家长和学校领导与教师合作，共同促进学生的长期成长，使他们能够过有意义的生活
转变7：社会	社会成员与教师合作，使学生能够将学习迁移到真实世界的情境中

转变1和转变2：学生和教师的角色

本章的每一节都以非聚焦迁移的课堂（课堂A）和聚焦迁移的课堂（课堂B）的比较开始。对两种截然不同的场景进行比较，可以让我们注意到身边事物的独特特征，这就是为什么我们经常要求学生在学习的习得阶段对概念的正例和反例进行分类，以及为什么本章在每个部分都使用这种方式来说明可迁移学习所必需的转变。

我们将比较两间教室中学生和教师的角色。表2.2中教室A和教室B有什么不同？把你的想法写在表格的右边一栏。

表2.2　学生和教师角色的关键差异

关键差异	课堂A	课堂B	你的想法
转变1：学生	学生等待教师告诉他们该做什么。当他们陷入困境时，安静地坐着，直到教师指导下一步该做什么。他们认为学习就是收集点滴的信息，并能证明他们在评估项目时保留了这些信息	学生知道什么是习得、联结，并将理解迁移到新情境。他们设定自己的目标，并决定学习过程中的下一步。他们监控自己的认知过程，并知道当遇到困难时应该采取的具体步骤	

续表

关键差异	课堂A	课堂B	你的想法
转变2：教师	教师花了很多时间思考如何吸引学生，比如设置复杂的游戏、装饰，或动手活动，引导学生在玩中学。她有时会因为学生缺乏动力而感到沮丧，她会用成绩或分数激励学生努力完成作业	教师通过展示能力和活力来建立教师信誉。她明确表达了很高的期望，在学生中创造了一种思考和合作的文化，并与他们建立了牢固的关系。她策划有效的学习过程，使学生将理解迁移到感兴趣的新奇的情境中，并影响世界	

第一个不同是学生自主学习的关键转变。课堂B强调了让学生清楚地了解学习是如何进行的，以及在学习过程中监控自己认知的重要性。它还强调了学生设定目标并将学习迁移到自己感兴趣的情境中的价值，所有这些都有助于学生发展对学习的主人翁意识或主体性。

在新冠病毒感染疫情期间，有的学校转向在线学习，我们可以清楚地看到，许多学生已经变得过度依赖于站在他们身边或指导他们每一次身体和心智行动的教师。我们可以帮助学生在学习的旅程中找到快乐，并成为这个旅程的引导者，在实践中进行重要的转变。

转变2强调除了游戏或分数之外，教师还可以利用其他工具来激励学生。正如课堂B所展示的那样，我们真正的力量在于建立互信、牢固的师生关系，值得信赖的课堂和学校文化，高质量的课程和教学。教师信誉（teacher credibility），就是学生相信教师知识渊博、值得信赖、热情和平易近人的信念，建立教师信誉能显著提高学生学习的能力（Fisher et al.，2020）。在接下来的章节中，我们会简要探讨建立学生的学习自主权和教师信誉的具体方法。

> 教师信誉：学生相信教师知识渊博、值得信赖、热情和平易近人的信念，建立教师信誉能显著提高学生学习的能力。

培养学生自主学习

在当今复杂多变的世界中，学生必须学会如何学习，因为他们将不得不在成年后继续学习（Davies et al.，2011）。培养学生自主学习的课堂文化的三个关键要素包括合作、冒险和智力成长。学生必须开放地与同龄人一起学习，从错误中学习，并监控他们的思考过程。

表2.3是我们目前用来思考自己角色的，也是我们直接与学生分享的。当你阅读表格时，想象一下如何运用于你的课堂中。

在表2.3的所有例子中，一个共同的主题是课堂中聚焦心智成长的重要性。我们所做的一切都应该以启迪学生的心智为目标。这是通过建立一种鼓励思考与冒险且充满安全感的文化来实现的，这种文化接纳错误并将错误视为成长和学习的表现。教师也可以通过向学生展示自己的思考过程，呈现教师是如何从错误中学习，以及教师的思维是如何在监督、质疑，甚至改变或修改自身的理解中演变的方式来为学生赋能。

表2.3 聚焦迁移课堂中学生和教师的角色

学生角色	教师角色
学习的主导者	赋能课程计划的设计者
自主思考的侦探	学生思维的侦探
同伴和教师的合作者	对学习影响的评估者
多样想法和经验的模式探索者	多元资源与经验的管理者
具体表现：	具体表现：
◇共同构建成功标准	◇建立合作、安全的文化
◇设定目标	◇建立教师信誉
◇监控思维	◇培养思维习惯
◇自我质疑	◇提供思考的榜样
◇自我调节	◇提供冒险的榜样
◇选择策略	◇提供从错误中学习的榜样
◇提供自我和同伴反馈	◇指导学生认知训练
◇应用反馈	◇提供和寻求反馈
◇决定下一步探究什么	◇调整教学
◇调整学习行为	

 即用策略

与你的学生就"学习"的含义和学习的样态进行简短讨论，让他们回想自己想通了某件事或灵光一现的某个时刻，并在小组中分享经验。也许你可以分享一个自己学习某一特定事物的案例，比如学习如何烘焙、粉刷房间或一门语言；分享你的思维习惯，以及每一种习惯是如何影响你的学习的，比如设定目标、下定决心、反思、协作、提前计划。然后，问问你的学生，他们想把哪些思维习惯应用到课堂学习中。

高水平的合作学习对学生来说并不会自然发生。这种能力需要花时间培养和发展。同伴指导协议（peer coaching protocols）要求学生提供和接收反馈，并为需要认知参与的思考提供机会。通过要求合作伙伴处理来自同伴的输入信息，分析他们的工作，并提供建议以帮助伙伴进步，学生能够建立自信和成为自主的学习者。

即用策略

可参考表2.4的同伴指导。

表2.4 同伴指导

同伴A	同伴B
•解释你对这个概念或技能的理解 •寻求具体的反馈，这样你的同伴就知道在哪里给予更多的关注 •不间断地倾听对方的反馈，并把它写下来 •思考并告诉你的同伴下一步做什么	•不打断对方，认真倾听 •写下他们希望收到的反馈，以确保你的反馈是有用的和被需要的 •分析同伴的工作，并根据要求提供全面的反馈 •认可你同伴的反馈，引导他们寻找任何有助于下一步行动的资源

一旦建立了一个积极的、协作的共同体，我们就会把注意力转向在课堂共同体中鼓励冒险和从错误中学习。学生需要知道犯错、提问题和以不同的视角探索是可以的——学习本身比分数或班级排名更重要。这要从改变心态开始，也就是要明白不完美是可接受的。我们可以通过引入"未完成"心态（yet mindset）的概念来实现这一点。这种心态源于卡罗尔·德韦克（Carol Dweck）关于成长型思维（growth mindset）的研究（Dweck，2016）。

当学生形成"未完成"的心态时，他们知道自己的第一次尝试只是一个基本标准，其将在此基础上获得进步。学生相信自己有潜力，并且知道如果明确首要目标，并为这些目标付出努力，就能够取得成功。拥有"未完成"心态的学生不会为难题所阻碍，他们坚持不懈地寻找资源和支持，以克服所面临的任何挑战。

就像在合作中，学生不是一开始就具备这种心态。合作需要练习，有时需要对思维进行重组，教师也需要有意识地努力帮助学生接纳"未完成"心态的力量。我们可以从改变自己使用的语言开始（表2.5），让学生分享挫折和困惑；提醒他们，他们只不过是还没有理解。为学生提供机会,让他们停下来反思自己的思想是如何进步的。不断强化学生拿到台面上来的知识和技能(基于成长与"未完成"的取向),而不是指出他们知识或技能的差距(基于缺陷的取向)。

表2.5 在"未完成"心态中语言的转变

阻碍性心态(hindering mindset)	未完成心态(yet mindset)
我不会做……	我还不知道该怎么做……
我的成绩很差……	我刚开了个头;还有待进步……
我做得不如……	我改进了我的个人目标……

> 元认知:在学习的过程中监控我们的所思所想。

将学习主权转移到学生手中的另一个关键步骤是让学生监控自己的认知和学习。元认知是对自己认知过程的认知,学习者基于此监控自己的认知活动。我们希望学生更明确地思考自己的学习,通常是通过教他们设定目标、监控和评估自己的学科学习进展来实现(Muijs & Bokhove, 2020)。

当然,说起来容易做起来难。仅仅要求学生监控自己的思考或提供反思的机会是不够的。一个有效的策略是向学生清晰地展示元认知过程(Frey & Fisher, 2010)。虽然元认知通常被认为是一种使课堂更加以学习者为中心的方式,但很明显,教师及其专业知识在课堂上仍然发挥着至关重要的作用。

 即用策略

> 提出一个与你所教授内容相关的新问题或情境,并向学生大声说出自己的想法,分享你的想法。使用第一人称陈述,比如我注意到……以及展示其他你在探索新情境时所采取的行动和考虑的方法。然后你让学生阐明他们所注意到的,并分享已经采取的类似认知方式,以及下次遇到新问题或新情境时可如何深化自己的思考。

一方面,元认知不是一个简单或自然的过程,学生需要看到教师的示范、设问,加以练习,从而变得熟练。如果学生不知道"评估自己的想法"是什么意思,或者不确定如何做到这一点,仅仅创造练习元认知的机会是没有用的。另一方面,简单地要求学生模仿教师的专业行动会产生枯燥、脱离情境和不真实的教学。如果学生只是亦步亦趋地模

仿教师的思考，他们的理解将停留在表层，无法迁移到新的情境中。

把元认知教学当作一种学徒式训练可以缓解这种紧张。当一个人成为一名学徒时，他必须花一些时间倾听专家并向专家学习他们所需技能的基本知识。没有铁匠会给学徒一把铁锤，让他们直接开始打铁！培养技能需要时间、练习和耐心。

学徒制的目的是帮助学生最终成为专家，所以我们必须给学生机会应用所学，从事有意义的、真实的工作。这就是为什么在聚焦迁移的课堂中，频繁地向越来越真实的任务迁移是另一个关键的转变。我们想要模拟加深理解的过程，并在所遇到的每一个新情境中质疑所信奉的真理。

一方面，我们可以组织无比精妙的课程，但如果我们不与学生建立信任和积极的关系，学习可能会受到阻碍。另一方面，我们可以与学生建立牢固的关系，但如果课程缺乏活力，教学不能有效地调动学生的智力参与，学习也会受到限制。这就引出了聚焦迁移的课堂所必需的下面的两个关键转变。

建立教师信誉

哈蒂教授（2009）将教师信誉定义为学生认为教师有能力、值得信任和有爱心。当学生在思考一个教师是否可信时，他们实际上是在思考他们是否想要寄希望于这门课或者向这个人学习。教师信誉，或学生认为教师是可信的，有1.09的效应量，这意味着它有可能大大提高学生的学习效率，使学生在一个学年内所达到的学习成效为年平均增长率的近三倍。

 即用策略

> 反思你在多大程度上展示了教师信誉的关键特征。有没有什么方法可以让你在学生面前显得更有见识、更值得信任、更热情、更平易近人？也许你可以找1～2位学习很吃力的学生，和他们建立联系，和他们开玩笑，表达你对他们成长和幸福的关心。其他学生会注意到，这能增加你在他们心中的信誉度！

形成教师信誉的另一途径是建构强大的课堂凝聚力。当学生对教师有信心时，课堂就会是一个朝着积极的学习目标前进的共同体，这样的课堂被认为是公平的，也会有一种团结感或凝聚力。

学生常常在进入课堂前就已经对自己的能力或兴趣形成了先入为主的观念。即使我

们设计了出色的课程，这些观念也可能导致他们产生负面学习经验。教师可以与有需要的学生建立牢固的关系，来保持他们的好奇心，以及思考如何激励他们相信自己。

学生有时难免过于紧张不安，放弃解答一个问题或完成任务，又或不想参与课堂，与其做出评判，我们不妨问问自己，为什么这个学生会这样做？当变得好奇时，我们可以从过去的经历中学到很多，这些经历塑造了学生的心态和行为。学生经常想要我们的关注或需要我们的帮助以学习自我调节技能。一旦挖掘了自己的好奇心，我们就能更有效地抓住和满足学生的需求。

表2.6展示了一些很容易实施的即用策略，以支持教师建立信誉，形成积极的师生关系和强大的课堂凝聚力。

表2.6 即用策略：建立学习者社区

影响	教师信誉	师生关系	强大的课堂凝聚力
效应量（Hattie，2020）	1.09	0.48	0.53
即用策略	公平对待所有学生。与学生一起创建公正与平等的课堂，致力于理解每位学生是一个独特的个体。这可能意味着在反馈时要考虑学生的情况	一起建立对课堂的期待。学生和教师都要保持这些期待。如果学生觉得自己的期待被忽视了，教他们如何向你寻求关注，并定期收集教学反馈	为班级制订一个整体工作目标。这可以是任何类型的目标，如学科、行为或参与目标，关键是学生投身于目标达成，想要尽自己的一份力量。用真诚的赞美来总结和祝贺学生朝着目标行动中所取得的进展

转变3和转变4：课程和教学的作用

一旦学生和教师开始转变在课堂中的角色，就意味着我们准备着手思考课程和教学的作用。在表2.7中，你注意到课堂A和课堂B之间的区别了吗？把你的想法写在表格的右侧一栏。

表2.7 关于课程和教学作用的关键差异

关键差异	课堂A	课堂B	你的想法
转变3：课程	教师对照课程标准的内容，按部就班地教导学生。她经常觉得有太多的内容要讲，以至于没有足够的时间教完。在单元的最后，特别是学年末，通常是一场尽可能多地完成教学内容的苦战	教师把课程设计看作是在学生大脑中建立思维的组织模式的一种方式。她通读课程标准，以确定她所教授的学科中核心的、最具迁移性的、最具组织性的概念	
转变4：教学	教师所教的课程大多是预先确定的、她希望学生知道的信息和能做到的技能。她很少停下来问学生，分布的学习内容构成了怎样的整体图景，也很少考虑每一个标准对学生课堂之外的生活的长期价值	教师将学习与学生先前学习的知识联系起来，并认识到学生必须在多重情境下重新回顾他们的学习，以加深理解。她考虑学生需要的补充性能力，比如数字公民，并在学生将学习迁移到新的情境中时把这些能力进行叠加	

这两种课堂的主要区别在于，课堂A中的教师将标准或学习结果视为所有学习的"天花板"，或唯一和最终目标，几乎没有空间去跨越、整合个别的、离散的标准。一个简单却有力的转变是将学习标准视为"地基"，也就是学习的重要基础，但不是学习的最终目标。我们可以将单元学习聚焦在标准文件中最有效的、可迁移的概念中，给学生提供工具来解锁新的情境。即使是那些在课堂上没有涉及的情境，如果计划得当，学生也能举一反三。

从科目到学科素养

许多教师在确定最基本的概念和技能时往往会遇到困难——我们经常阅读课程标准或学习目标清单，似乎它们同等重要。转向关注学科素养（disciplinary literacy）是一种有效的途径来帮助我们明确什么是重要的，以及帮助学生了解世界是如何组织的。尽管"素养"（literacy）一词的含义通常与读写能力联系在一起，但学科素养指的是在一个特定领域具有更广泛价值的能力，学科素养包括特定学习领域特有的认知和实践的方式（Shanahan & Shanahan, 2012）。

> 学科素养：特定学习领域特有的认知和实践的方式。

我们将在第三章深入探讨这种转变。现在，我们想要强调的是，将每一门学科对复杂世界的理解方式视为教育学生如何将学习迁移到新情境中的重要手段。对学科素养的关注为学生提供了必要的技术术语和实践，以评估和创造学科知识，而不是简单地记忆它。为了做到这一点，教师需要深入探究，允许学生探索每个学科如何提出和考察问题，提出和辩论主张，并得出和辩护结论（Moje，2015）。

传授任何特定领域的认知方法意味着从教授教学科目转变为教授学术性学科。"科目"（subject）一词意味着内容的覆盖，"学科"（discipline）则意味着训练、秩序、自我控制以及对思想和行动的标准应用。学生需要明白这一点，也就是他们不仅是知识的接受者，而是要成为学科知识的创造者。他们必须学会以实践者——历史学家、科学家、数学家、修辞学家——在真实世界中构建知识的方式来进行认知。当学生在课堂上的思考体现了在专业领域中进行思考和推理时，知识的创造就出现了。

质疑、批判和创造新的学科知识的能力可以被视作一个社会正义的议题。如果学生没有获取和理解某个领域专家所使用的文本的能力，我们又怎么能期望学生在就业市场中取得成功，或者是成为塑造公共政策的日益复杂和情境化的知识体系的具有批判意识的消费者呢（Hammond & Jackson，2015）？当学生能够批判性地阅读不同学科的内容，同时结合自己独特的认知方式和知识储备，他们就能发展一种成为有眼光的知识消费者的敏锐能力——有能力质疑它、挑战它，并参与围绕其生产和交流所形成的话语过程（Moje，2007）。学习者认识的各个领域的视角越是多样化，人们对各个领域的理解也就更容易，也更公平。

为了将教学从分散的标准转变为可迁移的学科素养的教学，教师需要有一个清晰的、令人信服的学科视野。就小学教师而言，需要明确他们所教授的几个学科领域。尽管有许多资源可以帮助教育工作者阐明这样的愿景，但每个人都要为建立这样的愿景而努力，我们将在下一章中进行这一工作。

促进迁移的扩展性框架

我们过去总是认为如果教师在课堂上讲过什么或教过什么，学生就应该学会。我们现在明白了，学习并非如此。现在要考虑的是，我们希望学生在离开课堂多年后仍然能够理解和应用什么。作为教学的结果，我们希望他们在成年后做什么？然后去思考希望学生如何参与学习过程并使所学内容保留下来。这些简单的转变对于我们的教学方式产生了重大的影响。

任何人都不可能同时注意几件事。如果我们以同等的重要程度对待每一件事，那么就不会惊讶于其中一些被铭记而大部分被遗忘（Bruner，1977）。相比之下，当学生在多种情况下不断重温我们所教授的学科领域中最重要的概念时，其开始掌握有助于将学习迁移到新情境中去的组织结构（Willis，2018）。

当我们专注于组织概念时，我们也可以运用学生的先验知识。从这些词中选择一个，广泛地思考，想象这些概念在学生面前的所有呈现方式："能量""生存""平衡""力量""对等""比例""相互依赖"。大部分学生都观察到，食物或睡眠，或是食物不足以及睡眠不足，会增强或减少能量；大部分学生也目睹过父母或其他照顾者利用自己作为成年人的权力控制他们的生活，比如当违反家庭规则时，他们会受到惩罚。想象一下，如果我们更有意识地使用这些经验来教授学生有关课程的概念，会是什么样子。

事实上，以更开阔的思路构建学生的学习，鼓励其考虑如何将知识应用于课堂之外的世界，这一简单行为就能提高他们保留和迁移知识的能力（Engle et al.，2012；Willis，2018）。当我们过于狭隘地关注单元计划中列出的标准时，我们可能会无意中创造出一种学习环境，让学生相信学科学习的作用、功能和目的与更广阔的世界没有关联。如果我们不花时间以鼓励学生将所学应用于校外情境的方式来解释和构建学习，我们怎能期待他们自发地这么做呢？

请比较表2.8中这两个课堂之间的差异。

表2.8 理解扩展性框架（understanding expansive framing）

课堂A	课堂B
教师向学生展示标准，介绍一个新的教学单元，并解释将在下一次总结性评估中出现的重点，然后开始教学。这向学生传递的信息很明确：你将要学习的东西很重要，因为它会出现在考试中。即使教师在接下来的教学中出色地执教了一节课，学生完全投入其中，这种框架也传达出一种信息，也就是当学习过程结束时，即便数据表明学习是"成功的"，他们所学的东西也并不一定有用	教师仍然会介绍标准和最终的总结性评估，但教师也会花一些时间来呈现他们的学习在学校之外的各种情境中使用的方法。例如，英语教师可能会解释一个人为特定受众量身推送信息的能力如何与政治、娱乐或专业领域相关联。或者，科学教师可以分析科学过程如何为学生提供认知工具，他们可以用这些工具在实验室之外的生活领域提出更好的问题、追踪数据，并得出新的结论

将学生的学习与学校之外的情境联系起来可以扩大学习的边界，鼓励他们思考不同的时间、地点、人物或文本与他们从课程中获得的理解可能是相关的。与课堂A不同，课堂B展示了扩展性框架（expansive framing），这是指教师和学生将日常经验和不同情境融入课程主要内容的方式。我们可以向学生传达这样的信息：将他们所知道的知识迁移到其他情境中去是被允许和鼓励的，他们甚至对此负有责任（Engle et al.，2012）。

除了帮助学生更有效地迁移，利用现实生活经验也有助于将学生定位为知识的创造

> 扩展性框架：教师和学生将日常经验和不同情境融入课程主要内容的方式。

者。当这种框架出现时，学生在开始学习的时候就明白，他们将被期望把所学的知识应用到未来的情境中，而且也不会有教师明确地解释学习将如何证实、复杂化或否定他们对概念性关系的理解。本书的每一位作者都曾多次与学生一起经历过这样的时刻，这些学生描述了这种文化如何渗透到他们的日常生活中。就像是在大脑中装载了模式识别软件，而他们无法关闭它！

 **即用策略**

想一想你要怎么使用扩展性框架来帮助学生思考如何将所学内容应用到生活中。开拓思路，想一想是否有组织概念，可以与学生先前的知识和经验联系起来？有什么方法可以让学生把他们所学到的东西应用到真实世界的情境中？

助力迭代学习的心智组织

我们认识的每一位教师都曾有过这样的经历：学生似乎很快就忘记了我们教的东西。当有意识地帮助学生掌握一门学科的组织结构时，他们既能更好地记住所学的知识，又能将所学的知识运用到新的情境中。当再次需要信息时，心智组织（metal organization）能使我们有效地检索信息，在大脑中建立一个图式。

图式是一种帮助我们理解事物如何运作的心智结构，它与组织知识的方式有关。当接收到新信息时，我们会把它与我们知道、相信或经历过的其他事情联系起来。这些联结就在大脑中形成了一种结构。深度学习涉及将特定的知识片段纳入我们更广泛的理解图式的能力（Meta & Fine，2019）。

如何帮助学生建立图式？我们利用迁移的力量来加深理解，促进大脑中的联结。学习是一个迭代和递归的过程，而不是线性的。学习的目的是将知识迁移到未来的情境中，迁移的行为也帮助我们成为更好、更有洞察力的学习者，这是一个正向反馈循环。通过更好地适应新环境，我们不仅能够更有效地应用知识，还能学得更多。

由于大多数课程设计的线性本质，我们很容易假定应该将迁移任务保留到一个单元或学习过程的最后。我们经常听到教师这样说："这太棒了！我花几个星期教学生概念，然后我设计一个测评项目,学生必须把理解应用到一个新情境。如果他们能够迁移所学,我们就达到目标了!"

然而,如果我们等一个单元的学习结束后,才让学生去迁移他们的理解,结果可能会令人失望。尽管大脑天生就会寻找模式并建立联系,但这通常是一个潜意识的过程。想想一个讨厌吃花椰菜的孩子,在没有尝试过豌豆的情况下,她决定也不吃豌豆。很有可能,她心里并没有这样想"根据我以前吃绿色食品的经验,我决定不吃豌豆了!"相反,她或许无意识地从一系列例子中提取概念性关系。当涉及更抽象的学科学习时,大多数学生和成年人并不擅长唤起他们之前的理解(Perkins & Salomon, 1988, 1992)。

这就是为什么在规划学习体验时,学习迁移循环(learning transfer cycle)(图2.1)如此简单有效而且直观。当将单元学习视为一个迭代过程进行设计时,我们不断鼓励学生将所学到的应用于新情境中,并检查这些情境如何证实、复杂化或推翻他们对概念性关系的理解。基于学生的发现,他们可以增加对这种关系理解的深度和复杂性。这种循环更多地反映了我们在校外学习的方式——不断遇到新的信息,将其吸收到已有的图式中,更新我们的观点和理解。

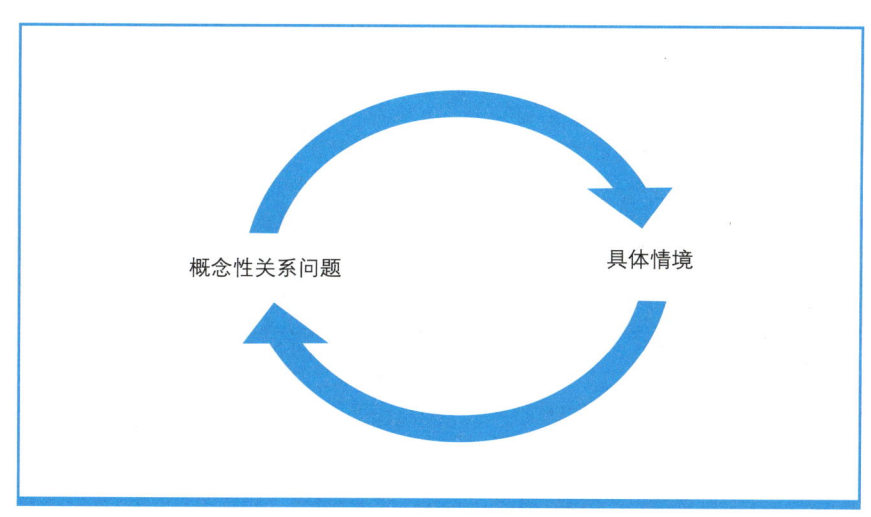

图2.1 学习迁移循环

来源:Stern et al., 2017.

想想成年人的生活吧——当我们了解社区中正在发生的政治问题,寻找改善工作表现的方法,或努力成为一个更好的配偶时,我们不是简单地找到一个答案,参加一个测试,然后继续前进。如果真的想要提高,我们会不断地尝试学习更多,应用所学到的知识,并最终更新我们的理解。

我们希望教师在完成课程和单元规划之前，先尝试这些方法，开始体验见证学生产生可迁移的学习所带来的快乐。概念性关系问题是用以考察建立组织图式作用的有效方法之一，这种图式可以让学生解锁新的情境，希望你能即刻用它们进行试验。

 **即用策略**

将你目前正在教授的两个概念插入下列其中一个问题的题干中。记住，用可迁移的概念填空，而不是过于具体的细节。

- ＿＿＿＿＿＿＿和＿＿＿＿＿＿＿是如何联结的？
- ＿＿＿＿＿＿＿和＿＿＿＿＿＿＿之间的关系是什么？
- ＿＿＿＿＿＿＿如何影响＿＿＿＿＿＿＿？
- ＿＿＿＿和＿＿＿＿对＿＿＿＿有什么影响？
- ＿＿＿＿＿＿＿和＿＿＿＿＿＿＿如何互动？
- ＿＿＿＿＿＿＿在＿＿＿＿＿＿＿中的角色/目的是什么？

下面的题干作为早期的初级问题或作为回答上面问题前的脚手架问题很有效。

- ＿＿＿＿＿＿＿和＿＿＿＿＿＿＿的区别是什么？
- 当＿＿＿＿＿＿＿与＿＿＿＿＿＿＿交互时会发生什么？
- 为什么＿＿＿＿＿＿＿要让＿＿＿＿＿＿＿（做某事）？
- 为什么＿＿＿＿＿＿＿需要＿＿＿＿＿＿＿？

让你的学生在笔记本或白板上画一个两栏的表格：我现在的想法和我精炼后的想法。在课程开始时提出问题，让学生给出"我现在的想法"。在这节课结束时，让学生回到同一个问题，并写下"我精炼后的想法"，然后让他们成对讨论给出的回答，并回答"监控思考过程如何影响学习和理解"。接下来，设想另一个情境，在这个情境中呈现概念并要求学生在学习体验结束时再次回到这个问题。

转变5：评估的作用

表2.9中的课堂A和课堂B有什么不同？把你的想法写在表格的右侧一栏。

这里的关键差异可能表明了最重要的转变，即从把评估当作一个问责事件到把评估视为一个反馈系统（system of feedback）。

当我们认为评估是一个事件，或者让它成为"测试"和"小测验"的同义词时，就营造了这样一种环境：教师创设考试，让学生对单元的学习负责，学生花时间猜测考试内容。在这种情况下，学生通常在考试前都不知道自己的表现如何，即使到了考试后，他们也可能无法准确地评估自己的学习成就，直到教师给出了高分。

表2.9　关于评估作用的关键差异

关键差异	课堂A	课堂B	你的想法
转变5：评估	教师宣布单元考试将在三周后举行。这时，学生不断地问，这个会出现在考试中吗？——作为一种确定内容重要性的方法。当学生注意力不集中时，教师经常试图通过提醒他们考试快到了来使其重新集中注意力	教师设计的评估将衡量可迁移的概念，然后计划教学来为学生在评估中体验成功做好准备。在这个过程中，教师和学生都在持续地监控对概念不断深入的理解和对已知知识的迁移能力	

相反，当教师和学生将评估视为学习的反馈系统时，我们营造了一种环境。在这种环境中，我们使用各种各样的工具——测试和小测验，当然，还有日记和讨论，甚至是个人反思——不断衡量我们当下的学习情况，我们的目标是什么？学生不再问，这个会出现在考试中吗？教师也不再把测试结果作为学生在整个单元学习中

> 当我们制订评估计划时，我们是在制订一个方案来监控和衡量学生的成长。

不努力和注意力不集中的"罪证"。评估的基本目的是让教师、学生、家长和社会对当下的学习质量有一个准确的了解，这在很大程度上是为了指导下一步的学习，而不是一种评判教师和学生的手段。

本书在讨论评估计划时，并不是说要编一套测试卷，而是我们要制订一个计划来监控和衡量学生的成长。我们希望学生讨论好与坏的案例，并分享他们根据成功标准所注意到的要点。我们希望他们定期设定目标、评估自己的进步，并根据教师和同伴的反馈及自我评估来确定下一步该做什么。

著名学者赵勇教授提醒我们在设计学校教育时要谨记、把握长期或宏观的目标。例如，考虑能提高考试分数但降低学生阅读兴趣的阅读干预措施有多大用处（Zhao，2013）。我们最终希望学生是充满好奇心的终身学习者，评估政策应该与这一重要追求相一致。

我们要问自己的一个关键问题是，评估实践如何影响学生的学习动机和学习自主权？例如，我们遇到过很多教师，他们认为学生的考试成绩好，所以说明他们已经教得

很好，不需要提高学生的技能。我们提倡所有的教师反问自己，学生学习的长期目标是什么？如果成绩很好，但学生讨厌学习或在与焦虑作斗争，我们就需要重新思考实践中的一些问题了。

让我们来看看现代世界史课程中的这种转变。在一个不聚焦迁移的课堂中，学生可能会花几个星期的时间研究第一次世界大战，考察其原因、过程和影响。接着是极权独裁者的崛起和大萧条，然后是第二次世界大战和冷战的开始。在这个过程中，会有测验，也可能是完成一些论文或项目，以评估学生对每段历史的理解。每个单元的结尾都有一个总结性评估，以衡量学生对每个特定主题知识的掌握。即使每个课程计划都与考试完美结合，并以一种吸引人的方式来讲授，但一旦学生提交了总结性评估，他们所发展的理解就没什么用处了。

在聚焦迁移的课堂中，评估测定学生将理解迁移到新情境的能力，这意味着评估必须呈现一个学生以前没有在课堂上一起研究过的情境。考虑表2.10中的现代世界史课程的示例。教师会提出两个概念性问题，学生会在探索每个丰富的事实背景时回答这些问题。概念性问题将学生的注意力集中到这些更广泛的原理上，学生通过观察每个新情境的相似和差异来加深和精炼理解。

表2.10 现代世界史的案例

抽象概念问题	探究的情境
主权与权力的关系是什么？美国国会批准军事干预的目的是什么	学生学习第一次世界大战，用事件中的事实作为证据来支撑他们对问题的回答。学生的探究将使他们发现持久的、可迁移的观点
	学生研究了导致第二次世界大战的那段历史，并意识到在民主国家，公众对战争的看法会影响领导人的干预能力
	学生将他们的概念理解应用到冷战中，探索全球不同程度的军事行动
	学生完成一项研究项目，找出与这些概念相关的当前事件，并将其呈现给全班同学

通过组织主权、权力、自由、安全等概念，对第一次世界大战到冷战这一时期进行研究后，在单元评估中教师呈现给学生有关无人机和巴基斯坦地图的图片，如图2.2所示。

学生在这门课上不会学习无人机，也不会学习巴基斯坦。他们会被要求分析几个简短的新闻报道，这些报道赞成或反对美国使用无人机袭击巴基斯坦，学生要使用他们对于主权、权力、自由和安全等概念深层结构的理解,来论证他们赞成或反对进行无人机袭击。

图2.2 无人机

这种评估能衡量学生对第一次世界大战的了解吗?不,不是直接的评估。教师需要通过简短的测验或其他评估来确认学生对历史关键细节的理解。但这种评估衡量是最重要的:学生将所学知识运用到新情境中的能力。本书第七章将更详细地介绍了如何将评估设计为学习反馈系统。我们最后两个转变涉及课堂之外的参与者——学校领导、家长和社会。

转变6和转变7:领导者、家长和社会的角色

在表2.11中,你注意到课堂A和课堂B之间的区别了吗?把你的想法写在表格的右侧一栏。

转变6反映了一个令人悲哀的现实:对于一些教师来说,学校领导和家长的互动大多围绕着分数或学生的不良行为。如果我们转向一种真正的伙伴关系,以学生为主导,专注于孩子的长期成长,会怎么样?我们已经见证了学生主导的会议完全改变了学校的文化,当我们在走向聚焦迁移的课堂时,也需要倡导这些类型的转变。

表2.11 关于领导者、家长和社会成员角色的关键差异

关键差异	课堂A	课堂B	你的想法
转变6：领导者和家长	教师和领导之间或者教师和家长之间的很多互动都围绕着学业表现和评估，也就是分数或成绩。通常，当事情进展得不顺利时，比如学生成绩差或行为不端时，他们就会开始交流	教师与家长和学校领导结成合作关系。他们考虑的是学生的长期成长，包括其学业和整体幸福感。学生经常引导领导、教师、家长之间的互动，讨论他们学习得如何，以及每个人可以做些什么来更好地支持学习	
转变7：社会	学习被局限在教室的四面墙之中。学生通常认为，学校的学习只能在学校，他们的爱好、希望、恐惧、人际关系、流行文化和时事等一切都与学校的学习无关	学生以前的经验被用来为概念理解提供支撑。社会成员就许多主题提供指导，如媒体素养或创业精神。学生将学习迁移到真实世界的情境中，并有来自他们所在社区的真实的观众	

积极的共同体的一个关键组成部分就是家长的参与。家长是教育共同体的重要成员，应该参与到学生的学习过程中。家长可参与的路径是展示会和学生主导的会议。学生通过记录一个单元、一个季度或一个学期的学习经验和成长历程，来恰当地展示他们当前的学习。学生有机会讲述自己的故事，而不是由教师或进度报告向家长传达这些信息。学生主导的会议和展示会不仅赋予学生归属感和自豪感，也允许家长在教育共同体中进行更个性化的互动。

 即用策略

要求学生在工作项目或作业中收集自己学习的证据，并解释哪一项是他们感到最自豪的，或者在哪些方面可以向父母或监护人展示自己最大的成长。问问你的学生家长，他们对孩子的未来有什么展望？并想想如何把父母的希望融入课程中。

第7个转变的特点是真实性或真实世界的影响。这一重要特征与学生学习自主权的获得密切相关。今天的学生想要改变他们周围的世界（Senge，2010；Wagner，2012；

Spencer & Juliani，2017）。理想的情况下，学生将学习迁移到一个新颖、真实世界的挑战中，要求他们与真实的观众接触，并最终观察到真正的变化或影响。我们可以让社会成员参与进来，通过技术，让更广阔的世界支持学生的成长和发展。

该转变展示的另一个方面是，扩大我们所教的学科视野，也就是学科教学要涵盖学生在21世纪所需要的重要元素。第四章将更详细地介绍这些新能力，如媒介素养和创业精神。当学生将学习迁移到真实的情境中时，他们几乎总是需要将数学和社会研究等传统学科的概念和技能与其他领域相结合。

本书旨在通过将学科素养与现代素养（modern literacy）相结合，让学生为真实世界中混乱而复杂的情况做好准备。现代素养是对那些寻求将新的思维、知识和做法引入教育的无数的倡议和能力的统称。我们将进行自己的课程创作之旅，形成学习经验的序列，带领学生进行跨学科的探险，习得、联结、迁移学科素养和现代素养的概念。

> 现代素养：无数的项目、倡议、哲学和教学法都试图将新的思维方式、认知方式和做法引入教育，并将它们统一在一个概念框架下。

以相互依赖（interdependence）的概念为例。我们可以从分析不同的例子开始，例如植物和动物如何相互需要以作为食物来源、住所和繁殖工具。然后我们可以通过光合作用和授粉的过程来探索这个概念。我们逐渐意识到，自然界中的相互依存比我们之前认为的要普遍得多。

现在，我们希望在学习科学知识的基础上，将其与联合国可持续发展目标的现代素养相结合。我们研究了人类对环境影响的概念，以及我们使用的塑料如何最终成为微小颗粒，被鱼类等动物消耗，然后被我们食用。这是生物和物质相互依赖的一个方面，它们的相互依存有着更高的价值和复杂性，特别是当我们意识到塑料最终进入了食物中并被我们摄入。

最后，我们将迁移到一个更复杂的情境，分析美国黄石国家公园几十年来首次重新引进狼这个物种时发生了什么。一种连锁效应发生了：狼的引进减少了鹿的数量，这使得更多的草和其他植物得以生长，由于草和其他植物根系的增加，从而改变了河流的流向。这体现了一种戏剧化的相互依赖和人类对环境的影响，这是以前我们所不了解的。当你阅读接下来的章节时，考虑学生对概念的理解是如何扩展和深化的，因为他们将概念联结起来并迁移到新的情境中。

学习迁移坐标

我们可以逐渐扩大学生学习对真实世界的影响。在前一章中，我们介绍了学习迁移坐标的纵轴，从相似迁移到相异迁移。在图2.3中，我们在帕金斯和所罗门（1988）的相似和相异的迁移范畴的基础上增加了横向维度：将学习从学科世界迁移到真实世界。

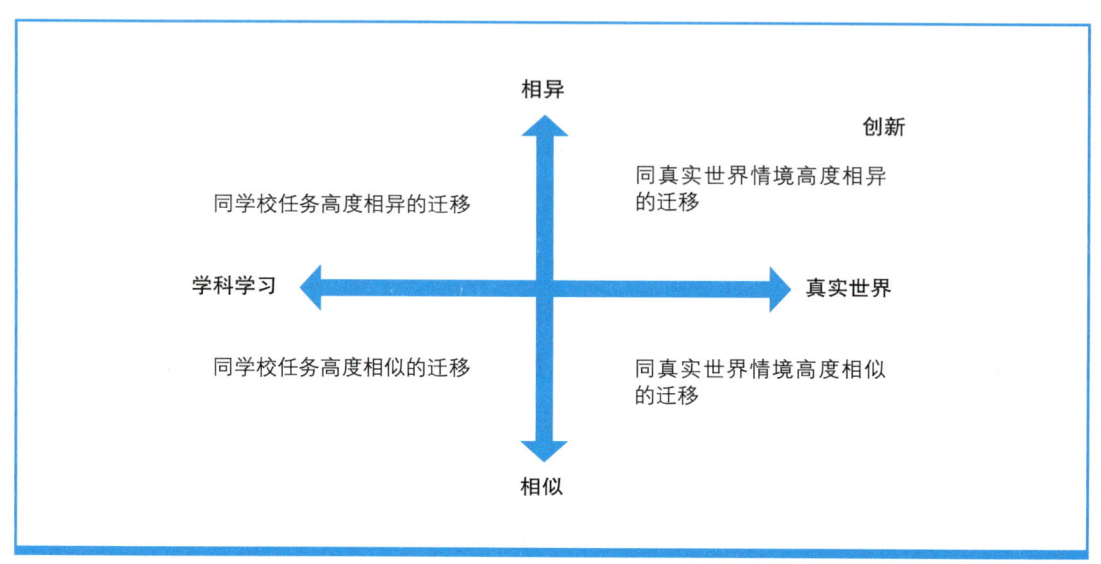

图2.3 学习迁移坐标

来源：引自Stern et al., 2017.

学生可能在尝试将学习迁移到不同的情境中，但是如果这些情境都是学校的任务，而不是真实世界的挑战，结果是，学生虽然可以写虚构的文本或者仿写文章，但是永远不会将所学的应用到电视或社交媒体上的政治宣传文案撰写。然而，如果我们为学生提供机会，促使其将学习迁移到真实世界的情境中，我们将会让他们能做更多的事情，而不仅仅是在考试中获得高分。

为迁移而教不仅帮助我们培养学生的创新精神，还能够个性化学生的课堂体验，以确保在课程中有更大程度的相关性和选择性。我们可以通过比较新的学习情况和概念性经验，以此保障他们先前的知识和经验能学以致用。学生也可以探索任何他们感兴趣的学习情境，只要概念是在新情境中呈现的。这为共同构建学习经验提供了一系列可能性，将教育工作者的专业知识与学生的个人兴趣领域结合起来。这符合赵勇教授所说的可个性化的教育（2018）。可个性化的教育（personalizable education）与

> 可个性化的教育：学生成为他们学习经验的创造者，而不是从教师策划的学习列表中进行选择。

个性化学习（personalized learning）的不同之处在于，它允许学生成为自己学习经验的创造者，而不是从教师策划的学习列表中进行选择。

表2.12提供了教师和学生可以使用的典型情境类型的示例，以促进不同学科的迁移。当然，选择并不局限于此列表，但希望它提供了一个很好的参考框架，为我们设计迁移提供参考。

表2.12 使用迁移进行个性化学习

内容	迁移的典型类型	可个性化经验示例
英语语言艺术	其他文本或媒体	学生在课堂上阅读《蝇王》（The Lord of the Flies），并将作者对象征主义和人物塑造等概念的运用与他们为文学圈（literature circle）选择的书籍进行对比
数学	描述概念或解决问题的其他方法	学生学习集中量以及如何呈现数据，并根据收集的数据和想要传递的信息选择最佳的呈现方式
科学	其他生物、生态系统、能量流动的实例、化学反应等	学生学习一个生态系统中的能量流，然后通过探索一个感兴趣的生态系统来应用它
社会科学	其他文化、国家或历史时期	学生在了解美国内战起因的情境下学习冲突和变化的概念。然后探索另一场内战，看看冲突和变化在战争开始时扮演的角色

需要注意的是，可个性化的迁移任务是将研究和数字素养技能纳入课程的天然场所。学生可以利用对课堂上概念性关系的理解，更深入地剖析他们通过互联网搜索引擎和学科数据库等工具找到的信息。每一种转变都从不同的角度反映了课堂、学校和社会可能如何发展，以跟上这个快速变化的世界。

运行中的ACT模型

在深入研究如何进行更详尽的课程与教学设计以支持可迁移的学习之前，我们想要拉近镜头放大一个学习设计的案例，找到所有这些转变在一个单元中呈现的样子。图2.4再次列出了ACT模型以供查阅。

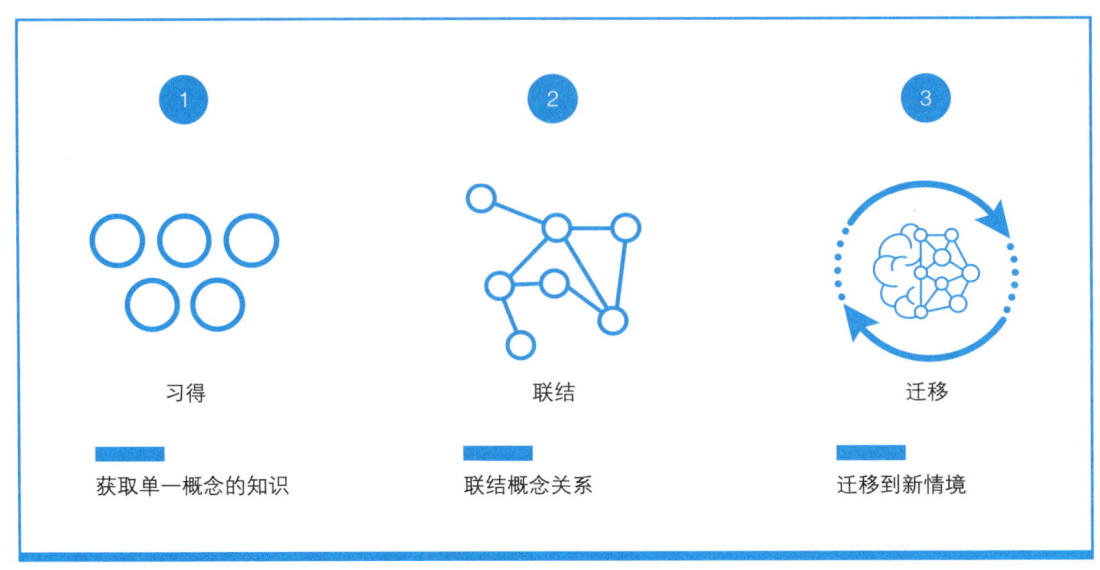

图2.4 ACT模型

为了厘清对ACT模型的探索思路，我们将利用规划工具之一——单元故事板（unit storyboard）。它将具体介绍ACT模型如何帮助规划和促进可迁移的学习。我们先来看看社会研究专家平克尼·尼歇尔（Pinkney Nichelle）创建的一个示例。

为了确保学生在真实的情境中学习，尼歇尔首先关注的是热门话题、真实世界议题和时事。考虑到它们的相关性和对我们当下时刻的重要性，她决定探索联合国的可持续发展目标，以找到与她的课程的交会点。通过关注她在标准中发现的更广泛的概念，她很快地就基于各种文件信息编制了一份共同概念列表——制度、平等、可持续性和发展。她将自己的单元命名为"稳定而灵活：21世纪的发展"（Stability and Agility: Development in the 21st Century）。

随着计划的进行，她的设想逐渐成形。她意识到，像人类发展指数（human development index）等指标以精妙的方式解释了死亡率、人均收入和预期寿命，却忽视了制度在塑造这些现实中发挥的作用。排除对制度的讨论会如何对发展中国家造成负面影响？学生应该如何判断和探究富人和穷人的来源，而不是简单地承认他们的存在？每一个问题都激励着尼歇尔深入挖掘，并让她更兴奋地与学生分享。

接下来，尼歇尔策划了一些学习过程，来帮助学生理解制度、平等、可持续性和发展等概念，以便他们最终能够回答一些她之前思考过的更有意义的问题。这些并不是唯一能帮助学生理解她所策划的情境的概念，但它们给每个探究情境都提供了抓手，并促成可迁移的学习。

故事板将作为她的教学蓝图和她的学生的学习地图,两者都围绕着她从标准和真实情境中抽取出来的锚定概念而展开。关于她的故事板的习得阶段,请参见表2.13。

表2.13 故事板——习得阶段

稳定而灵活:21世纪的发展				
习得	联结	相似迁移	相异迁移	学生行动
锚定概念:制度、平等、可持续性和发展				
概念获得自我评估				

来源:Nichelle Pinkney, 2020.

接下来,尼歇尔寻找能够帮助学生理解这些概念之间关系的情境。这个单元的目标之一是让学生剖析发达国家和发展中国家的不同结构。她通过让学生分析不同情境中锚定概念之间的关系,来加深和完善他们对每个概念的理解,从而完成这项任务。

为了构建概念性问题,她参考了概念性关系问题的题干,插入了相关的概念,提出了问题"制度、平等、可持续性和发展之间的关系是什么?"她选择了几篇关于教育的文章作为支持学生探究的第一个情境。通过选择一个学生感到放松和了解的话题,他们能够更好地分配回答情境中各自的概念问题所需的认知负荷。

为了更好地将学生的注意力集中在具体情境下的相关信息上,尼歇尔补充了额外的指导问题:教育制度如何影响发展?当在各个情境中学习时,他们使用在第八章中列出的CLICK思维工具,来厘清自己的思维在学习过程中是如何发展的。表2.14是故事板的联结阶段。

表 2.14　故事板 —— 联结阶段

稳定而灵活：21 世纪的发展					
习得	联结	相似迁移	相异迁移	学生行动
核心概念：制度、平等、可持续性和发展	制度、平等、可持续性和发展之间的关系是什么？			
概念获得 自我评估	教育制度如何影响发展？ 思维工具： CLICK 资源： 文章一、文章二、多媒体、课件			

来源：Nichelle Pinkney, 2020.

基于学生在联结阶段发展起来的概念理解，尼歇尔为学生提供了一些新的资源和一个新的指导问题：政府制度如何影响发展中的社会？这种情境、问题和资源鼓励学生将他们在前一个阶段形成的概念性理解进行迁移，探索国家的规则制定者和立法者如何决定社会的样态。

这是一个需要学生花费精力讨论的重要话题，比如政府的角色和功能是什么？它如何能让社会变得更好？具体如何实施？当学生浏览每一种资源时，他们会向 CLICK 思维工具中添加更多信息，提炼他们的理解，收集更深入和更复杂的反映单元核心概念性问题的见解：制度、平等、可持续性和发展之间的关系是什么？关于故事板的相似迁移阶段，参见表 2.15。

尼歇尔最兴奋的时候是和学生分享相异迁移的例子。在筹备这个单元时，她和侄女就 2018 年的电影《摘金奇缘》(*Crazy Rich Asians*)展开过一次对话，这部电影展示了新加坡一些最富裕地区的风貌。在观看过程中，她的侄女非常震惊，因为新加坡居然看起来是一个如此富裕的国家。她的惊讶使尼歇尔意识到，尽管世界上的很多地区都具备现代特征，但是在大多数的美国课程中，它们很少被描述为发达地区。

表2.15 故事板——相似迁移阶段

稳定而灵活：21世纪的发展				
习得	联结	相似迁移	相异迁移	学生行动
核心概念：制度、平等、可持续性和发展	制度、平等、可持续性和发展之间的关系是什么？			
	教育制度如何影响发展？ 思维工具： CLICK 资源： 文章一、文章二、多媒体、课件	政府制度如何影响发展中的社会？ 思维工具： CLICK 资源：文章、多媒体		
概念获得 自我评估				

来源：Nichelle Pinkney, 2020.

这种不协调促使她挑选了一篇文章，让学生对发达国家和发展中国家的概念提出疑问。她提出了一个问题，世界上的国家都是发展中国家吗？在让学生了解了制度、平等、可持续性和发展之间的关系之后，她真正推动了学生的思考。学生使用第八章介绍的BOLT思维工具来设计概念图，直观地捕捉所有概念之间的关系。

尼歇尔要求学生考虑可能会出现哪些新的标准，从而更准确地判断一个国家是否发达。这有助于让学生不只是理解内容，还能像学科专家一样思考，像社会科学家一样对知识进行创造和假设。表2.16是故事板的相异迁移阶段。

最后，尼歇尔设计了一个开放式作业，学生会创作一个多媒体演示内容，探索某个国家的各种制度必须如何相互平衡，以达到相应的可持续发展目标。学生可以自由选择国家、呈现的方式、内容框架，以及其他一些东西。更重要的是，他们有机会向一个由当地非营利组织组成的团队展示最终成果，这有助于让学生对社会事务产生兴趣和意识，以健康的方式推动地方政策的制定，来支持和改善社会制度。故事板的学生行动阶段可以参考表2.17。

我们希望对于ACT模型的简要概述能给读者提供一些启发，以将学习迁移到真实世界的情境之中，希望你已经准备好深入了解这个规划的过程。

表2.16　故事板——相异迁移阶段

稳定而灵活：21世纪的发展					
习得	联结	相似迁移	相异迁移	学生行动	
核心概念：制度、平等、可持续性和发展	制度、平等、可持续性和发展之间的关系是什么？				
	教育制度如何影响发展？思维工具：CLICK 资源：文章一、文章二、多媒体、课件	政府制度如何影响发展中的社会？思维工具：CLICK 资源：文章、多媒体	制度将会如何发展以回应当今世界的快速变化？思维工具：CLICK 资源：多媒体、文章		
概念获得 自我评估					

来源：Nichelle Pinkney, 2020.

表2.17　故事板——学生行动阶段

稳定而灵活：21世纪的发展					
习得	联结	相似迁移	相异迁移	学生行动	
核心概念：制度、平等、可持续性和发展	制度、平等、可持续性和发展之间的关系是什么？				
	教育制度如何影响发展？思维工具：CLICK 资源：文章一、文章二、多媒体、课件	政府制度如何影响发展中的社会？思维工具：CLICK 资源：文章、多媒体	制度将会如何发展以回应当今世界的快速变化？思维工具：CLICK 资源：多媒体、文章	学生基于所选择的国家，就为了达成可持续性和发展所需要的制度平衡进行直观展示。面对真实的观众呈现过程中的发现	
概念获得 自我评估					

来源：Nichelle Pinkney, 2020.

结 语

本章所概述的七个转变对于真正认识到可迁移学习的力量是必要的，而且对于变革教与学以适应我们快速变化和难以预测的世界的需求而言也是不可或缺的。我们知道，许多学校和个别教师正在积极地接受这些转变，而其他人可能还需要一些时间。

偶尔我们会遇到一些教师，他们对自己在了解学习和迁移如何运作之前所开展的教学工作极其严苛。我们自己有时也有类似的想法。正如马雅·安琪罗（Maya Angelou）所说："在你知道更好的之前，尽你所能做到最好。当你知道更好的办法的时候，就用更好的方法。"我们过去用线性的方式教学。我们曾经想尽办法吸引学生，甚至可以说为了取悦他们。有时我们甚至用成绩或分数作为一种引起学生注意的方式。现在有了更好的办法。

我们的工作是设计一种能为学生赋能的学习方式。我们希望他们不仅仅是参与其中，还希望其有所投入——专注于追求知识，最重要的是，成为自己的老师。我们实践中的这些转变对学生和教师在课堂上的互动方式产生了深远的影响。此外，我们发现，当转向可迁移的学习时，学生的学习动机自然会提升。当看到将所学应用于多种情境的价值时，他们对成绩和分数的关注就会减少。表2.18用另一种方式展示并解释了关于课程和教学的思考是如何转变的。

表2.18 关于课程与教学的思考发生的转变

过去的想法	现在的想法
我需要教什么主题？我如何把这个主题分解呈现给我的学生	我的学生在21世纪需要的可迁移的组织概念和技能是什么？什么以及哪些是我的学生已经理解的？部分理解的？误解的

在进入下一章之前，当你阅读表2.19中的基本转变时，请花一点时间反思一下你当前针对每个转变所采取的实践。注意那些可能需要重新架构的领域，以便汲取可迁移学习的全部优点。

表2.19 可迁移学习的基本转变

转变对象	非迁移中心的课堂	迁移中心的课堂
学生	知识接收者、离散信息的收集者	学习的指导者、认知学徒
教师	知识的教授者、学习的指导者	赋能课堂的设计者、提供思考榜样
课程	碎片化的知识和技能点，可能不与学生的生活相关联	有意识地构建组织图式，尊重学生的先前知识和经验
评价	学生知道了什么和能做什么	学生在构建组织图式方面表现如何？我们教得如何
教学	线性的；学生一次学习一个主题，然后继续后续的学习，直到掌握，继而开始学习新的东西	迭代的；与学生的先前知识相关联，迁移深化了学习，学生不断反思自己的理解
领导者	规则的执行者、成绩单的检查者	致力于学生长期成长的教师的伙伴
家长	学生成绩不好或有不良行为表现时会被召唤的对象	致力于学生长期成长的教师的伙伴
社会	独立于学校运作	作为合作者和供给者为学生提供有价值的和实用的学习路径

 用心思考

在本章开始时，你回答了三个关于教师、学生、课程、评估、教学、家长、领导者和社会在你的课堂中所扮演角色的问题。让我们花点时间重温以下问题，思考一下你的想法是如何演变的：

- 在你的课堂上，学生的主要角色是什么？教师的角色是什么？在你的实践中，你需要做出哪些转变来构建这些角色？
- 课程、教学和评估在你的课堂中扮演什么角色？基于你在本章中的学习，你希望在实践中进行哪些调整，使这三个要素能够促进可迁移的学习？
- 在你的课堂上，家长、领导者和社会的理想角色是什么？在你未来的课堂中，你会采取什么步骤来重新定位这些角色？

_____

_____

_____

— 第三章 —

学科素养
如何释放所教学科的内在力量

"教育的一个基本原则：教授细节会带来困惑；建立事物之间的联系能够带来知识。"

——玛利娅·蒙台梭利
（Maria Montessori）

> **为什么这一章很重要?** 从整体视角思考学科更大的目标,有助于我们选择至关重要的可迁移的学习内容,并将课程扎根在真实的情境中。
>
> **这章结束时,我能做些什么?** 我将能够清晰地阐述学科愿景,并利用它来选择学生能应用于课程中几乎所有情境的学科视角。

"为什么我们要知道这些?"这是学生在质疑所学内容的重要性时经常会提出的问题。我们很难去责备他们。大多数成年人几乎不会用到二次方程式或元素周期表,更不用说滑铁卢战役和小说《白鲸》(*Moby Dick*)了。归根结底,我们所学内容中的任何一个元素——任何一种文本或算法,任何一种信息或技能本身——都不是日常生活中必不可少的,甚至不是解决人类面临的最大挑战所必需的。然而,我们却继续要求所有学生以某种形式年复一年地学习语言艺术、数学、历史和科学。

尽管这些学科中任何一个单独的部分相对来说都是微不足道的,但我们围绕着这样一种理念来设计学校——即从整体上看,这些学科是学生受教育过程中的重要组成部分。"我们为什么要知道这些?"是那些深陷于学科碎片的泥潭而向往整体性的学生的呐喊。如果能够真正理解每个学科的魅力和效用,他们就有了答案。我们需要设计课程和教学,帮助学生理解学科的整体结构,因为正是概念之间的联系促进了知识向学科内外的新情境进行迁移。

对于大多数学生来说,学科之间的差异就是主题的差异。生物是关于细胞和进化的,历史是关于战争和帝王的。但事实上,学科之间的主要差异是认知方式(ways of knowing)上的差异。学科素养指的是每个领域构建关于世界知识的独特方式(Pace & Middendorf, 2004)。每个领域的学科专家都按照既定的模式和规则进行思考和创造,他们利用这些模式和规则将信息转化为知识,又将知识转化为智慧。但是学生往往很难看到这一点，这不足为奇。因为他们在学校里学习科学和历史等不同学科的方式基本上是一样的：阅读教科书，做课堂笔记，写下题目的答案。

为了帮助学生（以及我们自己）意识到每个学科都有不同的认知方式，我们可以请学生思考以下课堂作业：解释1918年大流感的成因和影响。每个学科如何以不同的方式处理相同的问题？

历史：历史学家会调查导致流感传播的政治、社会或经济因素。他们可能会分析过去的证据，比如护士的日志，记录流感对某个特定家庭产生影响的日记，或者政府阻止疾病传播的行动。

科学：科学家的工作方式会有所不同，他们研究过程可能包括设计一个实验，以确定流感病毒如何在细胞水平上运作，或者追踪这种疾病在体内从感染到恢复的过程。

数学：数学家又有另一种方法，他们可能会收集数据并创建一个关于这种疾病在人群中传播的数学模型，从而分析这种疾病的传播是线性的还是指数的。

文学：文学家会分析那些目睹亲人遭受这种致命疾病折磨的人所写的诗歌，并认真揣摩他们的措辞。考虑他们的语气是充满希望还是绝望，抑或幻灭的。

每门学科都对这个主题有独特的理解，因为各个学科都采用了独特的方式来认识和推理世界。历史学家通过对过去的证据进行推断来理解世界。科学家通过控制实验来发展和检验关于世界运行方式的假设。数学家试图用数字、方程式和图表尽可能地模拟真实世界的现象。历史学家用于论证什么是世界的真理（true）时所使用的证据对科学家来说不一定是有效的，反之亦然。

历史是什么？科学是什么？在本章中，我们将从每个学科的整体出发，开启一段课程规划之旅，因为学科的结构或组织才是促进知识迁移的根本。当脑海中对每个学科的引人入胜的愿景有了清晰的认识时，我们就可以认识到每堂课在该学科的整个K-12旅程中所扮演的重要角色，并将教育愿景付诸实践。

当我们作为教师或课程开发者来思考每门课程如何适配学生的学习过程时，就可以从更整体的视角来看待学习标准或结果。同样地，为每门课程设定一个明确的目标，可以使每个单元和每堂课的重点更加清晰。当持续不断地连接学科的部分和整体，使它们更紧密地结合在一起时，我们就为面向专业知识的教学和面向迁移的教学奠定了最佳的基础。

 **用心思考**

在进行接下来的学习之前,请先花一些时间思考以下问题:
- 目前你如何看待所教授的内容?
- 你认为教学中的哪些内容、主题、概念或技能是最重要的,为什么?

___

___

___

本章结构

本章的用心思考和设计步骤能让我们对所教授学科有一个清晰的认识。理想情况下,学科愿景是与其他教师者、领导者、学生和家长合作建构的,但也可以由教师自己完成。教师可以根据自己的情况考虑是独立完成,还是与部门同事或其他思维伙伴合作。更为理想的情况是,邀请家长和学生参与这个过程,根据学生及其家庭的独特需求和兴趣,共同创造一个愿景。

本章提供了一些"用心思考",引导我们在从聚焦标准的课堂转向聚焦迁移的课堂时进行反思。对于课程规划过程中的每一个步骤,我们都提供了个人、课程团队或院系完成的框架。

虽然我们的步骤顺序是有意设计的,但无论从宏观或微观的课程视角来看,我们并不认为课程工作本质上是线性的。我们也不认为每个教育工作者或团队都能通过相同的、僵化的过程达到满意的状态。你可以自由选择其中的1~2个,并根据自己的需要进行设计。

本章中的用心思考和设计步骤围绕以下主题进行分组:

◇ 学科视角的力量:集中力量让学生走向专业

◇ 为每门学科建立愿景
- 你所教学科在解决真实世界挑战中的作用
- 学科的目的和意义

- 工作中的学科大师
- 阐明学科愿景

◇ 纵向协调：从学校学习经历的整体看课程
- 学生的学校之旅：他们去过哪里？他们要到哪里去
- 标准的去原子化

◇ 明确课程的学科视角
- 人文经验概念

◇ 纵向协调促进学科深度

表3.1中的课程概述模板提供了一个空间，让你在经历这个过程时清晰地表达自己的想法。我们将会从一些潜在的真实世界挑战开始，因为它们可以通过有意义和真实的方式为学习迁移提供重要指引。接下来，我们将聚焦学科愿景，在本章中讨论课程如何有助于学科愿景和学科视角（disciplinary lenses）的达成。这个学科设想的过程为探索最有效地促进可迁移学习的方法提供了清晰的思路。当教师在设计增强学习体验所面临的无数决策点时，这是一个有用的工具。在接下来的两章中，我们会进一步讨论现代素养和你的课程故事。

表3.1 课程概述

整体视角（Zooming Out）：课程概述	
学科名称	真实世界挑战
	哪些真实世界中的挑战可以利用本课程的思考来解决
学科愿景	本课程对学科愿景的作用
为什么这门学科对你的学生很重要？它如何激励他们	本课程如何阐明你所教学科更大的目标？通过这门课程，你希望学生长大成人后能做些什么
学科视角	现代素养
在你的课程情境中，学生必须习得、联结和迁移哪些最重要的学科实践才能成为该学科有效的实践者？每当学生遇到新情境时，你希望他能考虑的2~3个概念或做法是什么	在既定学科之外，有哪些新的或额外的概念将成为课程的重点，以帮助学生应对这个复杂的世界？（请提供1~3个概念）

续表

整体视角（Zooming Out）：课程概述
课程故事
请使用以下问题来帮助你撰写课程故事： • 你课程的目的是什么？ • 你课程的核心思想是什么？什么概念构成了它们？ • 如果学生只能从你的课上内化一样东西，那会是什么？ • 本课程如何帮助学生成为他们想要成为的人？

本章的"用心思考"将帮助你思考本学科的总体目标，以及它将如何在学生离开课堂后，长期地服务于他们。当你阅读完本章并用心思考且做出回应时，应该会对构建一个宏大的学科愿景充满信心，并且更倾向于选择2~3个学科视角来构建你的整个课程。你可以选择以下的句子框架阐述自己的学科愿景，我们将在每节内容结束时再回到这一部分。

• 这门学科对我的学生很重要，因为＿＿＿＿＿＿＿＿＿＿＿＿＿＿＿＿＿＿＿＿。

• 它能通过＿＿＿＿＿＿＿＿＿＿＿＿＿＿＿＿＿＿＿＿＿＿激励学生。

• 当我的学生长大成人时，我希望他们能继续＿＿＿＿＿＿＿＿＿＿＿＿＿＿＿。

学科视角的力量：集中力量让学生走向专业

为了达成可迁移的学习，我们可以采取的重要步骤之一就是辨别哪些概念性工具能在整个学习过程中为学生服务。我们可以问问自己：在我的课程情境中，学生必须习得、联结和迁移哪些最重要的学科实践才能成为这门学科有效的实践者？我希望学生在每次遇到新情境时考虑的2~3个重要概念或做法是什么？

> 学科视角：可以一直适用的具有高度可迁移性的学科内在的认知和实践方式，如同一副眼镜，学生戴上这副眼镜就可以像这个领域中的实践者一样思考和行动。

作为以课程设计促进批判性思维发展的先驱，杰拉尔德·诺西（Gerald Nosich, 2005）认为，所有课程——甚至是大学水平的课程——都可以归结为一些基本的和有效的概念，这些概念有助于学生掌握学科的基本结构。对这些概念的深入理解和熟练应用将帮助学生对一年中学习的几乎所有其他内容进行推理。我们称这些"基本概念"（essential concepts）为"学科视角"，因为它们在学科内是高度可迁移的，并且应该一直被应用，就如同一副眼镜，学生戴上这副眼镜就可以像这个领域中的实践者一样思考和行动。

例如，在文学中用作者、读者和写作目的的学科视角可以帮助年轻读者分析几乎所有呈现给他们的文本。想象一下，一个教二年级的教师花了大量的时间培养学生对这三个概念及其相互关系的理解。学生阅读每一篇文章时，教师都会让他们停顿一下想象作者的样子。是谁创造了这个文本？我们对其了解多少？作者带来的影响可能是什么？教师会花时间播放作者谈论自己的作品和写作过程的视频。他让学生写"作者自述"来配合他们自己创作的故事。教师对读者和写作目的的概念都做了同样深入的研究。很快，学生在阅读一篇新文章时也会本能地寻找这些元素。他们开始问自己，这篇文章的作者、读者和写作目的是如何相互联系的？在课程学习的这一年间，学生将不断地看到作者为他们的目标读者量身定制文本内容，以实现自身的写作目的。

通过关注这三个概念，想想学生可能会想到其他所有深刻并有用的想法：

◇作者会谨慎地遣词造句从而在读者头脑中描绘出故事的画面。

◇议论文的目的是让读者相信作者的主要观点。

◇两个作者可能会就同一个主题写非常不同的文章，因为他们是为不同的读者或目的而写作的。

◇说明文的作者会使用额外的工具，例如粗体字、侧边栏、图标、标题、副标题等，来帮助读者理解他们的想法并实现写作目的。

◇记叙文的作者会使用插图来传达人物、场景和情节的含义，以便读者更好地理解故事。

请注意，许多其他学科概念——如用词、主题、观点、说服力——都可以与以上所选的三个学科视角概念相关联。同样要注意的是，这些概念非常根本，以至于它们几乎支撑着每一个阅读行为，所以无论教师给学生一个童话故事还是一篇有关天气变化的文章，他们都可以通过对作者、读者和写作目的的理解来阐释文本的含义。

这个概念一开始可能会让人不明所以，但本章中的练习将帮助你思考和选择课程的学科视角。我们围绕学科视角的概念构建了一套完整的体系，请学科专家将其对应的学科归纳为三个最重要的概念或想法。从领导力到园艺，从非暴力行动到社会情感学习，来自众多不同领域的专家都能够做到这一点，而且大多数人都对这项任务的实用性予以肯定。我们也乐于把它看作是帮助任何领域的新手变成专家的有效路径。

为每门学科建立愿景

在我们开始选择学科视角之前,我们需要考虑每门学科在引领世界发展中起到的作用。以下的用心思考有助于所有教师深入理解学科素养在这个世界中的目的和意义。

你所教学科在解决真实世界挑战中的作用

当我们专注于可迁移的学习时,一个有用的起点是反思我们希望学生如何利用他们的学习来影响周围的世界。这种思考方式有助于让我们关注课程的长期效益,帮助学生过上有意义的生活。

为了共同实现一种能让学生在复杂的世界中茁壮成长的学校教育愿景,我们编制了一个视频列表来帮助家长、学生和教师设计一个或一系列活动。这些视频展现了我们的世界正在发生变化的方式。你或许可以选择其中的几个来构建对话,并根据自己的需要调整下面的步骤。

第一步:明确挑战

拿起一份报纸、一本杂志,或者打开新闻网站,浏览标题。当你想继续阅读的时候,请先停一下并建立关于一些看似不断出现的主题或问题的背景知识。强迫自己从不同的角度考虑问题。例如,到底是哪些事物主导了自由派或保守派人群的话语?特定群体(例如基于种族、阶级、性别的群体)面临的主要挑战是什么?

除了看新闻之外,我们还可以考虑研究重点高校、非营利性组织、公司和利益集团所推动的一些革新行动。表3.2中示例的一些主要问题和困境可供参考。当然,你也可以根据自己的发现进行个性化分类。

表3.2 真实世界挑战的示例

类别	当前的挑战	所教学科中可能帮助学生理解这些挑战的概念
政治	政治多极化	(社会)话语、民主、公民责任、联盟、妥协
经济	失业问题	(数学)数据、表征、模型、效率、定量推理
社会	种族歧视	(语言艺术)恐惧、控制、偏见、观点、论点、证据、思考角度
环境	气候变化	(科学)人与环境相互作用、污染、生物、生存、适应
科技	人工智能、黑客、虚假新闻	(体育)决策、团队、合作、人体系统、群体动力

续表

类别	当前的挑战	所教学科中可能帮助学生理解这些挑战的概念
健康	肥胖问题	（科学）DNA、细胞、有机体、消化、心理健康、组织、器官、能量
本地		
国家		
国际		

 **用心思考**

记下一些真实世界的挑战，这些挑战可能需要你的学科思考才能解决。

_____

_____

_____

_____

如果你不确定要从哪里开始，联合国可持续发展目标是一个很好的切入点。这17个改变世界的目标展示了学生在一生中将要面对的各种各样的挑战。表3.3列出了一些目标以及相应的真实世界的挑战。世界各地的许多学校都在调整课程，使之与这些全球目标一致，以此提高教学和学习与其的相关性，并充分利用年轻一代想要有所作为的愿望。应对这些挑战所需的概念性联系非常重要，它可以为我们确定课程目标中最重要的概念和技能提供一套有用的标准。

表3.3 联合国可持续发展目标（SDGs）示例

可持续发展目标	真实世界挑战
零饥饿	全世界每年有数百万人营养不良
经济适用的清洁能源	数十亿人仍然主要依靠低效且污染严重的烹饪系统饮食
和平、正义与强大的机构	全世界只有不到一半的国家拥有符合国际商定标准的国家人权机构
气候行动	污染、物种灭绝和全球变暖正在世界各地造成灾难性的状况

来源：所有数据编译自联合国可持续发展目标（SDGs）。

第二步：思考你所教学科的作用

你所教学科中的概念和技能如何帮助学生理解现代问题？你所教学科的思维方式如何为学生提供解决这些问题的工具？请在表中记录一些想法（见表3.2）。

当我们开始在世界范围内寻找一系列复杂挑战时，可以通过逆向思维来确定这些场景中涉及的概念结构最终会如何引导学生进行更复杂和相异的迁移。即使是小学低年级段的教师也可以从这项练习中受益，这能帮助他们将注意力集中在对引导学生过上有意义的生活而言最为重要的事情上。

例如，2020年6月，当有关新冠病毒和反对种族歧视（racial injustice）的抗议活动占据了美国新闻的头条时，本书作者朱莉·斯特恩考虑了这些情况中蕴含的许多概念，并思考了如何确保她的孩子即使在没有直接接触到新闻报道的情况下也能深入理解这些问题。朱莉用故事书为她4岁和6岁的孩子创造了"可教时刻"（teachable moments），在他们的习惯和思维中建立概念性联系。表3.4展示了朱莉与孩子们关注的一些概念。

表3.4　新冠病毒感染疫情和种族歧视中嵌入的概念（幼儿版）

学科	组织概念示例
语言艺术、艺术、社会情感学习	归属感、公平、关心他人、适应力、创造力、自律、勇气、直言不讳、正义、社区
科学、健康、体育	个人安全、决策、健康饮食、身体活动、精力、情绪健康、身体健康、团队合作

 **即用策略**

选择一个关于真实世界情境的短视频、诗歌、政治漫画或新闻故事，并询问学生哪些概念可能嵌入这个情境中。或者可以为学生示范如何在真实世界的情境中找到某些概念，以及他们目前正在学习的内容如何与这种真实情境相关联。

中学科学教师朱莉娅·布里格斯（Julia Briggs）在国际预科证书课程（International Baccalaureate，简称IB课程）的教科书中看到过一个案例，讲述了在生态旅游地区或是为支持生态保护而设计的旅游地区，猛禽数量减少的幅度很大。她还发现了传统蜡染工艺对制作织物的女性身体造成损害的案例（Termaat & Talbot，2018）。于是，她开始思考这两种情境如何与她目前所教授的特定科学内容联系起来。

她从这两个案例中找到了类似的概念,例如溶解度、置换、化学持久性和环境。她意识到,学生可以通过分析化学品泄漏,为应对这些更复杂的情境做准备。而在学校实验室观察废物处理可能是一个更接近于置换反应和化学反应如何生成产物的课程场景。图3.1展示了她的思路。她逆向地从"相异迁移"走向"相似迁移",为学生的学习迁移搭建了脚手架。

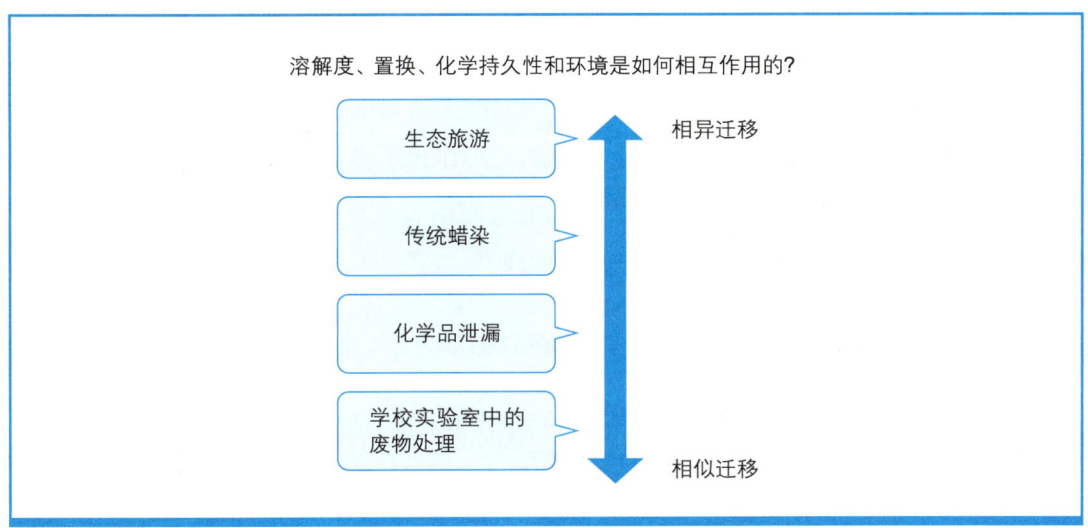

图3.1　八年级科学案例

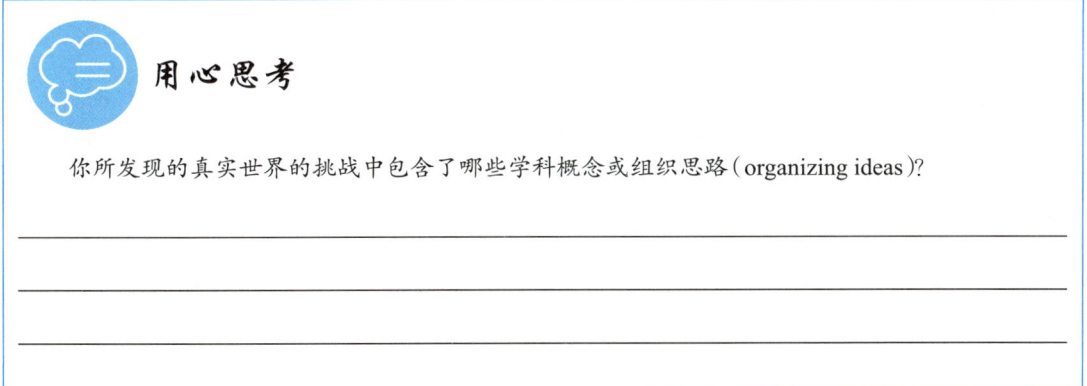

你所发现的真实世界的挑战中包含了哪些学科概念或组织思路(organizing ideas)?

_____
_____
_____

学科的目的和意义

我们要跳出所教学科内部并从远处观察它,思考为什么这门学科可能会对学生和社会有更普遍的意义。这一点尤为重要,因为大多数学生不会成为我们所教授的特定学科的实践者,他们可能永远不会出版一本小说或向太空发射火箭。但是,他们肯定能够欣赏那些这样做的人给世界带来的价值,就像一个没有舞蹈天赋的人会爱上芭蕾一样。

 **即用策略**

请学生与你一起完成学科目的和意义的用心思考。这将引导我们深入了解他们的观点，并用学生友好的语言构建学科愿景。

请试着从一个无知仰慕者的角度去观察你的领域，敬畏这门学科的力量，并惊叹于它能解决的问题和它能创造的意义。有时，我们的学科目的迷失在复杂的课程起草过程和无尽而忙乱的课程计划之中。然而，当它们被用作教学设计的启动台时，它们会引导学生体悟我们所教内容的奇妙之处。你可以通过阅读表3.5中学英语语言艺术课程的案例和表3.6一年级多学科课程的案例来获得灵感。

表3.5 中学英语语言艺术课程的目的、作用和重要性

我所教学科的目的是什么	它旨在帮助人类有效地解释、交流和创建文本，从而告知、说服或取悦他们的目标受众
它在世界上发挥着什么作用	语言是我们最古老、最强大的理解工具。它们是由人、群体和系统以复杂的方式创造和共享的，这些方式塑造了我们看待自己和世界的方式
为什么它很重要	各种形式的读写能力使我们能够创作和评价那些反映社会生活的文本。没有它，我们就缺乏影响社会变革的工具

表3.6 一年级多学科课程的目的、作用和重要性

我所教学科的目的是什么	数学帮助我们计算事物，这样我们才能保持井然有序和公正。科学有助于探索自然世界并进行调查。语言艺术使我们能够探索新世界、表达自己和进行交流。社会研究帮助我们了解人们如何在群体中互动和共同生活
它在世界上发挥着什么作用	所有这些学科都帮助我们理解这个世界，一起工作，并享受生活
为什么它很重要	如果我们忽视其中任何一个学科，我们就不能全面发展。我们需要所有这些学科才能过上有意义的生活

 用心思考

花点时间走出你所教的学科，从外部和整体上审视它，思考表3.7中的三个问题。

表3.7 学科的目的、作用和重要性

学科的目的是什么	
它在世界上发挥着什么作用	
为什么它很重要	

工作中的学科大师

研究这门学科的目的、作用和重要性是检视其各个部分的好方法，但这还不足以很好地明晰该学科的艺术性或重要性。因此，下面的练习将结合对学科逻辑的考查与对学科审美的考查。

 即用策略

请你的学生与你一起完成学科教师的"用心思考"。这将引导我们深入了解他们的观点，并用学生友好的语言构建学科愿景。

想一想你的学生最喜欢的学科大师。例如，许多小孩子都喜欢莫·威廉姆斯（Mo Willems）的儿童读物《大象和小猪》（*Elephant and Piggie*）和《鸽子》（*The Pigeon*）系列。朱莉4岁的儿子躺在床上，一边回忆故事里的台词，一边咯咯地笑。究竟是什么让这些作品激发了如此持久而真实的欢乐？表3.8展示了我们如何在小学早期的课堂上向学科大师学习的范例，其中的粗体字表示的都是概念。

欣赏威廉姆斯以一种与孩子们关联的方式来呈现这些概念的能力，这有助于我们理解语言艺术的学科魅力。当我们完成了这个练习，就可以在设计学习体验时将我们从学科大师那里学到的东西放在首要位置。本章中的所有用心思考将帮助我们选择最有效的学科视角和概念，以培养学生对学科整体结构的理解，这将促进可迁移的学习。表3.9举例说明一个数学大师的例子，用以支持数学老师推敲并完成自己关于工作中的学科大师的用心思考。

表3.8　小学早期语言艺术大师威廉姆斯

观察工作中的学科大师：	威廉姆斯在他的故事中融入**幽默**、**惊讶**、**愚蠢**、**荒谬**的情绪，描绘人物的**手势**、**面部表情**，语言**简洁**，巧用**标点符号**和不同大小的**字体**。 这些故事是关于**友谊**、**勇气**、**不安**、**误解**、**错误**、**学习**、**宽恕**、**感激**、**善良**、**观念**等。他擅长用**愚蠢**和**幽默**编织人类普遍的**情感**和**不安**。这就是他最擅长的，也是许多著名作家、艺术家、电影制片人和作曲家擅长的
• 描述范例。是什么品质使它与众不同？你欣赏它的什么？是什么赋予了它生命？是什么使它变得极具影响且不可或缺？ • 描述创造它的思想。什么能力使这位大师与众不同？他是如何思考、建构、发现和创造的？这种值得我们敬佩的思想又是怎样的呢	

表3.9　数学大师玛丽亚姆·米尔扎哈尼（Maryam Mirzakhani）

观察工作中的学科大师：	米尔扎哈尼是唯一的一位获得菲尔兹奖（Fields Medal）的女性，因为她对数学界做出了重大贡献。她的研究主题**融合**了数学和科学，超出了K-12教育的范围。但米尔扎哈尼的数学思维是可以并应该被复制的。 在解决问题时，她喜欢**合作**并能接受**多种观点**。她在接受数学复杂性方面的**毅力**表明，所有学生只要有耐心都能学会数学。她会对发现一个新的想法而不是一个正确的解决方案感到兴奋，并采用非语言表达的形式来**模拟复杂的数学**
• 描述范例。是什么品质使它与众不同？你欣赏它的什么？是什么赋予了它生命？是什么使它变得极具影响且不可或缺？ • 描述创造它的思想。什么能力使这位大师与众不同？他是如何思考、建构、发现和创造的？这种值得我们敬佩的思想又是怎样的呢	

> 非语言表达：不使用书面文字来展示知识的方式，如绘画、猜字游戏、黏土塑型等。

 **用心思考**

在该学科中选择一个大师作品的范例，并完成表3.10中的问题。

表3.10　工作中的大师

问题提示	回答
观察工作中的学科大师： • 该学科领域有哪些人值得敬佩？	

续表

问题提示	回答
• 描述范例。是什么品质使它与众不同？你欣赏它的什么？是什么赋予了它生命？是什么使它变得极具影响且不可或缺？ • 描述创造它的思想。什么能力使这位大师与众不同？他是如何思考、建构、发现和创造的？这种值得我们敬佩的思想又是怎样的呢？	

根据学科大师的工作，将学科视为一个整体：
- 这个人和他的工作对这门学科的教学有何启发？
- 是什么让它鼓舞人心，令人充满活力和快乐？

阐明学科愿景

现在，我们已经能从更全面的视角看待我们的学科。接下来就要准备将这些成果总结成一个简单的短语或一到两句话，这将作为我们的"学科愿景"（disciplinary vision）。这一陈述将指导我们规划课程和设计教学，并揭示课程的整体结构。

一位充满活力的体育系主任艾伦·邓斯坦（Alan Dunstan）这样说："我们最终想要学生得到什么？他们中很少有人会继续从事职业体育运动，但我们希望他们所有人在成年后都能保持体育锻炼。因此，我们问自己，该如何设计课程来提高这种可能性？这指导了我们所有的规划。"

下面的句子可以帮助你清晰地陈述一个简明的愿景，并填入表3.11中。接下来从本章开始，你需要将这一愿景放在课程概述模板中相应的部分。然后我们将在下一节中讨论课程如何达成这些愿景，以及如何选择学科视角。

◇ 这门学科对我的学生而言很重要，因为_____。

◇ 它可以通过_____来激励学生。

表3.11 课程的学科愿景

学科愿景
为什么这门学科对你的学生而言很重要？它如何激励他们？

纵向协调：从学校学习经历的整体看课程

现在我们已经对学科的总体目标有了一个清晰的认识，我们可以通过明确所教内容的长期价值来重新审视标准或学习成果。尽管标准化课程有利有弊，但不可否认的是，大多数教师都要对教育部门甚至个别学校和部门制定的教学标准负责。即使你的课程不是基于传统意义上的标准，你也很可能受到外部定义的学习目标的指导，这些目标可能以教科书的形式出现，也可能是对外国文学或化学课程应该包括什么内容的共同理解。

标准和其他外部定义的课程目标是确保课程连续且清晰的好方法，它们也保证了学生能有一个连贯的、有序的学习体验。问题是，当我们忽视了学科在课堂之外的整体目的和功能时，标准很快就变成了完成任务的清单，而不是帮助建构导向迁移的概念性结构的要点。这就是为什么在开始我们的规划时，要将学科作为一个整体来阐明愿景。在我们确认特定课程的具体细节时，学科视野可以帮助我们保持全局观。

下面的练习并不是为了取代标准，而是帮助我们从不同的角度来看待标准。不要将标准或其他优先考虑的内容视为课程目标，而是将它们视作实现更大目标的手段，以构建你的学科愿景。标准是交通工具，而你的愿景是目的地。通过标准，你将帮助学生体验学科的认知方法，体会它的实用性和美，并理解它的逻辑。两者都是多元的、灵动的学习过程的重要组成部分。没有标准所定义的内容，愿景是空洞的；没有愿景，标准就失去了更上位的目标。请牢记这一点，下面的练习将帮助你设计一门以非标准化方式使用标准的有凝聚力的课程。

学生的学校之旅：他们去过哪里？他们要到哪里去

这一部分的用心思考中，我们将考察从幼儿园到初三的每个学科的学习范围。这让我们能够了解学生在上这门课程之前学过什么，他们在之前的数学、科学、历史或语言艺术课程中接触过什么，以及他们接下来要学什么。这也提醒我们，自己只是为他们照亮了学习旅程中的一小段路。请记住本章前面提到的核心思想：好的课程应该将每个部分——课程、单元、课时——与学生的整体经验和完整的学科本身联系起来。

 **用心思考**

1. 查看学校公布的K-12课程标准或列表。
例如，表3.12显示了K-8年级数学学科的核心标准。

2. 寻找不同年级的联系和模式。
• 学校所看重的这门学科的最重要方面是什么？
• 哪些内容反复出现？
• 我们在强调什么？

3. 确定过程。
• 每个阶段的学习如何建立在其他阶段的学习之上？
• 哪些内容是基础？
• 学生已有哪些经验？如何利用这些经验？

4. 查漏补缺。
• 在这门学科中，学校认为哪些内容是相对不重要的？
• 遗漏了什么？
• 忽略这些元素或主题有何利弊得失？

5. 整体考量并确认你的角色。
• 在完成K-12课程后，对每个毕业生来说真正掌握了这门学科的标准意味着什么？他们学到什么，又能做什么？
• 如果每个人都掌握了这些知识和技能，这个世界会变得更美好吗？反之，如果学校不教这些，又会发生什么呢？
• 我的课程如何为学生更广义的教育做出贡献？

_____
_____
_____
_____

可迁移的学习
为变化的世界设计课程

表3.12 K–8年级数学学科的核心教学目标

K	1	2	3	4	5	6	7	8
知道数字名称和计数顺序；通过计数说出物体的数量；比较数字；把物体理解为加法和拿取，分解和拿取；能够使用加法和减法解决问题；把数字11~19作为理解位值的基础	通过加法和减法呈现并解决问题；理解并应用加法和减法的运算的性质及其相互关系；能够进行20以内的加减法运算；扩展对计数系列的理解；通过对长度单位的理解对长度进行加法和减法运算；通过转接长度单位间接地测量长度	通过加法和减法呈现并解决问题；能够进行20以内的加减法运算；理解位值；通过对位值和运算性质的理解进行加减法运算；用标准单位测量和估量长度；将加减法与长度联系起来	通过乘法和除法呈现并解决问题；理解并应用乘除法的运算性质及其相互关系；能够进行100以内的乘除法运算；通过对四则运算的理解和运算性质解决算术模式；将分数理解为数；解决涉及时间间隔、计时间隔、液体体积和物体质量的问题；几何测量：理解面积的概念并将面积与乘法和加法联系起来	使用整数的四则运算来解决问题；理解并应用整数的性质；把对位值的理解推广到多位整数；通过对位值和运算性质的理解对多位数进行运算；扩展对等值分数和排序的理解；通过应用和拓展之前对运算的理解，从单位分数构建分数；理解分数的十进制表示法，并与小数进行比较	了解位值系统；使用多位整数和小数进行百分位的运算；使用等值分数作为加减分数的策略；应用并拓展之前对乘法和除法的理解来进行分数的乘除法运算；几何测量：理解体积的概念并将体积与乘法和加法联系起来；在坐标平面中绘制点来解决真实世界和数学中的问题*	应用并拓展之前对乘法和除法的理解进行分数间的除法；将之前对数字的应用并拓展为有理数；理解比的概念，并用比例推理解决问题；将之前对算术的理解应用并拓展为代数表示；理解一元方程和不等式的推导与求解；表示和分析因变量和自变量之间的定量关系	将之前对分数运算的理解应用并拓展为有理数的加减乘除运算；分析比例关系并用它们来解决真实世界和数学中的问题；使用运算性质生成等价的表达式；使用数值和代数的表达式和方程解决实际生活和数学中的问题	使用根数和整数指数；理解比例关系、直线和线性方程之间的联系**；评估、比较函数；使用函数对数量之间的关系进行建模

*所标识的要求被视为学生代数教学习进步的一部分，但不是指定的主要考查方面。有一个星号标记的情况以外，表中列举的其他要求都是评估联盟文件中指定的主要考查方面。

**借助几何学中的相似思想来证明斜率可以定义，能证明线性方程可用一条直线表示，反之亦然。

来源：Grades K–8 Focus Documents, Achieve the Core (2020).

标准的去原子化

考虑了学生在本学科学习经验的广度和深度后,我们要将注意力集中到自己的课程上。教师经常被要求分解教学标准。这理应如此,为了真正理解标准的要求——学生需要知道和要做的所有事情——这个拆分过程是必要的。但是这也可能使标准无意中被简化,如果没有从整体上建构标准,最终会导致原子化的课程观。每个标准都被拆解、再细分,直到无法辨认整个课程的全貌。

这一部分的用心思考就是对拆解标准的制衡。与其用显微镜来观察每一个标准,不如退后一步,用更宏观的视角来看待这些标准。

1. 把所有的标准放在一起考查。

收集或创建你自己的标准列表,用完整的文字写出来,而不是用数字或其他简写方式。假如标准只有电子格式,请把它打印出来。如果你在小学教书,请收集你负责教学的每个学科的标准。如果你有多个标准来源,例如除了共同核心标准外还有所在区的具体内容标准,或是大学先修课程(AP)和国际文凭课程(IB)的指导原则,请确保将它们全部囊括在内。

2. 以整体的视角阅读标准。

这听起来很简单,但它并没有你想象得那么直观。不要急于将它们分解,或是略读和跳过一些部分。你可以逐字逐句地读,但不要反复琢磨细节。阅读时可以思考,每一个标准或一组标准是否服务于更大的目标?可以参考表3.13中学前教育阶段的科学标准。

表3.13 学前教育阶段的科学标准示例

ESS1.地球在宇宙中的位置
PreK-ESS1-1(MA)。能意识到在白天和晚上都可以看到月亮,并且在一个月内可以看到月亮不同的外观形状。(注意:知晓月相的名称或月相的顺序不在预期目标内。)
PreK-ESS1-2(MA)。白天太阳在天空中的不同位置,观察并使用学习材料来描述

单独来看,上面列出的两个标准似乎表明需要向学龄前儿童教授一系列关于太阳和月亮的事实,包括:

◇ 在白天可以看到月亮

◇ 在晚上可以看到月亮

◇月亮在一个月内呈现出不同的形状

◇太阳在一天中的不同时间点位于天空中的不同位置

事实上，第一个标准的"注意"表明，一些教师可能认为有必要教4岁的孩子月相的名称和顺序。当我们狭隘地、孤立地阅读每一个标准时，它就变成了一份孩子们必须知道的一大堆内容的清单。

相比之下，如果我们更全面地阅读这些标准，而非只见树木，不见森林，我们就会将它们重新构建成一个连贯的学习板块，这也会让标准更具可操作性。例如，如果我们关注这些标准的总体结构，就会意识到了解太阳和月亮实际上只是认识地球在宇宙中位置的一种方式。我们需要孩子识别所有的月相吗？当然不需要。我们需要让他们明白，地球是更大宇宙的一部分，而宇宙中还包括月亮和太阳。事实上，教授所有的月相可能会妨碍标准的实际目标的达成，因为它将使教学偏离了对地球在宇宙中位置的理解，让学生陷入不必要的细节。

当你阅读标准时，思考以下问题以关注全局：

◇每个标准如何与包含它的更大类别或主题相关？

◇每个部分加起来意味着什么？各个部分的总和是什么？

◇当我们将各个部分组合在一起时，我们在构建什么？

◇这些标准说明了什么？

结合学科的愿景

最后，当你对自己的课程有了一个整体的认知时，请考虑它应该如何帮助学生全面理解相应学科。回顾你在本章中建立的愿景，并完成课程概述中的部分内容，阐明你的具体课程如何对整个学科愿景的达成做出贡献（表3.14）。思考以下问题：

• 本课程如何帮助学生了解我所教的学科是什么？

• 通过本课程，我希望学生在长大成人后能做些什么？

表3.14 课程对学科愿景达成的贡献

本课程对学科愿景达成的贡献
本课程如何阐明你所教学科更上位的目标？通过这门课程，你希望学生长大成人后能做些什么？

明确课程的学科视角

现在，我们可以很好地为整门课程选择2~3个学科视角。我们不仅为自己的学科设定了一个令人信服的愿景，还考虑了如何利用K-12课程，帮助学生去实现这一愿景。我们准备好去选择有助于学生领悟学科愿景的"学科视角"吧！

学科视角在本学科内部是高度可迁移的，并且应该一直被应用，就如同一副眼镜，学生戴上这副眼镜就可以像这个领域中的实践者一样思考和行动。

我们可以问问自己：在我的课程情境中，学生必须习得、联结和迁移哪些最基本的学科实践，才能成为这门学科有效的实践者？每当学生遇到新情境时，我希望学生想到的概念或实践是什么？

在我们开始选择学科视角之前需要注意的是，书中列出的一些例子可能听起来更像是技能，有些则不是。有些学科本身是以程序结构为导向的，比如艺术、体育、世界语言和语言艺术。有些学科更注重内容结构，比如社会研究和科学。数学的内容很丰富，但主要也是通过程序来展示知识的。在这里需要强调的是，所有学科都有各自认知和实践的方式，尽管各有侧重，但我们需要同时具备知识和技能，才能胜任任何领域的工作。

我们来回顾一下历史上技术非常高超的篮球运动员之一，勒布朗·詹姆斯（LeBron James）。作为一名球员，他的程序技能——比如传球、投篮、运球——是出类拔萃的。但听他在采访中的讲话，你很快就会意识到他关于篮球这项运动的知识也是不同凡响的，比如他能在脑海中感知球员在进攻和防守中的位置，并预测后续的动作及其行动带来的结果。

至关重要的是，知、行、思是相互交织的关系，都是迁移的必要条件。技能也可以是帮助我们对世界进行分类的概念或组织观念。例如，同理心、推理能力和有关比例的知识都能成为帮助我们组织世界的重要技能和概念。

例如，在初等代数（pre-algebra）中，表征、已知和未知这些学科视角可以帮助学生解决他们遇到的任何问题。在八年级的数学课上，每当学生试图理解新的方程式或坚持解决具有挑战性的问题时，教师可能会回到这些核心观念（core ideas）。当一个学生被一个应用题难倒时，教师可能会简单地说：嗯，让我们把已知的和未知的都指出来，仔细想想。或者说：嗯，我看出你在解这个方程时有困难，我想或许用图来表示这个问题会有所帮助。很快，学生的内心对话也采用了这种形式。他们不会先寻求帮助，而是先问自己：

我知道什么或不知道什么？我要如何用另一种方式表征这个信息？无论主题是什么，这些概念都给学生提供了一种贯穿于整个课程的迁移方式。

在高中的有关政府的课程中，教师可能会选择个人权利和共同利益作为学科视角的概念，将它们作为相互抗衡的价值观进行教学，因为这两者构成了学生可能遇到的几乎所有政治辩论的根源。大麻应该合法化吗？一些人主张个人有权消费毒品，而另一些人认为保护公民免受毒品危害符合公共利益。政府是否能通过手机来追踪我们的行动？有些人可能会说"不"，因为他们重视个人的隐私，而另一些人会回答"是"，因为他们认为这可以更有力地保障公共安全，这符合公共利益。无论政治问题牵涉什么，这些概念中至少有一个能提供框架来帮助学生思考问题，从而理解他人的观点并形成自己的观点。

在小学阶段，学科视角不一定要局限于某一特定的内容领域。卡罗琳·莱普斯（Caroline Lepps）是一名教师，也是支持学习迁移的教育工作者，她找出了相同和不同的学科视角，并将它们分类。她解释说："这些学科视角可以应用于多个学科。我希望这些概念（视角）是简单、易懂的，但同时也能够通过不断发展的情境来加深学生的理解。我看到这些概念在数学学科和其他学科之间都有迁移。"

请注意，学科视角的概念和课程中其他重要概念之间存在差异。学科视角构成了学科内部推理的基础。它们在学科内具有广泛的适用性，可以帮助学生在一个学年甚至更长的时间内学习该学科的任何主题、课程或进行练习。当学生对这些概念有了深刻的理解时，就会形成思维习惯，这种思维习惯是灵活、系统和自信地处理新情境所必需的。当我们开始单元规划时，可能会选择并关注更多的其他概念，但是学科视角是为整个课程建立牢固学科焦点的概念。

小学教师有时教授不止一门学科。在某些情况下，课程是分开讲授的；在其他情况下，则采用跨学科的方法教授。我们将在第四章更详细地讨论跨学科学习。就目前而言，我们认为为每个核心学科领域至少选择一个学科视角是有意义的。这确保了学生在学校里开始养成灵活又训练有素的思维习惯。

表3.15提供了符合这些标准的概念示例。请记住，这些只是为了激发你的思考的简单示例。为了提供更多的素材，我们列出了多个学科视角，但每门课程2~3个学科视角就足够了。

表3.15 学科视角示例

学科	学科视角示例
数学	模式、精确度、概括、表征、属性、意义、评价、估计
科学	问题、困难、模型、调查、数据、解决方案、证据、生物、相互依存、能量、力、运动
社会科学	来源、可靠性、观点、移情、时间、背景、时期、因果关系、比较、证据、论点、权力、权威、资源
英语语言艺术	目的、作者、受众、模式、信息、意义、结构、话语、解释、时间、语境、时期、构思
体育	平衡、控制、决策、战略、团队合作、活力、纪律、耐力、意志力
艺术，音乐，戏剧	观众、构思、目的、信息、纹理、情绪、平衡、身体、时间、能量、动态、和谐、节奏、旋律、构图
世界语言	模式、符号、惯例、交流、历史、身份、时间观念、感知可能性、精确性、文化、价值观、世界观、情境

设计步骤

确定2~3个学科视角来指导课程规划。考虑以下问题：

• 如果我随机选择标准，打开课本的任何一页，或者布置任何一项有难度的作业，我希望学生在头脑中激活哪两个或三个概念来思考问题？

• 如果学生只能记住我课程中的2~3个关键概念，哪些概念最能帮助他们理解新现象？

• 在课程中，我们会反复提到哪些概念？

• 每当开始一个新的单元或主题时，我希望学生关注什么？当他们接触一个新的文本或问题时，他们应该注意什么？

• 哪些概念能推导出其他所有的概念？

_____
_____
_____
_____

你选择的视角可以记录在课程概述的相应部分。请在表3.16中填写这些内容，并确保将其迁移到本章开头的更综合的课程概述表中。

表3.16 课程的学科视角

学科视角
在你的课程情境中，学生必须习得、联结和迁移哪些最基本的学科实践才能成为该学科有效的实践者？每当学生遇到新情境时，你希望他能考虑的2~3个概念或做法是什么？

当然，这个列表只是为了说明问题，而不是详尽无遗的。专家们在各自的学科中运用了数百个类似的重要概念。为了达成K-12课堂的目标，我们可以缩小关注范围，以便让学生有时间习得、联结和迁移一组可运用的概念工具。记住，即使我们努力帮助学生像领域专家一样思考，他们仍然是新手。所以，不要急于包罗万象。每学年掌握2~3个学科视角的概念已经足够了！

我们还要敦促你不要仅把这些概念变成清单、口号或小报张贴在教室的墙壁上。例如，许多学生被要求填写SOAPSTone图形组织者，以确定发言者（speaker）、场合（occasion）、观众（audience）、目的（purpose）、摘要（summary）和文章的语气（tone of a text），但其实并不理解这些东西的真正含义。虽然这样的方案是出于好意，理论上可以帮助学生培养实用的思维习惯，但由于缺乏概念基础，它们通常最终成为空洞的任务。学生会跳过学习过程，为完成任务而完成任务。

相反，我们建议通过ACT模型教授这些概念，引导学生对每个概念产生丰富的理解，揭示概念之间的关系，在脑海中将它们组织成相互联结的意义网络，并不断地将它们迁移到本学科的新情境中——这种做法将在一年中带来回报。

人文经验概念

当进行单元规划时，教师可能会考虑将以人为中心的概念作为学科视角或核心概念，尤其是那些教艺术、英语语言艺术、小学、社会科学甚至是现代语言的教师。人文经验概念（human experience concepts）是帮助我们更好地理解作为个体和集体物种的我们究竟是谁的组织观念，它具有内在的复杂性和趣味性，对于在世界上探索并试图了解自我的年轻人来说更是如此。

为了回应这个充斥着颠覆性技术和强迫性消费主义

> 人文经验概念：探索和认可那些经久不衰思想的概念，这些概念塑造并揭示了我们的人性。

的现代世界，教育已经开始越来越强调能够为就业做好准备的技能和计算能力，而不是真理、勇气和美等抽象概念。虽然我们相信技能和技术在教育中举足轻重，但让课堂和课程以苏格拉底的方式去探索和认可那些塑造和启迪我们人性的经久不衰的概念是至关重要的。毕竟任何学科领域的工作都不会脱离具体的情境和社会关系。科学家、历史学家和数学家不是机器人，他们有情感、信仰、价值观和意识形态，这些都以显性或隐性的方式影响着个体的工作。他们产出的知识、发明、政策和理论可以极大地影响我们的生活，或好或坏。因此，在培养学科素养的同时，再怎么重视培养学习者对自己和他人的理解都不为过。

如果只把学校看作是一个为学生就业做准备的地方，那么我们就低估了教育的作用、目的和意义。教育有潜力帮助我们改变自己和世界，但它需要有规划和秩序。正是本着这种精神，我们鼓励教师思考人文经验概念在学科中的作用。这些概念许多已经存在于课程中，隐藏在课程的表层之下——隐藏在方案、试验计划表和原子化的单元设计之中。表3.17列出了这些概念的一些常见例子。

表3.17 人文经验概念示例

人文与艺术		科学	数学
友谊	权力	生存	提问
危机感	控制	均衡	建模
归属感	混乱	平衡	意义建构
真理	愚昧	相互依存	沟通
勇气	身份	力量	平等
恐惧	偏见	吸引力	简化
梦想	美丽	共生	精确
经验	不公	交互	对称
家庭动力学	仇恨	适应	偏差
救赎	公正	多样性	平衡
真实性	制度	系统	灵活性
叙事	自由	变化	顺序
自我	信仰	合作	解决方案

在一些学科中，比如社会研究，这些概念很容易被发现。像主权、意识形态、控制和资源这样的概念是社会研究课程的核心，这些课程是基于概念且围绕概念来组织的。然而，这些概念通常也是宽泛的，是从结构和系统层面对历史的审视。如果我们聚焦历史上的个别人物和时刻，来研究人性如何更密切地影响历史上的人们呢？自负是如何导致

军事上的失误和政治上的误判的？信仰如何影响人们使其超越更大、更强、资源更丰富的群体？偏见在决定女王、总统的治理效力时起什么作用？

经过一些重构，人文经验概念在英语语言艺术中是显而易见的。尽管我们支持将英语语言艺术视为一门以过程和技能为基础的学科，但我们不禁要问，学生是否会受到一系列脱离语境的阅读、写作和口语技能的启发。毕竟，阅读、写作和交谈的目的不就是更好地理解和关联人类经验吗？需要明确的是，我们并不是在提倡回归传统的以文本为中心的教学，而是提倡将故事作为一种语境，共同发展关于全人类智慧的精神。例如，英语教师莎娜·萨博林（Shana Sabourin）在传统的写作和体裁单元的基础上，将探索身份、自由、梦想和经验之间关系的内容编排入课程中。

如果我们在科学课程中探索著名科学家的故事以及他们的发现和假设，会怎么样？如何将合作、成功、技能、变化和多样性等概念整合到课程中，以教导学生在了解栖息地和环境相关的知识外还能学会保护和维持它们？关于气候变化的科学不难教授，但难点在于说服人们做出必要的改变，以减缓其对环境的影响，以免为时已晚。尽管科学现象可能独立于人类而发生，但在个人和人际层面上理解我们与世界的关系，将有助于确保我们不仅能从抽象的角度理解科学，还能以更真实、更坚定、更具体的方式理解它。

用心思考

你将如何在课程中融入人文经验概念？

_____

_____

_____

_____

_____

_____

纵向协调促进学科深度

学科视角确保学生注意到并能够熟练地将更重要的学科概念应用于新情境。当我们能贯通几个年级和课程中的学科视角使其纵向协调、保持一致时,学生对学科视角概念的迁移会更具效力。

假设一个学生从六年级到初三学习一系列经过精心安排的社会研究课程,如表3.18所示。每一年,学生都要研究同一组学科视角之间的关系:证据、记载和理论,以及一些相关的子概念,这些子概念对每门课程都有意义。然而,每一门课程都不是简单地重复前几年的学习,而是帮助学生以新的方式掌握概念,从而在学生的脑海中形成更深刻的理解和更复杂的关系网络。

表3.18 通过概念实现社会研究课程的纵向协调:证据、记载和理论

年级/课程	概念问题
6年级 地理	**证据**在构建地理学**理论**中的作用是什么
7年级 古代史	**缺乏证据**如何影响对古代历史的**记载**
8年级 美国历史Ⅰ	在创建历史**记载**的过程中,**记载**、**可靠性**和**真实性**是如何相互作用的
9年级 世界历史Ⅰ	**遗漏**如何影响历史记载的**可靠性**
10年级 世界历史Ⅱ	在构建过去的**理论**时,**选择性**和**偏见**是如何相互作用的
11年级 美国历史Ⅱ	历史学家的**理念**和**价值观**如何影响他们所构建的**记载**
12年级 美国政府和特区历史	**问题**如何塑造我选择的**证据**和我提出的**理论**

当然,并不是所有的教育者都能在学科内组织这种类型的协调。但是,在可能的情况下,我们建议那些有资源和影响力的人要超越课堂来协调学科视角的概念。至少可以考虑与你所教课程的高一年级和低一年级的教师合作,以确保从一个年级到下一个年级有很强的"学科凝聚力"(disciplinary cohesion)。这意味着更多的工作量吗?当然,但从发展学生的专业能力和提高学习迁移的潜力来看是完全值得的。

可迁移的学习
为变化的世界设计课程

概念性关系问题是一个坚实的起点，它将两个或更多学科视角联系起来，以构建一个纵向的概念框架，随着学生从上一个年级到下一个年级，这个框架的复杂性也会增加。

请记住用概念而非细节来填空：

_____和_____是如何联结的？

_____和_____之间的关系是什么？

_____如何影响_____？

_____和_____对_____有什么影响？

_____和_____如何相互作用？

_____在_____中的作用/目的是什么？

下面的问题很适合早期的初学者或者作为讨论上面问题的脚手架问题：

_____和_____的区别是什么？

当_____与_____交互时会发生什么？

为什么_____让_____（做了某事）？

为什么_____需要_____？

设计步骤

明确纵向协调和学习进阶。以下问题可以帮助你制订计划。
- 哪些附加概念与该年级学生学习水平或课程的内容最匹配？
- 学习进阶是否能够确保从一个水平到下一个水平的复杂度增加？
- 这些问题是否引导学生走向学科视角？
- 如果我们有意识地年复一年加深学生的理解，哪些概念将有助于学生解决棘手的真实世界问题？

_____

_____

_____

_____

结　语

在本章即将结束时，让我们回到开头提到的一个关键思想：我们的目标是改变以标准为中心的课堂——课堂过于关注每一个微小的内容或孤立的技能，以至于忘记了最根本的学习目的——走向聚焦迁移的课堂。在这样的课堂中，教师使用课程内容作为培养学生严谨的思维方式的手段。想象一下，如果教育工作者做出这个简单的转变，学校将会变得更好。学生将不再仅是掌握由他人创造的知识体系，而是成为具有适应性的专家，能够利用每个学科的思维来解决真实世界的问题。尽管无法预测未来几代人将面临的确切挑战——包括气候危机、棘手的全球冲突、经济混乱、各种形式的不公，甚至是那些时不时困扰每一个人的各种各样的困境——但我们确切地知道，如果学生能够利用科学家的逻辑、数学家的严谨、文学家的同理心和历史学家的批判精神来应对这些情境，他们会过得更好。

现在你已经精心设计了一个学科愿景，阐明了标准或学习成果如何融入更大的学科整体，并选择了必要的课程概念，你已准备好将ACT模型应用于课程。但是，在讨论单元规划之前，我们将考量学生在探究复杂世界时所需的其他工具。下一章我们将跨越历史悠久的学科，进入新兴领域，这些领域对于满足我们不断变化的时代需求至关重要。表3.19中重复了本章开始时给出的课程概述的部分内容，以方便你将成果综合到本文档中。我们将在下一章继续讨论现代素养。

表3.19　课程概述

整体视角：课程概述	
学科名称	真实世界挑战
	有哪些真实世界中的挑战可以利用学科思维来解决
学科愿景	本课程对学科愿景的作用
为什么这门学科对你的学生很重要？它如何激励他们	本课程如何阐明该学科总体的目标？通过这门课程，你希望学生长大成人后能做些什么
学科视角	现代素养
在你的课程情境中，学生必须习得、联结和迁移哪些最重要的学科实践才能成为该学科有效的实践者？每当学生遇到新情境时，你希望他能考虑的2~3个概念或做法是什么	

 **用心思考**

请花点时间回忆一下你的想法在本章中是如何转变的。
- 各个学科如何影响我们思考世界的方式?
- 学科素养在聚焦可迁移学习的课堂中扮演着什么角色?

— 第四章 —

现代素养
学生需要什么来驾驭当今世界

"我们这个时代的焦虑,在很大程度上是试图用昨天的工具和昨天的概念来完成今天的工作而产生的结果。"

——马歇尔·麦克卢汉
（Marshall Mcluham）

> **为什么这一章很重要？** 要想在未来取得成功，学生需要的不仅仅是对学科概念的理解。现代素养有助于确保学生理解并能迁移标准中没有明确教授的概念和技能。
>
> **这章结束时，我能做些什么？** 我能够选择现代素养来支持我的课程和所教年段学生的学习与迁移。

在教育界的流行语中，"21世纪学习"是非常热门的词汇之一。这并不是说它本身有什么问题，相反，它的受欢迎程度说明了它的价值。世界各地的人都在提及它，我们自己也讨论过，而你很有可能也是如此。

但是，当谈论21世纪学习时，我们具体指什么？它是否与学生对技术的熟练程度和对STEM的熟悉程度有关？还是指更人本的技能，比如合作和沟通？或者是个人的思维习惯和社会情感学习？是系统思维，创业能力，还是一些全新的东西？不同的人会给出不同的答案。

这就是语言的特质——它难以捉摸。在如今急遽变化的时代，当我们试图确定像教育的未来这样复杂的事情时，更是如此。

语言专家提出，语言除了能帮助我们交流之外，还是表明我们同属于一个共同体的信号（Gee，2014）。通过谈论"21世纪技能"（21st century skills），教育工作者向彼此、学生甚至社会表明，我们认知到世界正在改变，现代教育也要因时而变。使用"为未来做准备"（future-ready）和21世纪技能等时髦、现代的短语，是我们用以抵抗认知失调的方式，这种认知失调是由于我们想要通过教育改变世界，而实际的工作领域又往往与工业时代工厂的单调、统一和痛苦联系在一起。

无论你是热衷于道德推理还是数字公民等不同领域，无论你推进了社会情感学习还是学习能力提升,我们都坚信传统课程不足以让今天的学生为明天的问题做好准备。本章采用了众多的计划、倡议、哲学和教学法,所有这些方法都试图将新的思维方式、认知方式和行为方式引入教育,并将它们统一在一个概念集合下,我们称之为"现代素养"(modern literacies)。

就像学科素养将组成每个学科的知识、技能和思维习惯结合在一起,我们相信,上述列举的众多举措都在努力帮助学生成为现代社会、政治和经济生活中有价值的参与者(Gee,2010)。在20世纪,传统的基于印刷的读写能力在帮助公民参与和应对这些领域方面发挥了至关重要的作用。然而,不久之后,现代素养也将变得同样重要。学生越来越多地需要学习使用多模态(multimodalities)的表征方式来呈现想法,这包括一种以上的交流方式,如印刷品、视频、图像、音频和触觉。

考虑学生在当今复杂世界中航行所需要的所有不同的能力。表4.1列出了一些常见的示例。这当然不是一个详尽的清单,仅是一个浅显的展示,来列举让学生过上有意义的生活所必需的额外技能。

表4.1 现代素养示例

责任	创造力	数字公民
自律	设计思维	多模态交流
道德品格	跨文化交际	合作
同理心	道德决策	媒介素养
适应性	金融素养	创业精神

以上所列举的能力要求我们将新的知识体系纳入学校的课程。它们迫使我们超越当前内容知识与一般思维技能的二元对立关系,转而开始考虑对学科的认识、思维和行为方式如何融合起来创建出新的跨学科领域,比如数字人文或进化人类学。

无论是教学生像历史学家一样推理,还是像程序员一样编写代码(或介于两者之间),我们都可以确保他们能够将自己的理解迁移到新的情境中。ACT模型最强大的一个方面是,它可以打破传统的学习标准和知识体系,如现代文学,因为它的设计是为了让学生关注这些领域的深层结构。

 **用心思考**

在开始之前,请花点时间思考一下你目前对这些问题的看法:
- 你的学校目前做了哪些工作来帮助学生为快速变化的世界做好准备?
- 你目前如何规划不同学科领域之间的跨学科整合?

_____

_____

_____

本章结构

本章概述了一些用心思考和课程设计步骤,以帮助你选择可能最契合你所处环境的现代素养。正如在第二章中建议的那样,请考虑让家长、学生、学校管理者和社会成员参与到这些对话中来。

本章有一组用心思考,以引导思考和规划,之后是设计步骤,可以直接用于规划能促进学习迁移的学习过程。本章中的提示和步骤围绕以下部分进行组织:

◇ 确定要培育的现代素养
- 回归真实世界的挑战
- 聚焦对每门课程的关注
- 将现代素养按学科划分
- 将能力具象为学生所要掌握的概念
- 构建概念间的意义网络
- 在学科素养和现代素养之间搭建桥梁

◇ 横向协调拓宽跨学科广度
- 多学科协调:保持在学科边界内
- 跨学科协调:重叠和协调两个或多个学科
- 超学科协调:模糊不同学科之间的界限
- 元认知的重要性

确定要培育的现代素养

以有意识的方式拓宽课程范围,有助于我们将认识、行动和思考的方式集中到更能代表多元文化和多模态社会的路径上来。这些现代素养是帮助学生规划更美好未来的能力类型(Kalantzis et al.,2016)。这种学习方式最终将使学生跨越课程边界,促使他们提出更深层次的问题,并寻求更深刻的答案。

重要的是,"现代"一词是经久不衰的。随着我们的世界适应新技术、新的可能性以及诸如新冠病毒感染疫情等事件,它能够伴随着看不见的变化而灵活适应。我们所倡导的现代素养,其中一些技能其实相当古老。例如,合作对于起草1787年的美国宪法至关重要,同样地,它对于几十年后开启一项创业冒险也同等重要。也有一些技能则是全新的,比如辨别你正在观看的视频是否是"深度虚假"(deep fake)的,或是能够进行杜撰的。

我们希望认识到这样一个事实,即随着21世纪的前25年即将过去,我们必须开始展望未来,同时也要更深入地认识到过去如何继续塑造着现在和未来。本着同样的精神,我们还要考虑明天可能会有怎样的不同。如果今天学生在学校花时间学习伦理学,或者是反种族主义,或是系统思考会怎样?又或者以能够将这三种知识体系相互结合起来加以应用从而创造一个更公平的社会的方式来学习?

各种可能性使我们感到既兴奋又疲惫不堪。因此,本章的目的是要认识到,没有哪个教师或哪堂课能够以一种有效的方式整合所有这些现代素养。然而,每一位教师和每一堂课又都必须将现代素养中的一些内容结合起来,使学校的学习与当今复杂的世界相关联。正如第二章帮助我们提炼出一套易于运用的学科视角,它是可以应用到全年课程中每个新情境的思维工具。本章也将帮助我们提炼一系列强大且可行的现代素养概念以帮助弥合21世纪学科专业知识与创新之间的差距。我们将探讨你可以在哪些方面利用你的课程思考来实现现代素养目标。在这里不可能面面俱到,所以以最适合你的方式来行事吧!

回归真实世界的挑战

为了过渡到一个聚焦迁移的课堂,我们需要用长远的眼光考量学生的学习旅程。在审视目前正在学校中发挥作用的各种现代素养和倡议之前,我们必须了解为什么这些特定的内容会进入我们的课堂。它们有何益处?它们将带领我们走向哪里?

众所周知，这些技能——合作能力、设计思维——是学生在学校以外的生活中取得成功所需要的。雇主希望新员工拥有这些能力，我们的社会需要具备这些技能的公民。我们对它们作用的理解是模糊的。但是，在能够以一种令人信服的、快速的方式将这些东西纳入课程之前，我们必须花大量的时间来理解孩子（集体和个人）在未来所需要应对的挑战的本质。

第一步：明确挑战

我们继续讨论在第三章开始时选择的真实世界的挑战。你可以继续使用已选择的内容，或者添加内容，这取决于你。这一次，我们将思考学生可能需要哪些通常不会在学校教授的概念和技能以应对这些挑战。表4.2与第三章中表的形式相同，以帮助你厘清思路。你也可以根据自己的发现进行个性化的分类。

表4.2 真实世界挑战

类别	当前的挑战	所教学科中可能帮助学生理解这些挑战的概念
政治		
经济		
社会		
环境		
科技		
健康		
地区		
国家		
国际		

第二步：回顾你所教学科的作用

回想一下你在第三章中为所教学科建立的愿景。请详细阐述或回忆你对以下问题的回答：你所教学科的思维如何帮助学生理解现代问题？学科的思维如何给学生提供解决这些问题的工具？

第三步：查漏补缺

 **用心思考**

选择你已经确定的挑战之一，并考虑学生在传统学科之外需要掌握的知识、技能和态度。思考以下问题：

• 如何才能让学生充分理解这个问题？他们需要什么来避免错误信息的陷阱？

• 怎样才能让学生想出解决方案并采取行动来改变现状？学生需要对世界和自己有怎样的信念才能使之成为解决方案的一部分？

• 如何才能让学生与他人合作并成为这个领域的领导者？他们必须具备哪些沟通工具和技巧？他们需要哪些技能来创建多元的联盟？他们需要什么样的能力来团结利益相关者并说服掌权者？

_____
_____
_____
_____
_____

第四步：反思

花点时间退一步思考（或与他人讨论）以下各项之间的关系：

◇ 你所教的学科和21世纪挑战

◇ 你所教的学科和现代素养

◇ 现代素养和21世纪挑战

这些步骤使我们能够朝着学习迁移坐标的真实世界的一端迈进。还记得上一章中的科学的案例吗？当朱莉娅·布里格斯在研究当地新闻报道时，她想到了自己学科之外的一些概念，这些概念对于她希望学生探索的相异情境而言非常重要。她意识到责任、消费、生产和公平正义的概念伴随着每一种新情境而出现。图4.1展示了她如何创设教学情境以引出额外的概念和概念性问题。

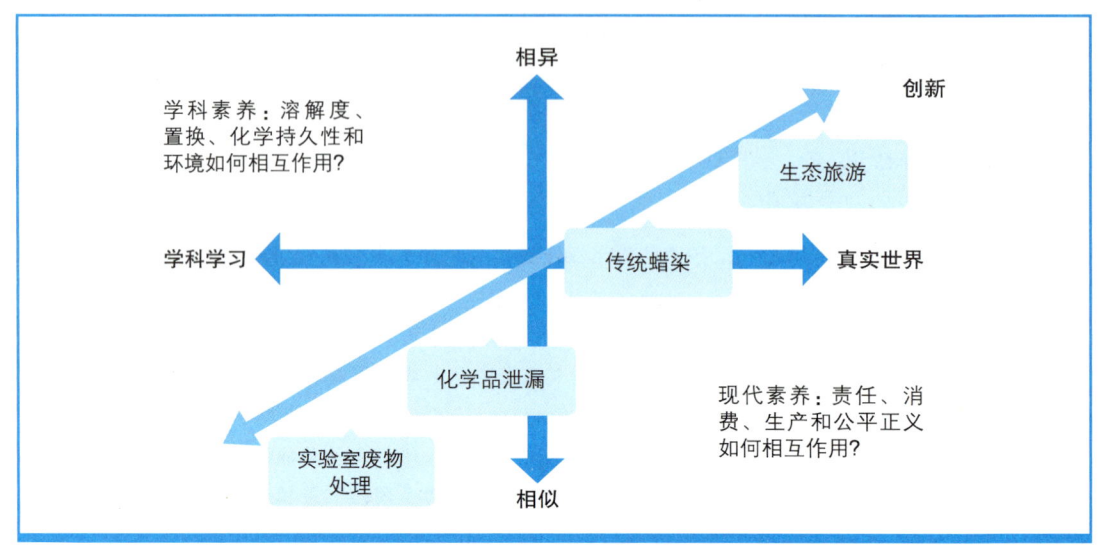

图4.1 跨越学习迁移坐标的现代素养示例

聚焦对每门课程的关注

一旦我们认识到没有一个教师能够将所有的现代素养以一种有意义的方式融入他们的课程中,那么下一个要解决的问题就是,我们应该教哪些现代素养?这个问题没有简单的答案。但是,只要我们将关注重点缩小到其中的一部分,这些概念就能够丰富和扩大我们课程的学科核心。

举例来说,视觉艺术课程以视角、重点和动感等学科素养概念为中心。当学生学习艺术作品时,他们会审视艺术家的视角,确定作品所要强调的具体方面,并考虑艺术家在静止的作品中创造动感的各种方法。他们思考了这三个概念是如何相互联系的,并将自身对这些概念的理解迁移到不同艺术项目中。

有很多内容可以让学生的学习变得连贯而有意义,但只关注艺术的艺术课程仍然有些单调,就像只关注科学的科学课堂,或是为了教历史而教历史的历史课堂一样。因此,在课程中增加一系列补充性的现代素养是使课程更加多元的必要条件。

想一想同样的视觉艺术课程,当我们将现代素养中的"倡议"(advocacy)和"同理心"(empathy)的概念融入课程中会如何。学生开始提出并回答这样的问题:我如何利用艺术来为自己和他人发声?艺术如何让我设身处地为他人着想?我如何运用关于视角、重点和动感的知识,来创造能引起共鸣和促成变革的艺术?这个教室里的学生可能会为无家可归的退伍军人画肖像画,并设计一个公共展览,以倡议增加对那些曾在军队服役的退伍军人的心理健康资助。或者，当目睹欺凌行为时，他们可能会在餐厅里画一幅壁画，激励他们的同龄人成为"挺身而出的人"（upstanders）而非"旁观者"（bystanders）。

> 正如学科视角能够帮助学生解锁学科的新情境一样，现代素养的概念能够帮助学生将他们的学科理解迁移到学科之外。

请注意，现代素养概念的融入有助于在课程的学科部分和我们希望学生参与的实际应用之间搭建一座桥梁。正如学科视角能够帮助学生解锁学科的新情境一样，现代素养的概念能够帮助学生将学科理解迁移到学科之外。换句话说，现代素养能够帮助我们将学习在学习迁移坐标上从左向右移动，正如图4.2所展示的。

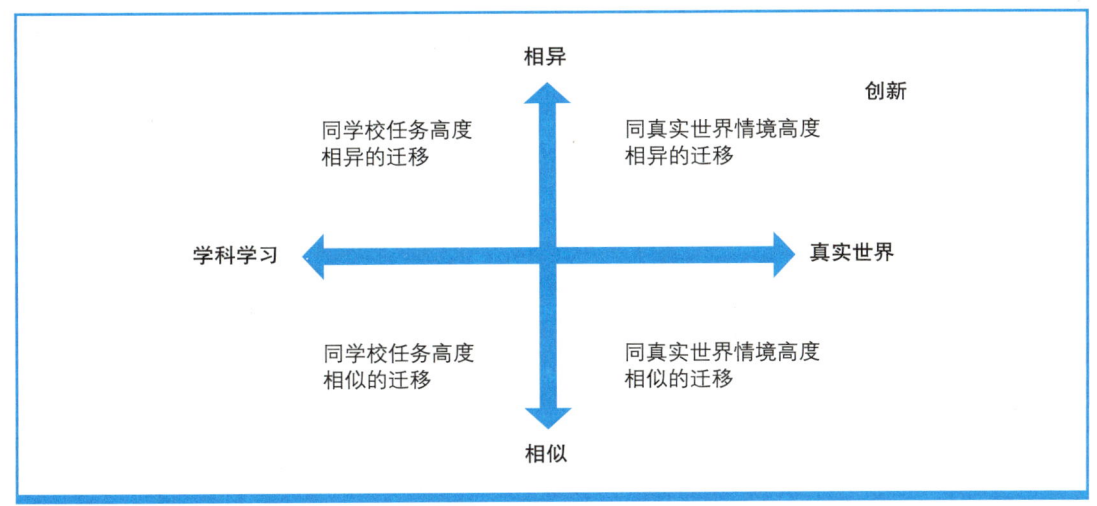

图4.2 学习迁移坐标

下面的步骤可以帮助你将看似难以企及的现代素养目标缩小到适合特定课程的、能够把控的一系列能力。

第一步：尽可能从校本指导开始

许多学校和教育部门已把21世纪学习或社会情感学习的特定能力或技能作为教育目标。如果你所在的学校也是如此，那么从你已经使用的框架开始，而非增加额外的复杂框架。你是否被邀请参加善行大挑战（the Great Kindness Challenge）[①]或教授正念练习（mindfulness practice）？在教学时有将勇气（grit）作为主导对话的概念吗？你的学校是否在推进学生文化素养的培养，或是在努力推进多样性、公平性和全纳性的实践？校内是

[①] 译者注：善行大挑战（GKC）是面向幼儿园到高中的一年一度的全球善举倡议。该挑战是用一周的时间在校园里做尽可能多的善举。

否广泛关注"设计思维"？简而言之，学校是否设置了培养目标，对想培养什么样的人进行"画像"？学校有无使命宣言？如果有，就以此为基础。

正如你在前面收集了所有课程的标准或其他内容指南一样，如果有条件，收集并打印出所有要求你纳入教学中的各种方案。

请记住，这些方案常缺乏书面记录。它们存在于领导要求你阅读的文章中，或是存在于专业开发研讨会的主题中，部门会议也会提供给你灵感。请试着把那些无形的现代素养的方案也确定下来。把它们写下来，这样你就可以将它们汇聚起来。

第二步：参考其他框架

若你所在地区或学校还未开始这种实践，还没有确定具体技能或能力，图4.3、表4.3、表4.4和表4.5的内容提供了一些资源，你可以参考这些资源来确定培养学生的哪些能力最有意义。当然，即使你的学校已经采用了一套现代素养的目标，你也可以参考这些框架从而为学生赋能。

"21世纪学习联盟"（the Partnership of 21st Century Learning）是一个组织机构，它列出了在现代世界取得成功所必需的四大关键能力（4C）。

- 沟通能力（Communication）
- 创新能力（Creativity）
- 协作能力（Collaboration）
- 批判性思维能力（Critical thinking）

图4.3　四大关键能力（4C）

美国国际教育技术协会（ISTE）制定了一套有关数字素养的七大标准。

"常识教育"（Common Sense Education）与哈佛大学的"零点项目"（Project Zero）合作，整理了一套数字公民的五个基本素养。

表4.3　ISTE学生标准

标准	解释
学习权的拥有者（Empowered learner）	能利用技术推动学习，充分发挥学习者在选择、达成和展示学习目标等方面的主体作用
数字公民（Digital citizen）	学生认识到在互联的数字世界中生活、学习和工作的权利、责任和机会，并以安全、合法和合乎伦理的方式规范自身和树立榜样
知识建构者（Knowledge constructor）	学生使用数字工具批判性地管理各种资源，从而构建知识、制作创意作品，并为自己和他人创造有意义的学习体验
创新设计师（Innovative designer）	学生在设计过程中使用各种技术，通过设计新颖的、实用的或富有想象力的解决方案来识别和解决问题

续表

标准	解释
具有计算思维的人（Computational thinker）	学生能利用技术手段开发和运用用于理解问题和解决问题的各种策略，并开发和测试解决问题的方案
创意沟通者（Creative communicator）	学生善于利用适合不同目标的平台、工具、风格、媒体格式和数字媒介清晰地沟通和富有创意地表达自己
全球合作者（Global collaborator）	学生利用数字工具在与本地或全球团队的有效合作中拓宽视野，丰富自己的学习经验

来源：ISTE学生标准。

表4.4 "常识教育"提出的数字公民的核心素养取向

素养取向	可以采取的步骤
放慢速度和自我反思	关注你的本能反应 打破第一印象 意识到情况的复杂性 定期审视你的习惯 注意"危险情绪"
探索观点	保持好奇心和开放的心态 评估他人的观点 照顾他人的感受 权衡自己和他人的价值观及优先事项 考虑道德、伦理和公民责任（责任之环）
寻找事实和依据	调查并揭露相关事实 从多个可靠来源寻找和评估信息 权衡不同来源的证据
设想备选方案和可能的影响	设想可能的行动方案 考量不同的选择如何反映你的价值观和目标 谨记自己和他人的责任 评估可能的影响
行动	确定一个建设性的并有效益的行动方案 改变数字习惯以获得幸福感 在需要时寻求帮助 成为他人的盟友和支持者

来源：Common Sense Education.

学术、社会和情感学习联合会，简称CASEL，提供了一个社会情感目标框架，用于指导基本的个人和人际交往技能的教学，如表4.5所示。类似地，国际文凭课程也有一个学习者画像，其中充满了复杂的概念和过程，例如开放的思想、冒险精神、关心他人等，这些都非常符合现代素养的框架。

表4.5　CASEL社会情感学习能力

能力	包含成分
自我认知	• 识别情绪 • 准确的自我认知 • 识别优势 • 自信心 • 自我效能感
自我管理	• 避免冲动 • 应对压力 • 自律 • 自我激励 • 目标设定 • 组织能力
社会意识	• 换位思考 • 同理心 • 接纳多样性 • 尊重他人
人际交流技能	• 沟通 • 社会交往 • 建立关系 • 团队合作
决策能力	• 识别问题 • 分析情况 • 解决问题 • 评估 • 反思 • 伦理责任

来源：CASEL.

第三步：考虑学生的需要

想一想你的学生最需要哪些现代素养的能力。

除了你的课程外，他们在学校的其他地方学到了什么？例如，正念练习是体育课程的一部分；学生每周轮流开展一次技术专题活动；三年级的教师可能会选择关注文化能力，以确保学生获得全面的体验。

他们在家里或课外活动中学到了什么？我们不建议对学生在校外的经历做出假设或

过度概括，但了解学生家庭的社会和文化背景可能会帮助你确认哪些现代素养需要优先考虑。

你的学生最需要什么才能过上有意义的生活，成为对社会有作用的人？学生是否受不良社交媒体的负面影响？是否因为学校的要求而备感压力和不堪重负？培养成长型心态是否有助于释放他们的潜力？请全面地考虑学生的需求。

根据你对这些问题的回答，将现代素养的重点领域缩小至5～6个。

第四步：寻找能够强化学科与课程的概念

问问你自己，哪些现代素养最契合你所教课程选择的学科素养概念。例如，以相互依存和内稳态概念为基础的生物学课程，可能会因为添加伦理责任的概念而变得更加全面。注重于偏见和证据的历史课堂将是融入媒体素养、教学生浏览互联网资源和识别假新闻的天然场域。以健康和团队合作为学科概念的小学体育课似乎是纳入其他所有社会情感目标的完美场域，但是，将"全球合作"的概念纳入课程可能会更为困难。

当你处理这些内容时，可采用以下方法：

追求和谐：哪些现代素养目标与我已经选择的学科概念最为相似？哪些现代素养目标容易与我的课程内容联系起来？

追求平衡：哪些现代素养目标填补了我课程中的空白？哪些现代素养可能恰好是学科忽略的部分？例如，如果学生总觉得数学是一种孤独的追求，你可以选择合作作为现代素养的重点，以改变他们的想法。

学生视角：哪些现代素养目标可能会激励学生化被动为主动？我的学生最看重哪些现代素养？他们需要什么？例如，增加对同理心或盟友关系的关注可能会让六年级学生更好地应对学校生活。增加对社会公正的关注可能会使冷漠地修习英语语言艺术课程的学生变成热心的读者和作家。

将你的选择缩小到2～3个关键的想法。

第五步：想象并运用你的直觉

许多现代素养的计划被采纳，然后在学年开始的两周后又被取消，是因为人们开始觉得它给原本就杂乱无章的课程增加了负担。审查你的列表的好方法是基于每一个可能的视角对课程展开想象，并衡量你自己对每个选项的喜爱程度。如果你对选择的现代素养概念以及由此产生的课程定位感到兴奋而富有热情，你将更有可能把它们诠释好（而不仅仅是把它们放在教室后面的展示栏）。

> ### 用心思考
>
> 哪些现代素养最适合你的教学情境？
> _____
> _____
> _____
> _____

将现代素养按学科划分

之前的练习是为了让有的教师考虑如何设计一门单一的课程。假如你在跨年级和跨课程的团队中工作，不妨考虑将重要的现代素养目标依照其最适合的领域进行学科划分。例如，如果学生在英语语言艺术课程中正在学习如何评估在线信息的可靠性，在体育课上聚焦于领导力和团队合作，那么其他学科的教师就要在不同的重要素养方面领衔，这样就能从整体上给学生带来更为全面的学习体验。

然而，注意不要让技能被孤立在学科范围内，以免学生留下这样的印象，即团队合作只适用于运动，使用在线媒体要进行批判性思考只限于英语课。了解到学生在体育课中聚焦于领导力和团队合作这些素养，其他学科的教师必须有意识地要求学生将其在体育课中发展的理解和技能迁移到他们的数学、历史、艺术、语言和科学任务中。尽管具体的能力可能在某一领域占据核心地位——比如体育课，但为了从中获益，学生仍需要不断练习进行跨领域的迁移。

无论你选择哪种方法，关键是要促进学习从一个学科领域迁移到另一个学科领域，这是一种概念交叉训练。ACT模型的精妙之处在于它促进了这种类型的学习。那些在一门课程中已经习得了对现代素养概念的理解并且创建了这些概念之间的心智联系的学习者，可以将这种理解迁移到整个课程的不同情境之中，并总是能够回过头来完善和加强原初的理解。

将能力具象为学生所要掌握的概念

正如可以通过ACT模型来教授数学、科学、语言艺术等学科中最重要的概念一样，我们也可以用这个模型来教授嵌入在这些现代素养中的概念。事实上，生活中的一切都可以通过这种心智模型来看待。还记得学习迁移的三个基本步骤吗？请看图4.4进行回顾。

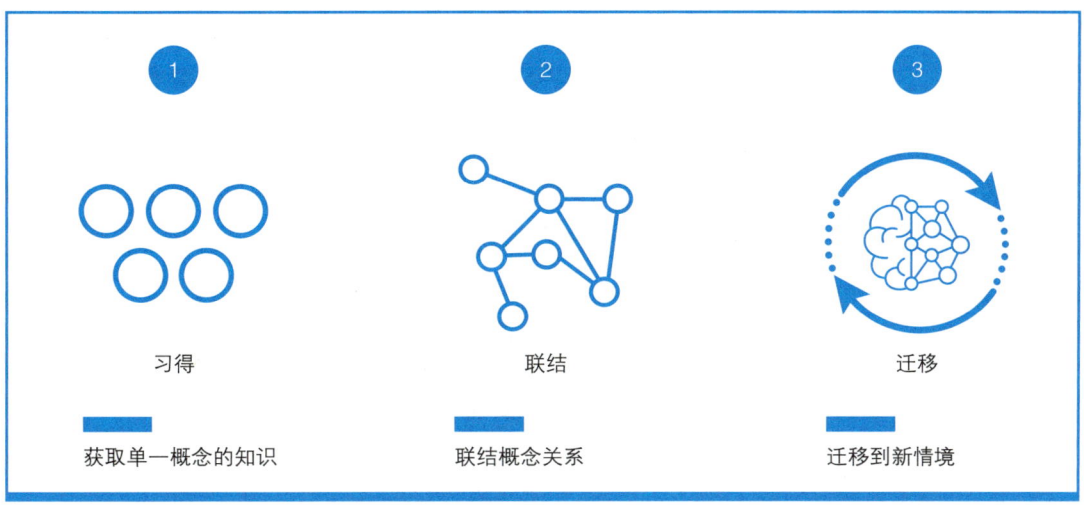

图4.4　ACT模型

以数字素养这一重要领域为例，我们可以将其分解成安全和隐私等概念。学生必须在表层学习中习得并巩固每一个重要概念。接下来，当探索数字素养中的具体情境时，他们就可以逐渐看到这些概念之间的关系所呈现出的模式，例如个人隐私如何影响网络安全？这些联系将更好地让他们把自己的理解迁移到学科学习和个人生活的新情境中。

一旦明确了具体的能力或重点领域，我们就希望你能够识别相对应的概念，并起草概念性的问题，以帮助学生建立对这些能力的结构性理解，然后使用ACT模型帮助学生习得、联结并迁移对这些概念性关系的理解。请参考表4.6和表4.7，了解如何将ACT模型应用于这些重要能力的培养，寻找学生可以在多种语境或情境下探究的内容或组织观念。

表4.6　ISTE数字素养标准示例

ISTE标准	概念
创造与革新 学生展示创造性思维，建构知识，并利用技术开发创新产品和流程。 a. 应用现有知识来孕育新的想法、产品或流程 b. 创作原创作品作为个人或群体表达的手段 c. 通过模型和模拟来探索复杂的系统和问题 d. 明确趋势和预测可能性	• 创造力 • 创新 • 创造性思维 • 知识建构 • 创新产品 • 创新流程 • 技术

续表

ISTE标准	概念
创造与革新 学生展示创造性思维，建构知识，并利用技术开发创新产品和流程。 a. 应用现有知识来孕育新的想法、产品或流程 b. 创作原创作品作为个人或群体表达的手段 c. 通过模型和模拟来探索复杂的系统和问题 d. 明确趋势和预测可能性	• 现有知识 • 创意生成 • 产品生成 • 流程生成 • 原创作品/原创性 • 个人表达 • 群体表达 • 模型 • 模拟 • 复杂系统 • 复杂问题 • 趋势 • 预测可能性

表4.7 CASEL社会情感学习能力示例

CASEL能力	概念
负责任的决策 基于伦理标准、安全因素、社会规范、对各种行为后果的现实评估，以及对自己和他人幸福的考虑，对个人行为和社会互动做出建设性决策的能力。 • 识别问题 • 分析情况 • 解决问题 • 评估 • 反思 • 伦理责任	• 积极的决策 • 个人行为 • 社会互动 • 伦理标准 • 安全因素 • 社会规范 • 后果 • 行为 • 幸福

设计步骤

选择一项你认为至关重要的能力，明确地教给学生，厘清能够支撑能力的概念（名词或短语）。从对能力的叙述性解释开始，可以写下你自己的描述或者从外部资源中获取资料，然后再把它分解。回答这种能力的建构模块或基本要素是什么（表4.8）。

表4.8　从能力到概念

能力	概念

在表4.9中记录你选择的2~3个现代素养概念。然后返回表3.1,记录你选择的现代素养。

表4.9　课程概述中的现代素养

现代素养
在现有学科之外,有哪些新的或额外的概念将成为课程的重点,以帮助学生应对这个复杂的世界(请提供1~3个概念)?

构建概念间的意义网络

对于一部分人来说,将注意力集中在少数的易于掌握且合适的概念上是适切的。我们可以立即屏蔽其他现代素养的干扰去追求那些最重要的东西。但是,另一部分人可能会担心:那些没有入选的重要的现代素养该怎样处理?

将注意力集中在2~3个现代素养目标上并不意味着其他的所有21世纪能力都不重要。这仅仅说明你现在有了一个核心,其他现代素养目标可以围绕着它运行。

例如,有一位教五年级的教师选择了善良(kindness)和韧性(resilience)作为要教授的现代素养的重点概念。这是否意味着教授数字协作技能或正念练习不重要呢?如果这位教师忽视了整个学校对多元文化教育的关注,是否妨碍了他同事的教学呢?并非如此。学生可以通过其他现代素养概念与选定概念之间的关系来触及它们。

聚焦于善良和韧性的五年级教师可以从提出以下问题开始:

◇善良如何转化到数字空间?

◇韧性和正念之间的关系是什么?正念练习能让我们更具适应力吗?

◇了解其他文化在哪些方面可以帮助我们变得更善良和更具韧性?

ACT模式的精妙之处在于,它帮助教师理解支撑技能的概念,就像帮助学生理解课程中的概念一样。一旦建立了一些单独的概念,就可以再次引入与我们选择的重点领域相关的其他概念。

构建概念之间的意义网络可以帮助我们认识到,把一些概念列为优先选项,是为了让我们为学生制订的大量的现代素养目标变得易于把控,我们并没有将不符合要求的其他所有概念弃之不顾。相反,将一些概念转移到核心部分,而将另一些概念转移到次要部分,实际上能够把更多的现代素养融入课堂,因为我们给了自己一个更连贯的结构来应用这些概念。

 **用心思考**

第一步:识别

把你认为重要的每一个现代素养要点或概念写在自己的索引卡或便签上,包括你已选择的2~3个重点概念和其他你认为重要但没有选择的概念。

第二步:组织和联系

把你的重点概念置于中心,并根据它们来安排其他内容。请思考以下问题:

- 这些概念之间如何相互配合?
- 哪些概念是促进理解其他概念的基础?
- 哪些概念可以组合在一起?
- 当我重新排列这些概念时会发生什么?
- 它们是如何关联的?

不断地整理,直到概念网络能够反映出你希望学生通过一学年研究现代素养而在脑海中建立的基础结构。

第三步:将其转化成文字

现在,请站在你学生的角度,把概念网络转化为短文。当他们在课程中研究了这些概念之后,你希望学生说他们学到了什么?请使用第一人称。你可使用下面的句子框架:

在上这门课之前,我从来没有真正想过_____和_____,但是在做了_____、_____和_____之后,我现在意识到_____。

我曾经认为/相信_____,但现在我认为/相信_____,因为_____。

我很感激我的老师促使我思考_____与_____的关系,因为现在我明白了_____。

虽然我可能会忘记今年学到的很多东西,但我会永远记住_____。

我希望每个人都能参加这门课,这样他们也能明白_____和_____通过_____影响_____。

我现在更愿意_____,因为我明白_____。

一旦我们确定了现代素养的概念，就可以构思概念性关系的问题。这些问题构成了学生将要探索的学习经验或具体情境，以加深他们对概念之间联系的理解。回想一下图4.5的学习迁移循环。

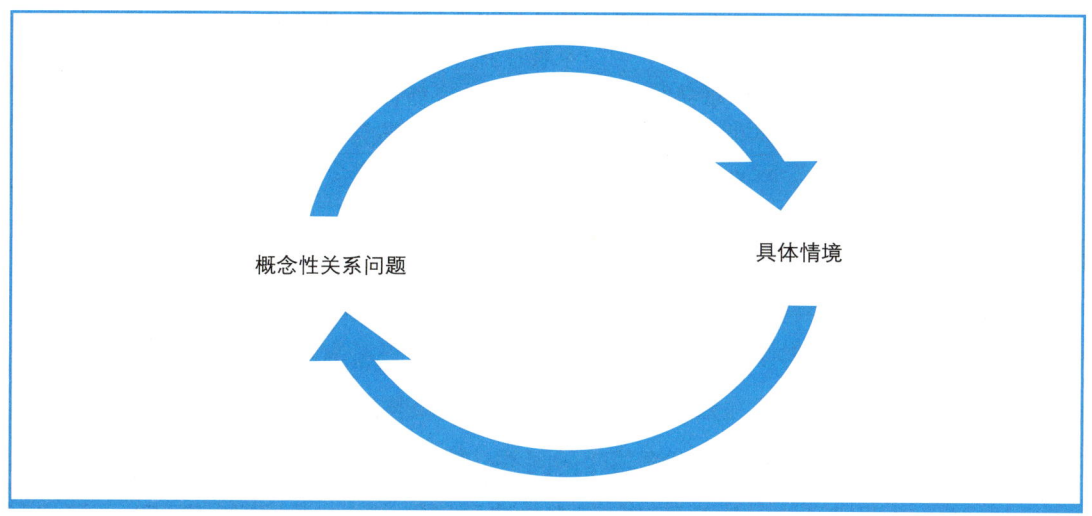

图4.5　学习迁移循环

设计步骤

花一分钟时间把你的现代素养概念填入下面的问题框架中。你将在单元规划过程中继续这个步骤，但就目前而言，了解现代素养概念在ACT模型中的运作方式并开始思考概念联系的背景或情境是有帮助的。

请记住，用概念而不是用细节来填空。

_____和_____是如何联结的？
_____和_____之间的关系是什么？
_____如何影响_____？
_____和_____对_____有什么影响？
_____和_____如何相互作用？
_____在_____中的作用/目的是什么？

以下问题适用于小学低年级，或可以作为回答上述问题之前的脚手架问题：

_____和_____有什么区别？
当_____与_____交互时会发生什么？
为什么_____使_____（做某事）？
为什么_____需要_____？

在学科素养和现代素养之间搭建桥梁

每当探索一个特定的情境并回过头来回答概念性问题时，我们对世界更深层次结构的理解就会得到精炼和深化。图4.6说明了探索逐渐相异的问题情境如何深化学习。

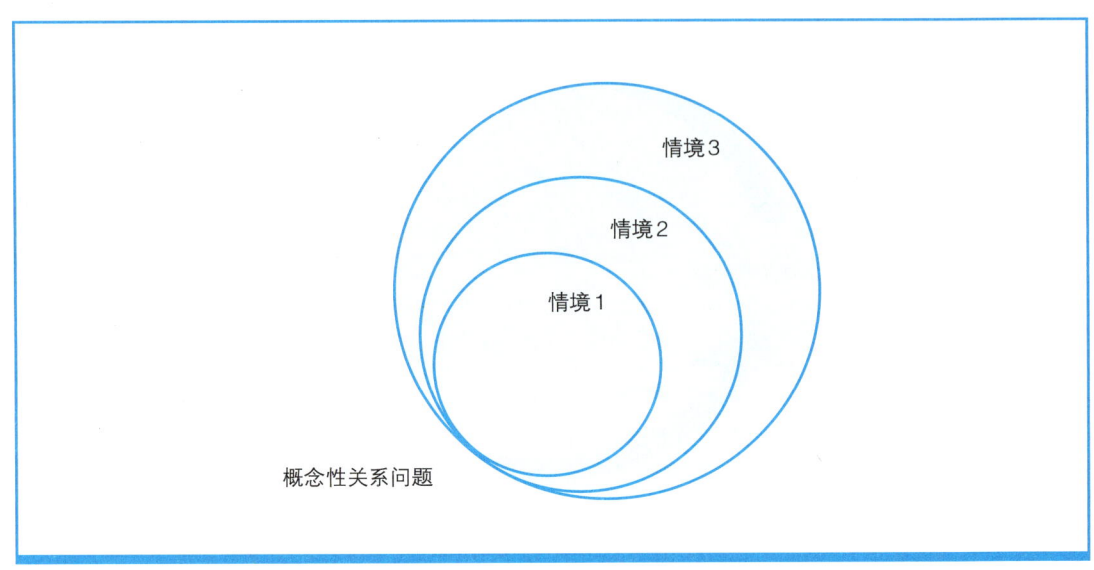

图4.6 学习迁移循环深化学习

我们将这些同心圆叠加在学习迁移坐标上，以说明概念性问题如何构建一系列日益相异的、真实世界的学习经验。在这些经验中，学生在学习旅程中多次迁移理解。请参考图4.7来思考。

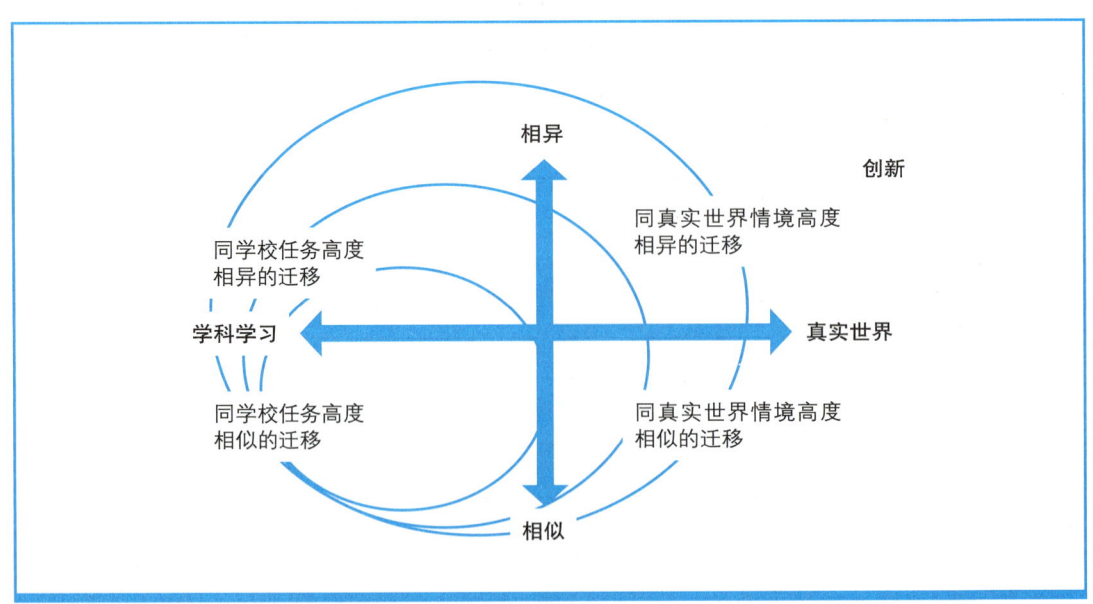

图4.7 学习迁移循环在学习迁移坐标上的叠加

随着迁移从学科情境转移到真实世界，对学生的要求也大幅度提高。虽然我们在设计学科练习时可以尽量减少干扰和无关变量，但真实世界中的问题充满了干扰和复杂因素。例如，数学教师可以写一个简单的应用题，询问学生"农民在玉米地周围建造栅栏需要多少铁丝"，让学生应用对周长的理解。但是，一个真正的农民在解决同样的问题时，要考虑的就不仅仅是测量土地的周长了。

田地的形状、灌溉渠的布局，以及建造实际的栅栏可能带来的材料浪费，都会影响建造这一设施实际所需的铁丝数量。同样，当试图解决气候危机等问题时，课堂练习可以只关注科学或技术方面，而真实世界的解决方案则需要关注经济成本、政治可行性、外交和跨文化合作的性质，以及改变公众观念和习惯的复杂性。

当学生运用他们的概念理解做以下事情时，我们就朝着学习迁移坐标中真实世界那一端移动：

◇ 解决复杂、真实的挑战

◇ 利用多个学科的概念

◇ 向真实的观众展示他们的发现

◇ 影响周围的世界

从本质上说，当要求学生将在学科环境中获得的理解转化为日益"真实"的现象时，他们将会需要学科之外的工具，包括那些在现代素养中发现的工具。结合三年级的跨学科课程、七年级的世界历史课程和九年级的代数Ⅰ课程的例子，思考以下问题：

◇ 学科素养概念如何与现代素养概念相互作用？

◇ 学习经验的序列如何在学科素养概念和现代素养概念之间搭建桥梁？

健康的选择、积极的生活方式、文化和适应力如何相互作用？

三年级 —— 健康的选择（健康）、积极的生活方式（体育）、其他文化（社会科学）、适应力

◇ 学生研究来自其他文化背景的故事，了解这些不同文化背景的人如何做出健康的选择并保持积极的生活方式。学生研究了其中一些人可能面临的困难，以及这些人如何在遇到困难时发展适应力，并反思适应力在健康生活中的作用。

◇ 学生调查自己的社区，将健康的选择和积极的生活方式与其他社区的文化进行比较。他们还比较了常见困难和人们克服这些困难的方式（例如当居住的地方一年中大部分时间都很冷时，人们想出了保持体育活动的方法，例如建设室内水上公园或参与冬季

运动)。

◇学生制订行动计划来说明他们将如何适应生活中的潜在困难,如何做出健康的选择,并保持积极的生活方式。他们会分享从其他文化中学到的两件事,并希望在自己的生活中加以尝试。此外,他们还要求家人也实施健康生活方式计划。

图4.8展示了这些情境在学习迁移坐标中的位置。

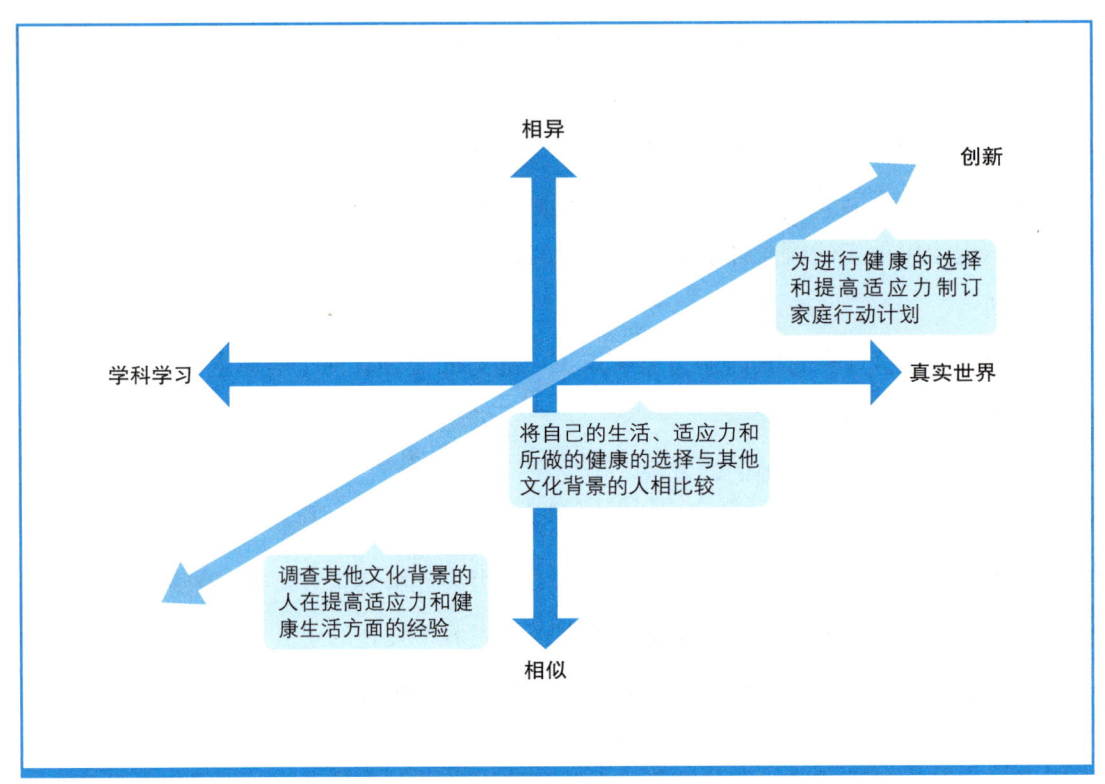

图4.8　三年级跨学科课程的迁移过程示例

作者的立场和偏见如何影响他/她对事件的描述?

世界历史 —— 观点、偏见、数字素养

◇学生阅读教师提供的关于18世纪英国工厂工作的原始资料。在分析资料来源时,他们会思考这样一个问题:作者的观点和偏见如何影响他/她对所发生事情的描述?

◇学生阅读教师提供的关于现代血汗工厂工作条件的原始资料,继续思考:观点和偏见如何影响我们的看法?

◇学生通过上网寻找资源来调查不同公司的劳动实践。他们不断问自己,观点和偏见是如何塑造他们所找到的信息的,并学习和总结在互联网资源中识别偏见的方法。他们制作了宣传海报在学校周围张贴,向学校学生宣传常用产品生产的劳动实践。

图4.9展示了这些情境在学习迁移坐标中的位置。

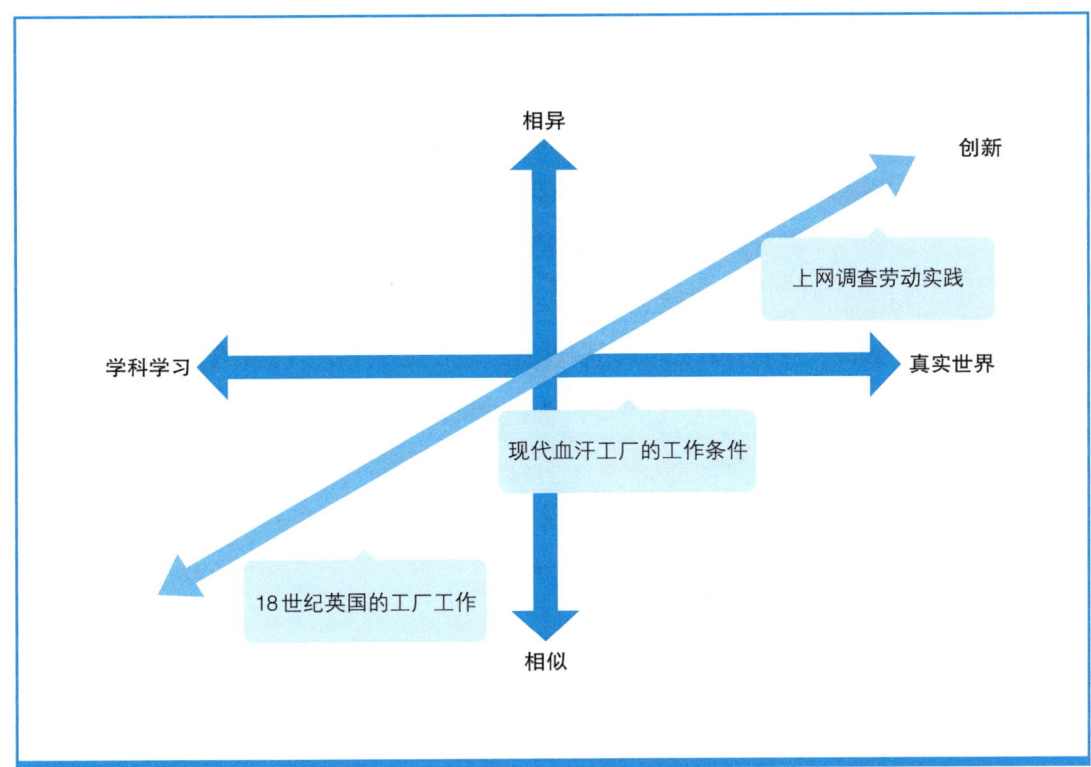

图4.9 世界历史课程的迁移过程示例

表示数据和评价的能力如何帮助我们更好地进行信息交互?

代数Ⅰ——表征、评价、多模态交流

◇学生创建线性和非线性关系的不同表征方式——方程、数值表和图表,然后根据其清晰度和准确度进行评论。

◇学生考虑与气候变化相关的数据的不同表征方式,包括方程、数值表和图表,它们显示了碳排放量和全球变暖之间的线性和非线性关系。学生对每一种表征方式进行评论,并讨论哪一种方式能最直观地表达出这两个元素的关系。

◇学生分小组研究《巴黎协定》提出的碳排放标准,创建数值表和图表来描述数据,并预测该计划的影响。然后学生对计划进行评论,并设计了一个媒介交流活动,包括各种交流模式,从表情包到音频、视频和纯文本,从而将他们的分析传达给同龄的观众。

图4.10展示了这些情境在学习迁移坐标上的位置。

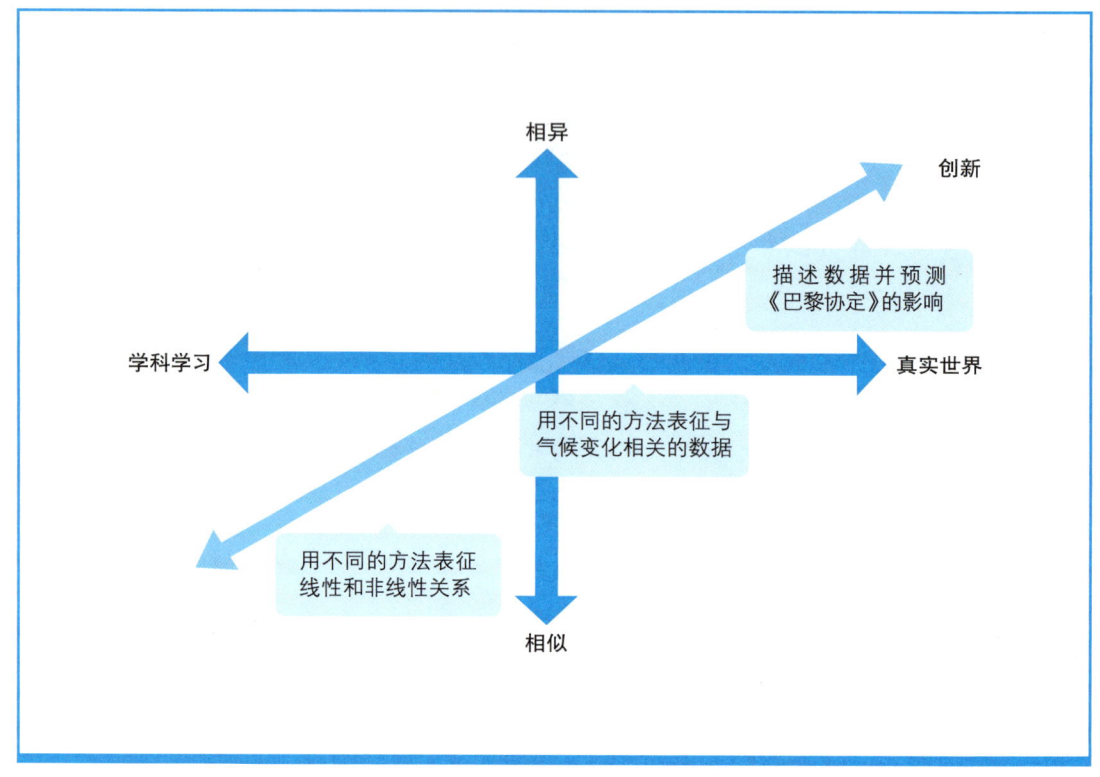

图4.10 代数 I 的迁移过程示例

第一步：头脑风暴

想象一下，这一系列的经验可能会在你选择的学科素养和你在本章中优先确定的现代素养之间搭建桥梁。使用图4.11和表4.10中的模板来帮助你。

请记住，这只是一个练习，而不是一个固定的单元计划。这里的主要目标是理解课程中的学科素养和现代素养的组成部分之间的关系。

 用心思考

这个提示将在后面章节的单元规划中派上用场。现在，我们只是想让你了解一下学科素养和现代素养概念在教学情境中是如何联系起来的。

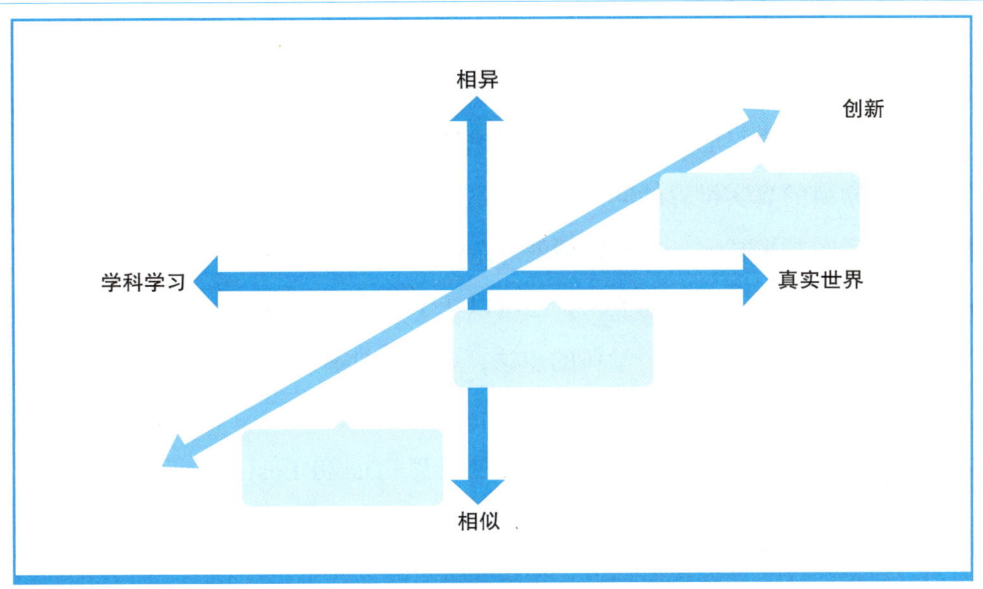

图4.11 连接学科素养和现代素养的模板1

如果你希望更有拓展性或更简洁,你可以使用表4.10来进行头脑风暴,想出三种能够连接学科素养和现代素养概念的教学情境。

表4.10 连接学科素养和现代素养的模板2

步骤	学习经验
从特定学科(学术)情境的学科视角开始	
连接	
将现代素养概念纳入更复杂的真实世界情境中	

第二步:反思

- 现代素养如何帮助学生将对学科素养概念的理解迁移到真实世界的场景中?
- 你的现代素养概念在哪些方面强化和扩展了学科素养的概念?

横向协调拓宽跨学科广度

无论是希望学生提高对当地池塘污染的环保意识，还是试图解决失业问题，这些问题的本质都涉及多个学科的概念和思维。考虑到现代生活、制度和系统的复杂性，很少有局限于单一学科的真实世界的问题。这并不稀奇，生活一直是跨学科的，随着我们对自我和世界的了解越来越多，重叠领域的复杂性和数量只会继续增加。跨学科的学习方法不仅可以说明不同领域的相互关系，还可以让学生从多个角度看待问题，提高他们心智模型的适用性，整合来自多个学科的想法，并成为具有创造性的问题解决者（Repko，2008）。

我们遇到的大多数问题都是大卫·埃普斯特恩（David Epstein）所称的"棘手情境"（wicked context），这些情境通常缺乏可以始终依赖用以解决问题的特定学科的模型、重复的模式或清晰的反馈。埃普斯特恩（2019）曾提出"实践的广度预测了迁移的广度。也就是说，学习的情境越多，学习者创造的抽象模型就越多，他们对任何特定案例情境的依赖就越少。学习者更善于将他们的知识应用于从未见过的情况中，这就是创造力的本质"。

许多数学教师在课堂上遇到过这样的情况。如果要求学生理解和解决多种类型的问题，他们通常能更好地将自己的所学知识迁移到不同结构的问题上。相反，如果学生只练习非常相似的问题，那么他们以后就很难进行迁移，也很难解决不是相同结构或非常相似情境中的不同问题。

概念性联系提供了各学科之间的重要联结，也是接触全新的和复杂情况的手段。从神经科学的角度来思考下面的例子：学过磁铁概念的学生可以将其他领域的信息与正负极的概念联系起来。例如，他们可以阅读一个关于异性如何相互吸引的故事，这个概念在很多寓言故事中都很常见，比如《青蛙和蟾蜍的故事》（Lobel，1970）。无论表面特征有多大的差异，每种情境都会构建神经通路，当通过组织概念及其联系访问时，这些神经通路就会在大脑中创建模式，从而更易于检索（McTighe & Willis，2019）。概念性联系既提供了学科的深度也提供了跨学科的广度。

我们的目标是让学生了解组织世界的深层次结构，这是通过概念及其联系实现的。如果我们想摆脱教育目前对孤立标准和孤立学科领域的片面强调，转向可迁移的概念和技能，我们可以努力用更宽广的跨学科视角来平衡单个学科深入而狭隘的学习。这种平衡允许学生以有意义的方式应用学科的概念性结构（Kalantzis & Cope，2013）。特定领域的专业知识和跨学科思维不是一组相互对立的思考方式，而是一组互补的工具。

> 能够产生巨大影响的创新类型只会发生在约翰松（2017）所谓的"交叉点"——在那里，一个领域的概念与另一个领域的概念相互交叉。

事实上，在《美第奇效应》（the Medici Effect）这本突破性著作中，作者弗朗斯·约翰松（Frans Johansson，2017）认为，能够产生巨大影响的创新类型只会发生在他所谓的"交叉点"（intersections）——在那里，一个领域的概念会与另一个领域的概念相互交叉。这些交叉点会孕育一系列新的想法和见解，为有意义的问题解决提供动力，甚至可能开辟全新的研究领域。

《美第奇效应》中详述的例子证明了交叉思考和学习迁移的力量——受自然启发的建筑设计、从粮食交易商那里获得领悟的投资银行家，以及迪士尼皮克斯工作室的设计过程中电脑动画师通过学习表演课程为角色注入生命力。这些例子表明，当我们探索不同学科之间的交叉点，并破除使我们陷入一种思维模式的障碍时，创新是可能的。

如果我们希望课程与培养创新者的目标保持一致，就应该考虑如何鼓励学生整合不同的知识体系，并使其有机会将所学应用到真实世界。就像鼓励学校在各个年级建立概念框架，以增加学生学科的深度一样，我们建议为现代素养也创建一个跨学科的概念框架。这个过程有助于教师以一种有目的和协调一致的方式来共同努力培养这些重要技能。

中学进行跨学科教学所面临的最棘手的事情就是学校中的一切都是被孤立起来的：部门结构、课程、时间规划，甚至是教师培训。这些因素造成了结构性障碍和心理障碍，使跨学科教学变得更加困难。虽然结构性问题必须在学校或地区层面解决，但我们已经开发了一些基于几种不同方法的工具，这些工具将提供选择，帮助教育者创建一些同其课程更有机的交叉点和重叠点。

首先，让我们为跨学科学习设计的不同方法确定一个具体的术语和定义：多学科（multidisciplinary）、跨学科（interdisciplinary）和超学科（transdisciplinary）（Refsum Jensenius，2012）。

多学科：学习经验需要来自多个学科的知识，但每个学科都在各自的范围内。

跨学科：学习经验需要分析、综合和协调各学科之间的联系，以创建一个新的、连贯的整体。

超学科：超越多个学科的传统边界的学习经验。

虽然我们相信这些定义是有帮助的，但重要的是不要过于纠缠每个定义的细节。这些定义并不是作为强加严格要求的手段，而是提供一种语言，帮助你对不同类型的跨学科教学进行概念化。每种方法如图4.12所示，并在表4.11中进行定义，圆圈表示不同的学科，从左到右表示跨学科协调程度的增加。

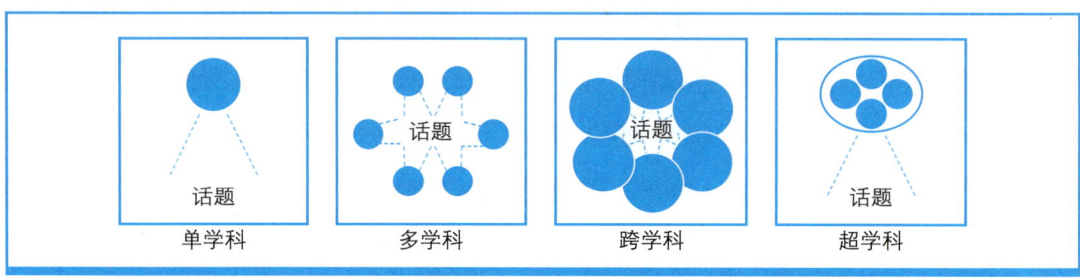

图4.12　跨学科整合的通用方法

表4.11　跨学科整合通用方法的定义

跨学科取向	描述	创造有机协调和交叉的方法
多学科	学习经验需要来自多个学科的知识，但每个学科都在各自的范围内	找到一个真实世界的问题，并思考每个学科解决它的不同方法。这可以通过简单地将某一学科与现代素养相结合来实现
跨学科	学习经验需要分析、综合和协调各学科之间的联系，以创建一个新的、连贯的整体	检视标准、课程文件、学科视角等，找到与每个学科重叠或交叉的概念和技能
超学科	超越多个学科的传统边界的学习经验	创建一个超越传统学科界限的概念列表，使之成为每个年级或部门课程的锚点和组织力量

来源：描述改编自Refsum Jensenius（2012）。

 用心思考

根据你当前的情况，哪一种方法最适合作为起点？需要注意的是，所有的这些方法都可以由单个教师来完成——这取决于你是否愿意将现代素养和其他学科纳入课程中。当然，如果教同一批学生的多个教师能够相互协作的话会更有效，但这不是必要条件。我们可以将现代素养整合到一门课程中，以拓宽跨学科的广度。

_____

_____

_____

多学科协调：保持在学科边界内

也许最简单的跨学科教学的步骤，尤其是在中学阶段，是选择一个真实世界的挑战，列出每门学科解决这个问题所必需的概念和技能清单。学生不会将多个学科的概念和技能混合在一起，他们会关注每个特定学科的专家如何解决特定的问题。这也反映了来自不同领域的专家在解决真实世界问题时各自工作的实际情况。

考虑一个全校范围的项目，每个班级都要思考提高人们对当地河流污染认识的不同方法。每个部门根据对应学科处理问题的特定方式提出不同学科的概念，然后使用ACT模型逐步构建真实世界的迁移任务。一旦学生习得、联结和迁移对特定学科概念的理解后，他们就准备好将其应用于解决当地河流污染的问题之中。

在科学课上，学生可以开展这样一个项目：从河流中提取样本，进行实验室评估并记录样本中的污染水平。为了更好地理解污染问题最初是如何出现的，学生可以在数学课上成立数据收集委员会，他们可以进入社区创建和汇编一个数据集，从而深入了解当地对回收、可持续性和浪费等问题的观点和态度。同时，在英语语言艺术课上，学生可以聚焦于学习写作或演讲有说服力的文本，这样他们就可以改变朋友和邻居的想法。经过几轮修改后，每个学生都将在当地的公共评论网站上提交一个短视频，说明为什么政府应该给予当地的环境保护工作以更多的关注和投入。

在这个案例中，每个学科都相对独立地运作。它们可能都朝着同一个目标努力，但内容或概念几乎没有重叠。各学科的学习过程都侧重于发展学科内的认知、行动和思维方式。这不分好坏，关键在于对教育工作者、学生及其所处情境而言什么是最有效的。

用心思考

就你目前的情况而言，这种跨学科的取向会如何发挥作用？

_____
_____
_____
_____

跨学科协调：重叠和协调两个或多个学科

另一种跨学科教学的取向是寻找现有课程中已经存在的重叠和交叉的概念。通过关注有更多相似之处的学科是最容易做到的，例如英语语言艺术和历史配对，或者数学与科学配对。学生依旧会从不同学科的视角看待学习经验，但与多学科不同的是，每个学科的边界最终会开始相互重叠，学生也由于学科间的和谐而强化思维并由此推进学习。

例如，英语课上可能会探讨麦克白从尊贵的贵族沦为名誉扫地的国王的经历，与此同时，美国历史课上正在学习尼克松在水门事件期间的窃听行为。尽管这些事件发生在截然不同的历史背景下，但它们都是探索权力、贪婪和野心如何影响一个人的道德及领导力的绝佳情境。学生可能依旧在每门课上分别研究这些事件，但他们能够利用自己在一个学科中习得的概念理解来解释不同学科的情境。从每一门课程中习得的知识仍然以各自的学科框架为基础，但彼此间会存在重叠。这些交叉点创造了一个有趣的灰色区域，学生可以从中获得见解，并促进跨学科的迁移理解。

> 在跨学科的取向中，学生可能在每门课上单独地学习事件或内容，但他们能够利用自己在一个学科中习得的概念理解来解释另一个学科中的情境。

或者思考这样的一个项目，学生试图提高对联合国可持续发展目标"清洁饮水和卫生设施"的认识。通常，教师会在科学课上探索可持续性问题，让学生学习塑料污染如何危害沿海生态系统。学生可以制作海报、发表演讲或设计视频，基于多个情境展示对科学领域相关概念的理解。然而，当采用跨学科的教学方法时，学生能够从各种角度来研究问题，这有助于他们理解解决这些问题所需的深度思考和复杂判断。由于人类的思想和行动往往是可持续发展的核心挑战，因此，跨越这些不同问题的一个中心迁移点正是我们对"人类"的理解。

建立跨学科的概念联系可以让我们更全面地理解包含在联合国可持续发展目标中的复杂主题，比如在全球范围内减少贫困、污染和饥饿。与其仅仅帮助学生从科学的角度理解诸如气候变化等问题，还可以探索塑造人们对这些问题的信念和观点的潜在文化和认知机制，或是最初促使人类开始从事不可持续行为的潜在文化和认知机制。目前，我们的合作伙伴苏珊·哈尼施（Susan Hanisch）和达斯汀·艾尔多什（Dustin Eirdosh）通过全球可持续发展教育（Global Education for Sustainable Development）这一平台，将该理念卓有成效地传播。他们课程的重点在于将理解人类境况作为跨学科主题，收集日益丰富的开放性资源,这些资源基于人类学、行为科学和可持续发展科学中的交叉概念与原则。

对学生来说,理解气候变化和塑料污染的风险固然重要,不过他们首先要理解人类行为是如何让我们陷入当前境况的,以及为什么人们会对这些话题产生某些信念。了解影响人们价值观的源头及其影响,将帮助他们理解如何改变那些可能反对他们工作的人的思想和心灵。通过这种方式,全球可持续发展教育(Global ESD)背后的理念是提供一个跨学科的科学基础,可以利用多个学科来理解这一代的孩子将必须解决的重大问题。

想象一下,如果学生使用跨学科的概念,比如发展、文化、合作、遗产、相互依存和可持续性,来补充和联结他们在各学科之间的理解,那么学生做出真正改变的能力将会有多大。有了这个框架,学生可以通过分析在英语语言艺术中代代相传的传统故事来研习不同的文化,可以在社会研究课程中研究当前和历史上有效社会合作的案例,并学习用计算机模拟可持续资源的利用困境,通过数学揭示有意义和可迁移的见解。

例如,幼儿园教师可以将责任和伦理决策融入人与环境互动的单元中。这里的关键区别在于,学生可以在数学、科学和语言艺术的概念和技能学习之间流畅地转换,而不会因为"科学课时间"或"语言艺术课时间"的课时限制而中断学习进程。表4.12是一个有关关爱自然的单元示例。科学内容推动了整个单元的进展,而语言艺术和数学的实践则融入自然主题中。我们将在第六章中介绍单元规划步骤,这里只是展示一个跨学科单元将所有元素组合在一起的一种方式。

表4.12 幼儿园跨学科示例

单元标题:关爱自然	
真实世界情境:学校操场,当地公园,水循环中的塑料污染	现代素养:责任、伦理决策
学科视角:相互依存、沟通、数量	引发性问题:我们与其他生物和环境互动的最佳方式是什么

科学概念问题	英语概念问题	数学概念问题
是什么使某些东西具有生命?是什么使某些东西成为自然或环境的一部分? 人与自然的关系是什么? 我们的感官如何影响学习? 同学如何影响我的学习?	我该如何提升口语交流技巧? 肢体语言在交际中的作用是什么? 主动倾听和被动倾听有什么不同?	为什么要计数? 物体的顺序对计数有什么影响? 计数时最后一个数字表示什么? 在日常生活中,计数的作用是什么? 如何用数字来表示日常生活中的数量?

学生将会研究学校共同体中许多常见的行为习惯,并制订一个计划,他们将向校长阐述提高学校内部责任感和伦理决策的方法。

> **用心思考**
>
> 就你目前的情况而言,这种跨学科的取向会如何发挥作用?
> _____
> _____
> _____
> _____
> _____

超学科协调:模糊不同学科之间的界限

另一种实现跨学科教学的取向是,让学生在不同的情境中解释和分析一组共同的宽泛的概念(broad concepts),使其在长期存在的学术性学科之间更流畅地转换。我们可能会将不同的学科视角应用到当前的情境中,但很少有意识地将这些概念和技能贴上"数学"之类的学科标签。我们发现,第三章中介绍的人文经验概念是超学科协调的一个很好切入点,因为学生会考虑每个学科处理这些概念的方式。作为提醒,表4.13再次列出了这些概念的示例。

在这种方法中,概念及其之间的关系提供了一种跨越每个学科的一致性,模糊了学科之间的界限。虽然在技术上我们仍然会使用特定学科的工具和思维方式,但这仍是一种很好的方式,可以鼓励教职员工和学生就在塑造人类经验中扮演重要角色的概念进行卓有成效的对话。

例如,学生可以在一个超学科的单元中探索真实性的概念,探索诸如"如何确定什么是真实的、有效的和正确的?真实意味着什么?"等问题。他们可以调查人际关系、歌词、社交媒体帖子、新闻报道、著名运动员、政客、消费品、数据表征和食品中的真实性。真实性的概念驱动着学生的探索,他们确实会利用所有长期存在的学术性学科中特定的概念和技能,但它们之间的边界并不会像多学科或跨学科取向中那么明确。

表4.13 人文经验概念示例

人文与艺术		科学	数学
友谊	权力	生存	提问
不安全感	控制	均衡	模式识别
归属感	混乱	平衡	意义建构
真理	愚昧	相互依存	沟通
勇气	身份	力量	平等
恐惧	偏见	吸引力	简化
梦想	美丽	共生	精确
经验	不公	交互	对称
家庭动力学	仇恨	适应	偏差
救赎	公正	多样性	平衡
真实性	系统	系统	灵活性
叙事	自由	变化	顺序
自我	信仰	合作	解决方案

许多宽泛的概念,如系统、模式、相互依存和变化,也可以促进超学科的探索。国际文凭课程小学项目(PYP)就使用了这种取向来利用幼儿探索周围世界时与生俱来的好奇心。学生通常会探索超学科的主题,如"我们如何表达自己"和"共享地球",而不是按照数学和语言艺术等既定学科的界限划分教学时间。学生通过这些主题和广泛使用的概念学习数学、读写、社会研究等。我们发现这是一个非常好的方法,特别是对于低年级的学生而言,尤其是当广泛使用的概念被特定学科的概念(在PYP中称为相关概念,如数量、措辞选择、语气或权威性等)所包围时。

在中学阶段,不难想象当学生从不同角度和立场审视这些强大而持久的概念时,会产生异常丰富的对话。在学完美国政府三大主体这一单元后,学生可以应用其他学科的思维、认知和行为方式,对概念关系进行更深入的探究,而不只是简单地说"系统是由相互联系、相互协调的部分组成的"。或许有学生会回想起一堂化学课,提出系统需要能量才能正常运行。然后,另一个学生可以提出他们的理解,他们会引用最近对地中海过度捕捞的案例来分析说明当系统崩溃时,那些依赖该系统的人将受到威胁。也许,其他的学生会将其与数学证明的知识联系起来,提出即使是系统中的一个部分产生错误也会导致不良的后果。这些观点中的每一个都会引起更多的讨论和对原初情境更深入的分析,并为"系统"这一抽象概念提供更全面的理解。

如果学生在评估概念和概念性联系时不断转换学科视角,会获得什么样的新见解?

当一个普遍的概念与更具体的学科概念建立起新的关联时，他们的理解会发生怎样的转变或发展？这种比较和对比超学科概念的学科视角的能力会带来更深刻的探究和洞察，而不是简单地构建一个单一的概念性联系。

对一些中学教师来说，横向地规划不同学科的概念可能一开始令人望而生畏或不现实。我们要再次鼓励你考虑现状，以及如何朝着实现这一目标而向前迈出一步。你是否希望学生在所有内容领域都能发挥写作才能，而不仅仅是在语言艺术课堂上？你知道与自己课程相关的其他学科的主题吗？一开始可以考虑简单的联系，为未来更具创造性和更具整合性的规划作铺垫。关键是要迈出第一步。

表4.14显示了美国华盛顿特区一所学校根据年级水平进行跨学科横向协调的示例。课程负责人与教师合作，确定了每季度所有六年级教师将与学生一起学习的阅读和写作的重点内容。此外，他们融入了与人文经验概念、现代素养中的批判性思维以及社会情感学习相关的概念。每个季度中，他们还会指定一门具体的课程来主导一个研究项目。

表4.14　六年级跨学科横向协调的示例

项目	季度1	季度2	季度3	季度4
阅读/写作重点	文学文本 议论性写作	说明文本 说明性写作	文学文本 说明性写作	说明文本 议论性写作
人文经验概念	文化与身份	自由	关系与相互依存	权力与正义
现代素养：社会情感概念	认识优势	自律	团队合作	同理心
现代素养：批判性思维概念	清晰	准确	精确	清晰、准确、精确
每季度研究项目	地理	英语语言文学	地球科学	健康

请注意，这个教师团队决定分享几个重点领域，以提高学生学习经验的连贯性。例如，在学年的第一季度，学生在每一节课上都探讨了文化和身份的概念，从而提供了跨学科的连贯性。这不仅有助于把学科联系在一起，还有助于将它们区分开来。随着学生从一堂课到另一堂课，在不同学科特定的背景下思考这些概念，他们开始了解地理学家、科学家、文学家和健康倡导者如何以不同的方式处理这些概念。

然而，当涉及研究时，他们决定要协调各个学科以确保学生全年都在学习研究技能，而不需要同时承担多个研究任务。地理教师介绍了一套研究技能，英语和地球科学的教师可以在此基础上进行构建和扩展。然后，健康教师可以要求学生把前三个季度学到的技能，迁移到年底一项更为复杂的研究任务中。

现在我们已经探索了各种各样的方法，花一点时间来思考一下你的情况，以及什么可能对你来说最有意义。你可能想要探索一下本书配套网站中关于跨学科横向协调的模板，为你思考如何协调跨学科课程提供进一步的讨论和案例。

用心思考

就你目前的情况而言，这种跨学科的取向会如何发挥作用？

_____
_____
_____
_____

设计步骤

根据你的情况，你将如何规划跨学科整合？你需要考虑哪些因素？

_____
_____
_____
_____
_____

元认知的重要性

无论我们如何整合现代素养和其他跨学科取向，关键是要记住 ACT 模型是可循环的，而不是线性的。也就是说，我们永远不会到达理解或技能水平的一个终点，因此，要准备好迁移到任何可能出现的情境中。学生不可能在一堂课上学习领导力，然后在没有停下来思考、遗忘和重新学习的情况下，不加选择地将所学应用到整个课程中。

虽然我们希望学生能识别模式，但必须承认，每一种情况都有独特的差异，这是在应用所知时必须考虑的。辨认这些差异，并考虑先前理解的方式是否能迁移到新情境中，这与能够识别模式一样重要。

如此一来，为迁移而学习更像是成为一个爵士音乐家，而不是管弦乐队的一员。在管弦乐队中，练习的目标是与其他人一起完美地演奏同一首音乐，以便为观众复制这种表演。每个音符都有自己的位置，不会移动。当然，乐队每次演奏一首乐曲时，指挥的提示可能会带来演奏上的些许差异，但乐队的主要工作是努力达到演绎歌曲的最佳版本。经过足够的练习，这个乐队可以近乎自动地演奏这首曲子。而爵士音乐家则利用音乐知识——音符、和弦、和声、节奏——进行即兴创作。他们的目标不是每次都以一种可预测的方式演奏同一首歌曲，而是使用音乐的原理来进行声音的试验，并根据合奏中其他成员的演奏进行调整。爵士音乐家不是通过使表演更具可预测性来改进表演，而是通过练习创造新的、令人惊喜的音乐体验。

如果我们教孩子像管弦乐队成员一样学习，当所形成的概念理解不是任何真实世界问题的"正确答案"，或者当意识到这个世界不是课堂经验的复制品时，他们会感到非常失望。相反，我们需要孩子成为和爵士音乐家一样的学生，在拥抱音乐的要素，以新颖和令人惊喜的方式来使用概念的同时，也能内化那些基本的构建模块。

这就是元认知——监控自己思维的过程。当学生接近一个混乱、复杂的真实世界时，他们需要灵活地利用学科专业知识和现代素养，并始终意识到他们先前知识和经验的局限性。因此，与其过度自信地面对一项新任务——呀！我以前见过这种情况，我知道该怎么做！——学生必须对自己的思维在多大程度上适用于当前的情境保持怀疑态度。

鼓励学生将ACT模型视为一个没有终点的循环。每当开始迁移自己的理解时，他们必须有意识地寻找当下情境的独特特征。一旦成功应对了新的情境，这个循环就要求他们回到先前的理解，把新情境中习得的新概念纳入其中，并根据自身的经验重新组织概念之间的联系。换句话说，ACT模型要求学生发展元认知意识并持续监控自己的思维。

监控自己的思维并有意识地审视自己知识局限性的习惯，对创新而言至关重要。为了寻找复杂问题的创造性解决方案，我们必须重新思考，而不是死记硬背地套用以前的想法。如图4.13所示，我们认为创新是学科专业知识、现代素养和元认知的交叉点。换句话说，只有当学生能够灵活地利用专业化和一般化的认知方式的力量时，他们才能恰当地应对21世纪的挑战。

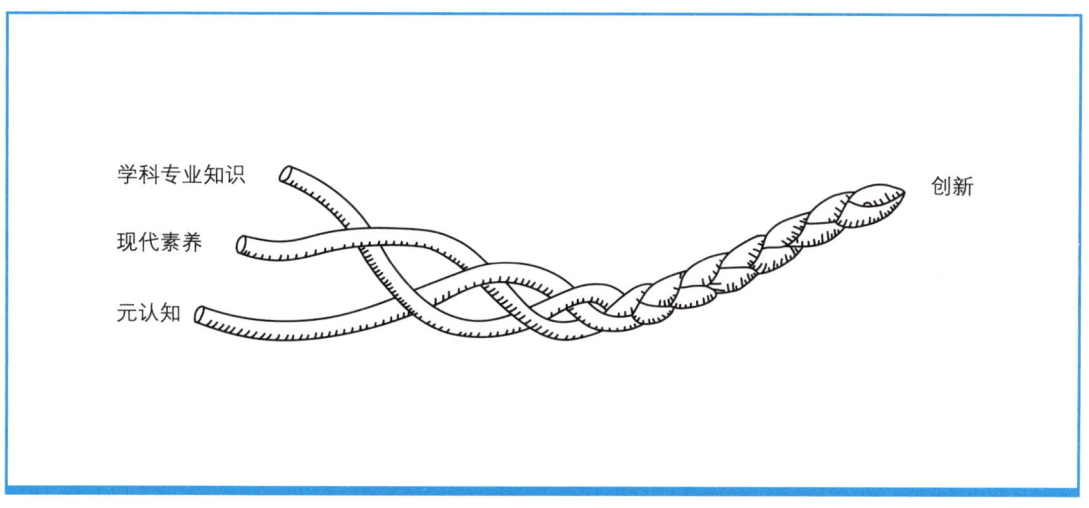

图4.13 编织创新的基本要素

结　语

在本章的开头,我们认识到,为了让学生适应21世纪的需求,需要超越传统的学术性学科来进行教学。各种旨在让学生为复杂的现代生活做好准备的举措——新能力、新教学工具、对于教与学意义的新阐释——都可以用现代素养将其统一起来。以往学校和教师认为这些举措是一种负担,会给他们带来更多压力!给原本已经满满当当的课程增加额外的累赘,迫使教师在太多的优先事项之间做出权衡,最终,所有的事情都做得相当糟糕。

然而,我们认为还有一种方法。通过更全面地想象现代素养在解决真实世界问题中所能起到的作用,以及它们如何与学科核心相关联,我们可以缩小关注范围,并将课程集中在这些重要元素上,而不是让它们变得无关紧要。事实上,只要为迁移而教,引导孩子沿着从学科到真实世界迁移的道路前进,我们就会自然而然地引入现代素养目标,因为这正是在真实世界中迁移所需要的能力。

跨学科协调这项工作不仅使教师更易于管理教学,使学生的学习更具连贯性,还能推动学生在更广阔的情境中迁移现代素养概念。当然,他们需要进行元认知实践,以便能深思熟虑和灵活地迁移学习,而不是机械地和按部就班地学习。在这样做的过程中,他们将会"玩"一般地开展"实践",因为元认知是创新的一个重要组成部分。

可迁移的学习
为变化的世界设计课程

 **用心思考**

花一点时间来反思你的思维是如何在本章中逐步发展的：
- 为迁移而教如何与现代素养和真实世界的挑战相互作用？
- 如何在课程中建立学科素养和现代素养之间的概念性桥梁？
- 如何以及为什么可以使用ACT模型来协调跨学科的现代素养教学？
- 元认知在其中扮演了什么角色？

— 第五章 —

课程故事
如何构建引人入胜的叙事
来指导学习

"教师当然是艺术家,但作为艺术家并不意味着他或她可以勾勒形象,可以塑造学生。教育工作者在教学中所做的就是让学生成为他们自己。"

——保罗·弗莱雷

(Paulo Freire)

> **为什么这一章很重要?** 它有助于我们思考学生的智慧之旅,使他们能够感受到课程的魅力以及如何将课程应用于生活。
>
> **这章结束时,我能做些什么?** 我将能够把所有的教学内容排列成一个连贯的叙事,并清晰地展现这长达一年的学习旅程,这将让学生发挥聪明才智。

> 本章致力于将整个课程范围考虑在内进行整体规划。

在本章中,我们综合了你在第三章和第四章中确立的可迁移学习的总体目标——学科视角和现代素养,它们帮助学生将所学运用在学科内外——将每个单元和每堂课连接成一个连贯的整体,使其成为一个引人入胜的叙事。换句话说,这一章致力于将整个课程范围考虑在内进行整体规划。以下章节将深入探讨具体的单元规划、评估和教学。

我们回顾一下目前为止所讨论的内容。今天这个快节奏、复杂的世界要求我们让学生准备好应对世界,理解复杂性并建构有意义的生活和社区。在前面的章节中,我们了解了ACT模型的基础知识,以及聚焦可迁移的学习可能会带来什么。我们为学科构造了一个愿景,这个愿景构想了相互关联的整体而不是原子化的标准或学习结果,同时考虑了学生在快速变化的世界中取得成功所需要的额外的现代素养。

现在是时候设计你整体的课程故事了,这样就可以在课堂上带领学生进行一场智慧之旅,而不是通过一个分步指南(pacing guide)来引导他们。这种思维上的细微转变是教学方式产生巨大差异的转折点。我们将以故事的形式来阐述这段旅程,一个描述从学年初到学年末的学习旅程的故事。然后,在下一章中,我们将创建与这一旅程相一致的单元规划。

 **用心思考**

在继续之前，停下来思考一下你目前对以下问题的看法：
- 目前你考虑在整个学年中如何对单元进行排序？
- 你所阐述的课程叙事或故事可能会对学生学习产生怎样的影响？

_____
_____
_____
_____

本章结构

本章围绕以下部分展开：

◇聚焦迁移的课程中内容安排的关键步骤
- 仔细考虑优先次序
- 有效安排各项内容
- 跨学科的战略互补
- 前后连贯彼此照应

◇阐明课程的整体故事
- 可用来编写课程故事的结构
- 可视化并塑造故事的寓意

聚焦迁移的课程中内容安排的关键步骤

聚焦迁移的课程必须关注学科素养和现代素养的深层结构。在前面两章中，你已经关注了这些素养的组成部分，现在是时候来具体思考课程了。

我们仔细钻研了研究报告、课程文件和相关资源，从而确定运用学习标准来设计一门对学生来说既严谨又有意义的课程所需的步骤。综合我们的发现，就是图5.1中列出的四个关键步骤——仔细考虑优先次序、有效安排各项内容、跨学科的战略互补、前后连贯彼此照应。无论你是在课程团队中工作还是在自己的课堂上，都可以使用这些步骤。

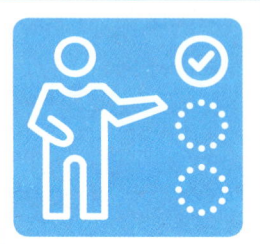	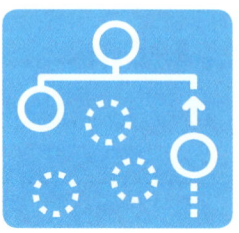		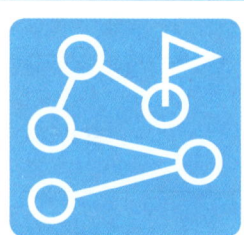
仔细考虑优先次序	有效安排各项内容	跨学科的战略互补	前后连贯彼此照应
就像所有美妙的旅程（和故事）一样，不是每一站和每一个细节都能被包含在内。这要求我们优先考虑最重要且能对学习产生最大影响的内容。把课程标准想象成一个等级结构。哪些需要优先考虑？哪些应该是课程的"主角"，哪些应该扮演"配角"？	安排单元内容就像创建一个故事脚本。在标准中出现了什么模式或趋势，应该被组合到同一场景中？各种场景要安排在哪里？什么样的顺序对学生的学习旅程而言是最适合的？学生如何将一个单元所学的知识应用于全学年中的其他单元？	我们的世界是跨学科的。你所在的年级或所教课程中，哪些现代素养要被优先考虑？你有没有发现跨学科的联系，让学生可以在不同的内容间迁移学习？一门优秀的课程不仅仅关注学科本身，它还让学生看到该学科在真实世界中的实用性和相关性。	阐明课程的故事让我们能够确保每个单元都能连贯地衔接到下一个单元。把它想象成叙事线。你将如何帮助学生建立联系，而非呈现分散的学习组块？学生如何在后续单元中利用先前的知识来获取新知识？

图5.1 设计聚焦迁移的课程的关键步骤

下面的练习将带领你完成设计课程旅程的全过程。

仔细考虑优先次序

在第三章中，我们将标准视为理解学科宏观模式和结构的一种手段，将标准聚合在一起形成一个连贯的整体，而不是将它们分解成一个个原子化的迷宫。然而，在给定的学年中，我们仍然需要达成大量的教学标准。要求达成的标准不是略有超额，而是太多了。一项分析发现，为了教授美国许多州课程标准中的所有内容，我们必须在学校教育中增加十年的时间（Marzano & Kendall, 1998）。以下练习将帮助你考虑标准的优先级并进行组织，以便最有效地利用课程内容来实现学科愿景。

把这个过程想象成建造一个带倒刺的铁丝栅栏。我们需要一些标准、观念或内容来充当木桩。栅栏的木桩得是坚固的，有意这样设计是为了支撑铁丝并使其保持形状。它们被深深地插入土地中，期望能够经受住时间的考验。一场强烈的暴风雨可能会让铁丝松动，但是木桩必须要牢牢扎根。同样，一些内容也必须形成一个持久的结构，在其基础上其他的内容才能够被"串联"起来。5 年、10 年或 20 年后，当学生试图用先前的知识来同化新的知识时——他们点击一篇关于生物多样性的文章，偶然发现一首新的浪漫主义诗歌，随手拿起一本关于托马斯·杰斐逊（Thomas Jefferson）的书，或者查看关于化石燃料排放的最新报告——他们应该能够在自己的思维栅栏中安置这些新的信息。

当然，大部分的栅栏不是由木桩组成的。在这个比喻中，我们大部分的课程内容成为连接一个木桩和另一个木桩之间的铁丝。这并不意味着大部分的课程内容是不重要的，栅栏如果没有铁丝就不能够发挥它的作用。但是，这的确意味着大部分的课程内容并不会被持续、深入学习。学生很快就会忘记《局外人》（The Outsiders）的细节或"克氏循环"（Krebs cycle）是什么。如果在以后的生活中需要这些知识，他们很可能需要温习一下细节。

为了对课程的标准进行优先排序和组织，你需要将木桩与铁丝区分开来。遗憾的是，课程文件的设置并不总能让这一过程变得简单。

以表 5.1 中的标准为例。如果一位教师想尝试按照标准的顺序来进行教学，给每个部分相等的权重，那么课程内容就会变得几乎难以理解。第一天是讨论孤立主义的有效性，而第二天则跳到欧洲法西斯主义的崛起，第三天要求学生追溯导致美国参与第二次世界大战的事件，然后在地图上找到主要的同盟国成员。

表 5.1　美国历史标准样例（着重强调）

美国历史 II 内容标准，马萨诸塞州
议题 3——捍卫民主：对法西斯主义和共产主义的回应 1. 提出一个论点，分析美国孤立主义的有效性，并分析孤立主义对美国外交政策的影响。 2. 解释法西斯主义的兴起及其在德国和意大利的表现形式，包括导致大屠杀的思想和政策。 3. 解释美国参与第二次世界大战的原因以及导致日本对德宣战的关键行动和事件。 4. 在世界地图上，找到第二次世界大战时的同盟国（英国、法国、苏联和美国）和轴心国（德国、意大利和日本）的位置。

来源：Standards sourced from Massachusetts Department of Education's History and Social Science Framework（2018）.

然而，如果我们退一步，从这些标准中构建一个意义框架，作为木桩的三个关键观念就会在铁丝的包围中脱颖而出：孤立主义、捍卫民主、参与战争。意义框架（framework of meaning）是在不同情境下迁移的组织概念之间的联系。图 5.2 给出了这个隐喻的直观呈现。

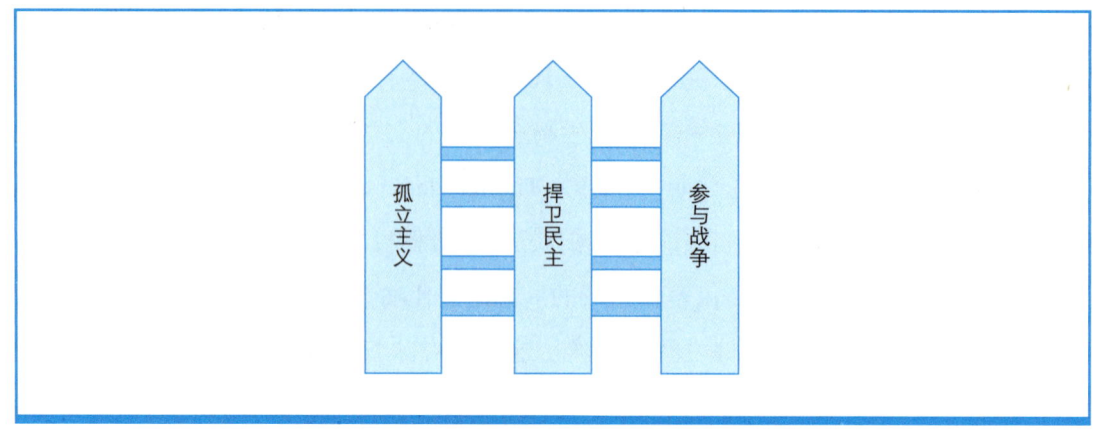

图5.2 概念栅栏的木桩提供的意义框架

请注意，这些木桩在本质上是概念性的，因此，一旦学生厘清它们之间的联系，就可以迁移到新的情境中。通过选择概念性的木桩而不是事实性木桩，我们确保该单元的持久结构是可迁移的。我相信许多人都知道"1492年，哥伦布在蔚蓝的海洋中航行"，但这一事实并不能帮助我们理解新的现象或解决新的问题。如果教师围绕概念性的木桩而不是事实性的木桩来规划课程，我们可能会学得更好。

如果花时间考虑你的标准，你会意识到，同一套学习目标可以建立许多不同的栅栏。换句话说，相同的内容可以组织成一个以上的意义框架。哪些概念最值得花时间研究与学习？我们应该优先考虑哪些意义框架？

许多课程目标已经列出了一般的或优先的标准，可以在这一过程中提供参考。像读故事一样阅读优先的标准，可能会帮助你形成"栅栏"的模型并选择概念性的木桩来把握叙事。如果你还没有一个明确的优先级或权重标准，这一节应该会有所帮助。

基于表5.2中总结的划分标准优先级的准则，我们可以使用引导性的问题，试着将整个标准体系缩小至只包含最重要的部分。如果你已经把标准打印出来了，你可以在这个过程中直接将优先顺序标注出来。如果你处理的是电子版本，可以加粗所选内容或调整字体大小，这样就能一目了然。

主要的衡量准则是，这些标准能否向学生指明学科深层的、潜在的概念结构。回到你在前面建立的学科视角。哪些标准能引导学生从事该领域的工作呢？哪些标准能更好地将学生的注意力集中在学科中最持久的、可迁移的概念上？哪些标准最能帮助学生发现学科的魅力和力量？

第二个衡量准则是年级间的连贯迁移（cohesive transfer）。哪些概念和技能揭示了学科的根本结构，使得学生从一个年级进入下一个年级时巩固加深了学科理解？是否有只在某一学年中出现的核心学科观念，因此需要加以强调？

表5.2　划分标准优先级的准则

标准	引导性问题
学科视角	标准中的概念和技能是否可以作为向学生传达学科视角的有效工具
连贯性	标准中的概念和技能是否揭示了将在各年级间迁移的潜在结构，从而创建出一个连贯的课程
真实世界	标准中的概念和技能是否能迁移到真实世界中加以应用
跨学科	标准中的概念和技能是否可以在学科领域之间或跨学科领域之间迁移，从而创建跨学科的联系
考试要求	标准中的概念和技能在考试测验中是否更重要

这就是与K-12或学校内部的不同年级纵向的团队合作的关键所在。作为教育工作者，我们希望学生在离开课堂时能为下一阶段的学习做好准备。当开始独立完成这项任务时，在你缩小了必要的标准之后，联系你所教年级的上下年级的其他教育工作者，并分享你的列表。请他们对其进行反馈，以及这些标准如何与他们的课程相联系，或者这些标准是否会让学生在知识上有漏洞。

适用于真实世界的迁移。这些标准是否能让学生看到学科与生活的相关性？这个标准中的概念和技能能帮助学生过上有意义的生活吗？这个标准中的概念对于解决复杂的、真实世界的问题是必要的吗？

接下来，重点关注具有跨学科用途（interdisciplinary

> *真实世界的迁移*：对学生来说是新的情况（之前没有在课堂上学习过），要求学生解决复杂的、真实的挑战，利用来自多个学科的概念，向真实的观众展示他们的发现，并影响周围的世界。

uses)或涉及跨学科迁移能力的标准。标准中的概念和技能是否能在本学科领域内部或跨学科进行迁移？跨学科的联系让学生看到学习的效用，并将打破学术性学科是一座孤岛的成见。

最后，考虑考试和测验的要求是明智的（Ainsworth，2010）。作为考虑优先级的最后一个准则，根据期末考试，思考哪些标准是最重要的。回顾一下你的标准或者成果清单。是否有些在考试中很重要的内容没有被囊括在内？我们虽然不认为这应该是决定教什么的主要因素，但是我们要意识到，许多涉及资金、人事任免，甚至薪酬的决定都是基于考试分数的。因此，这应该是考虑标准或学习成果优先级时最后要考虑的要素。

安排课程内容时，努力将不超过三分之一的标准视为"优先项"。毕竟，没有哪个栅栏是完全由木桩组成的。这是一项艰巨的工作，而且通常很难区分两个相似的标准，哪一个应该被优先考虑——但少即是多。理解的深度将确保学生保留和迁移学习（Bransford et al，2005）。在一大堆互不相干的标准中学习，会导致学生忘记学过的东西（Bruner，1977）。

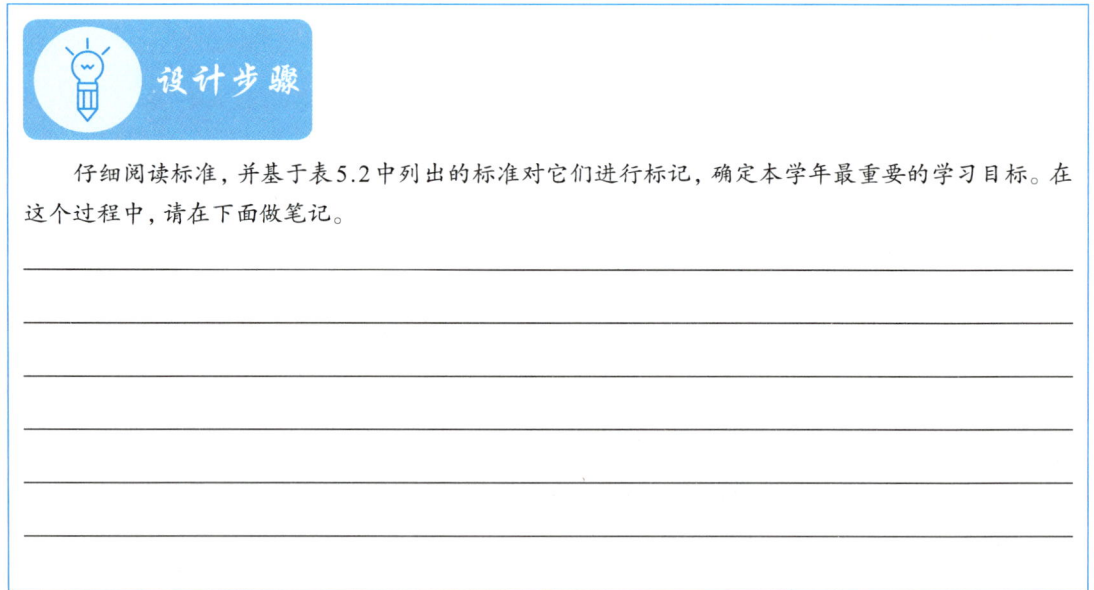

仔细阅读标准，并基于表5.2中列出的标准对它们进行标记，确定本学年最重要的学习目标。在这个过程中，请在下面做笔记。

_____
_____
_____
_____
_____
_____

确定优先次序可以帮助我们确定要将大部分的教学时间集中在哪里。《实现核心》（Achieve the Core）建议数学教师至少花费65%的教学时间在优先内容或重点领域，以确保学生发展深刻的概念性理解。一些教师发现，回顾过去教授的单元的方式对于厘清在单元中应强调或优先考虑的内容是有效的。一旦注意到这些优先项，他们就可以审视这些内容列表，检查它们所形成的叙事线，并进行调整。

有效安排各项内容

当然，我们认为某些标准比其他标准权重更大，并不意味着其他标准就必须被忽略。事实上，其他的标准，如栅栏上的带刺铁丝网，可以支撑已经确定的优先标准。

既然你已经确定了优先级标准或优先级概念作为你的"木桩"，那么就可以围绕这些优先级来安排课程的其他标准。这些标准应逐步建立或螺旋发展，以便学生能够将理解运用到整个学年中的各个单元。

以表5.1中的标准为例。一旦我们将这个主题锚定在孤立主义、参与战争和捍卫民主的概念上，所有其他的学习内容就都确定了。学生将在德国和意大利法西斯主义崛起的背景下探讨孤立主义政策（标准2），他们将能够在地图上找到同盟国和轴心国的位置（标准4）以此来解释美国从孤立到参与第二次世界大战的过程。一旦可以解释这个单元的标准与再次所确定的优先项或"木桩"的关系，我们就朝着一个有效安排的单元的方向前进了。而且，一旦这个单元结束，学生将在学习朝鲜战争和越南战争，或伊拉克战争和阿富汗战争时，再次回到这些概念。在第二次世界大战单元确定"木桩"的时候花点时间进行深挖，这从长远来看是节省时间的，因为学生能够将这一框架应用到后续所有外交政策的情境中。

根据标准内容与你为课程所确定的优先级的关联程度来安排标准。在这个过程中，可采用剪切、粘贴或以其他方式处理标准的文本，比如加粗或突出显示，这样就很容易区分优先级，并查看其他标准与它们之间的关系。

请记住，标准可能不会像课程文件中列出的那样保持线性排序。这个过程可能要求我们重新思考如何安排或组织单元，以便最恰当地为学生提供一个全面的学习旅程。例如，一位负责教授表5.1中标准的美国历史教师可能会创建一个以孤立主义、参与战争和捍卫民主等概念为中心的外交政策单元。他可以不按时间顺序讲授主题，而是将第一次世界大战、第二次世界大战、朝鲜战争和越南战争组织在一起，让学生在这一系列的背景下探索这些概念。最后，学生可能会把学习迁移到伊拉克战争或其他外交政策场景中。

另一个例子见表5.3佐治亚州物理科学卓越标准（2017年）。2017年新课程计划发布时，各单元并没有按照共同特征对标准进行分组，而是将标准整合到单元中，在单元中"讲好故事"并促进概念性理解。

表5.3 佐治亚州物理科学卓越标准

（这些是佐治亚州卓越标准中与探究情境相关的核心观念。本文件是一个框架的一部分。）

教学环节	引言	物质的属性	反应	能量	力与运动	波	能量主题顶点项目
预估时间	1周	1周	8周	8周	6周	4周	2周
跨学科概念	全部	• 结构和功能 • 模式 • 规模、比例和变化 • 能量和物质	• 能量和物质 • 稳定性和变化	• 能量和物质 • 系统和系统模型 • 稳定性和变化	• 因果关系 • 系统和系统模型 • 稳定性和变化 • 能量和物质	• 模式 • 能量和物质	• 系统和系统模型 • 因果关系 • 能量和物质
探究情境	汽车或火箭的运行	使汽车或火箭运转的元素和化合物	海拔变化会影响大气，从而产生意想不到的效果	贯穿一年的探究情境：汽车或火箭的运行 打开教室的灯需要多种能量转换	停车——安全带和气囊	多普勒效应	模拟并解释汽车或火箭的运行
核心概念	全部	• 原子中元素的结构 • 周期表趋势 • 化合物、属性、化学键和命名	• 原子与分子运动 • 物质守恒 • 溶液 • 酸和碱	• 热能 • 电和磁 • 核能 • 裂变与聚变 • 放射性衰变 • 能量转换	• 力和运动 • 牛顿定律 • 简单机械 • 引力 • 能量	• 电磁和机械波 • 反射、折射、干扰和衍射 • 多普勒效应 • 能量	全部
科学与工程实践	• 计划和实施调查 • 提问 • 开发和使用模型	• 开发和使用模型 • 分析和解释数据 • 建构解释	• 计划和实施调查 • 开发和使用模型 • 提出难点和设计问题 • 分析和解释数据 • 建构解释	获取、评估和传递信息 • 开发和使用模型 • 使用数学和计算思维 • 根据证据进行辩论 • 建构解释 • 分析和解释数据 • 计划和执行	• 计划和实施调查 • 建构解释 • 分析和解释数据 • 使用数学和计算思维	• 分析和解释数据 • 提出难点 • 开发和使用模型 • 建构解释	全部

表源：Georgia Standards for Excellence, High School Physical Science Curriculum (2017).

这个过程是为了使标准更易于把控，对学生的学习过程更有意义。在佐治亚州的物理科学课程中，对标准进行了分组，以便每个单元都能与汽车或火箭的操作联系起来，从而使教师能在学年初建立起一条探索线路，并将其贯穿至课程的最后。这些内容被相应地进行分组，通过安全带和安全气囊的学习情境，将力和运动、牛顿定律和简单的机械原理组织在一起，使学生可以在真实世界中学习这些概念。

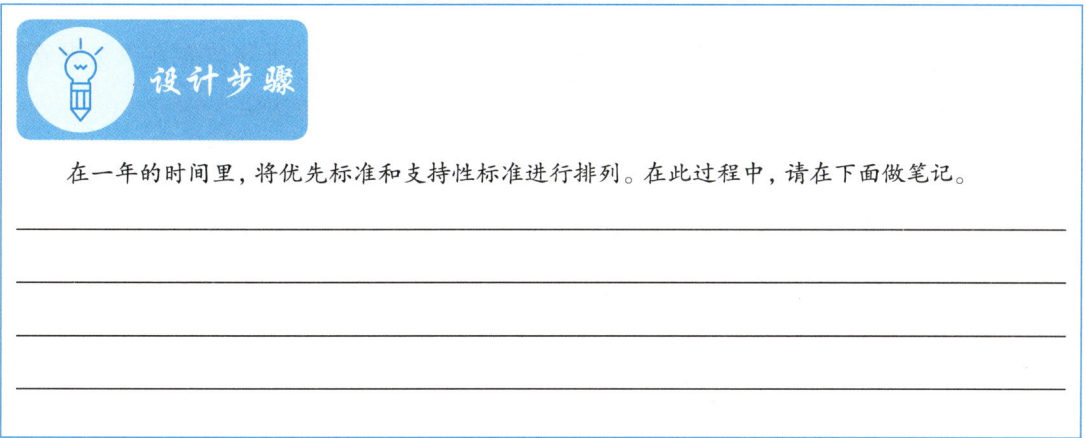

在一年的时间里，将优先标准和支持性标准进行排列。在此过程中，请在下面做笔记。
_____
_____
_____
_____

跨学科的战略互补

正如第四章所指出的，要在现代社会取得成功，学生需要的不仅仅是学科知识。作为课程设计者，我们需要明确现代素养中哪些概念和能力，能够最好地补充课程内容，并且提高单元的关联性和真实性。现在是时候确定你在第四章中选择的现代素养的重点在哪里以及它们将如何在课程中体现出来。

在制订计划时，需要注意以下几点：

学生在一学年不同时期的学情：学生在一年中的什么时候准备好了学习这些概念？他们在不同时段最需要什么？

例如，你可以考虑将友善（kindness）和团队合作（teamwork）等概念前置，作为课堂文化的基础。一旦你与学生建立了信任，有了教师信誉，你就可以引入种族主义（racism）和歧视（discrimination）的概念。当学生在学习课程中最具挑战性的内容时，你可能会引入弹性（resilience）的概念。

内容联系：课程的哪些内容最能支持现代素养目标的实现？

例如，数学老师可能会发现，在研究和统计数据时，比在学习几何单元时更容易引入伦理（ethics）或社会公正（social justic）的概念。英语语言艺术课上的一篇课文相对其他内容更适宜学习社会情感（social emotional）。

同时呈现还是逐步呈现？是先对现代素养概念建立一个基本的理解效果最好，还是分步地介绍每个概念更有意义？

从简单到复杂：在这一学年里，学生对这些概念的理解和能力应该如何发展？

例如，在新学年开始时，学生可能会探索各种领导力（leadership）风格，然后才会找到最适合自己的一种。随着时间的推移，他们可能会调查领导力和同理心之间的联系，或者将领导力的概念与榜样的概念进行比较。当思考正式领导、非正式领导以及服务型领导的概念时，他们可能会从一个具体的理解转向一个更抽象的理解。

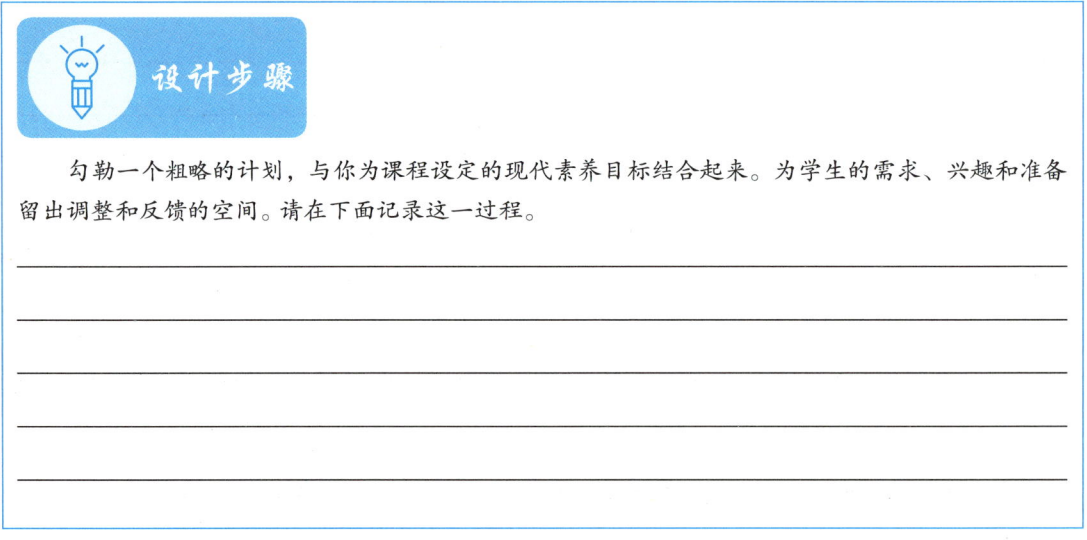

设计步骤

勾勒一个粗略的计划，与你为课程设定的现代素养目标结合起来。为学生的需求、兴趣和准备留出调整和反馈的空间。请在下面记录这一过程。

_____
_____
_____
_____
_____

前后连贯彼此照应

现在，我们已经确定了优先次序，安排并补充了我们的标准和学习期望，是时候考虑为学生的旅程构建一个连贯的流程了。我们在第三章和第四章中起草了概念性问题，现在将注意力转向课程的顺序或流程。对于一些教育工作者来说，按概念性关系而不是主题组织的单元，可能会挑战目前的课程顺序或增加复杂性。例如，社会研究课程如何组织它的单元，以便能收放自如地跨越时间段和地区，而不是按时间顺序进行或一次只关注一个地区？如果分离的技能不再是内容组织驱动力，那么像语言艺术或数学这样更注重过程的学科将如何安排单元？这些都是很有挑战性的问题，但值得去探寻。

将学习置于真实的环境中，并在每个单元之间编织一个共同的概念线索，是为课程提供动力和意义的一种极有效的方法。我们希望课程是由相互交织的概念编织而成的一副挂毯，创造出一个连贯的叙事，而不是由孤立的单元和概念拼凑而成的一床百衲被。它将课程从一种繁重的穷尽内容的活动转化为意义探寻的活动。

重新定义我们课程的顺序需要教育工作者退后一步，从一个整体的视角来考量他们的课程，就像我们在前几章中所做的那样。希望到这个时候，你已经回想起了那些激励你成为一名教师的"为什么"的大问题。在本章的后面，你将开始把那些引发性的概念性问题按顺序排列，并从中勾勒出一个与众不同的故事，这将有助于从课堂上的第一天起就向学生阐明你的愿景。

随着我们从严格的线性标准化考试时代走向未知的未来，这一愿景将成为课程的焦点，而不是为了一次性的考试。这种模式的转变一开始可能会让人感到困惑，但我们相信它最终会解放教师。毕竟，进入这个行业是因为我们想帮助学生探索人类境况的复杂性、自然的奇迹和宇宙的组织逻辑，而不是为了通过考试。虽然考试有它的作用，但我们认为，通过回想他们"为什么"而教，并同他们的学生分享这种热情，教师们将会重新焕发活力。下面的问题是在创建课程顺序或流程时需要考虑的实际问题。

以下问题将有助于确定学习单元的流程。
- 哪些优先标准和内容是学习未来单元的前提或基础知识？
- 每次需要安排多少天才能确保学生理解概念和技能？你有多少个教学日？
- 你是否给自己留有空间，以便根据需要调整教学？

_____
_____
_____
_____
_____

将这一步骤与传统的分步指南区分开来的是一种简单的心态转变。我们确实仍在根据学校的校历来规划各单元的顺序，不过不是从一个不相干的单元到下一个单元，而是有意规划一个前后一致的、连贯的学习过程，以便让学生厘清学习是如何联系在一起的，以及在整个学年都有所成长。

以表5.4中的模板为指导,根据你的预期顺序填写本年度每个教学单元的基本概述。根据学校的日程和课程的单元数进行必要的修改。充分利用模板来表达"你的课程故事",这是下一个设计步骤的重点。

表5.4 课程概览

课程标题										
本课程的故事——主要部分										
学期一				学期二						
季度一		季度二		季度三			季度四			
9月份	10月份	11月份	12月份	1月份	2月份	3月份	4月份	5月份	6月份	
单元1	单元2	单元3	单元4	单元5		单元6		单元7		单元8

这些单元如何与课程的故事相联系?

阐明课程的整体故事

一旦将单元放置在一个有意的序列中,使其相互之间形成一个合乎逻辑的顺序,我们就可以通过故事或者叙事来构建这个流程。这有助于我们以一种容易理解和有意义的方式向学生传达课程的总体概况。在第三章中,我们确定了一个学科愿景,并阐明了课程将如何服务于整个学科愿景的达成。这两部分将有助于构建课程故事。

认知科学家丹尼尔·威林厄姆(Daniel Willingham,2009)提供了四个令人信服的理由来解释为什么故事对学生来说是一种激励结构。

1. 故事很容易理解,因为它们是每个人都熟悉的结构。

2. 故事之所以引人入胜,是因为它们需要经常进行中等难度的推理,鼓励我们不断思考故事的意义。

3. 故事很容易记住,因为它们有一个因果结构,而且不断思考这个结构的逻辑有助于我们记住信息。

4. 故事能引起情感共鸣,因为它们使抽象的思想人性化。

课程的故事使我们能向学生展示,学习不是线性的,它发生在一系列复杂的经历中,这些经历让我们质疑所理解的东西，在经历困惑或认知失调时坚持下去，并最终获得新的理解，这不可避免地会带来新的问题和不确定性。我们想让学生体验自己所经历的，因为我们对所教的内容已有深刻的理解。借助以下内容帮助你编写课程故事。

可用来编写课程故事的结构

时间顺序：我们最熟悉、最直接的课程结构是按时间顺序来安排的。熟悉并不一定就很无聊！因为已经探索了在课程中出现的主题和模式，所以我们不会简单地按照它们发生的顺序来讲授单元课程，我们将构建能够发展国家认同、文学运动，或者数学和科学发现的时代连贯性的故事情节。

通过探索一个时期的事件或运动如何发展和演进到下一个阶段，学生理解事件因果关系在塑造历史、范式和科学时代方面的能力将受到挑战。当学生有能力把一个特定的方法或发现放在一个更长的时间轴上考量时，他们可以更深入和抽象地思考它的背景。无论我们是像历史学家那样推断，像科学家那样假设，还是像记者那样创作，能够将思维追溯到历史上的某个特定时刻是行之有效的。

正题/反题/合题[①]：尽管我们相信世界正变得越来越复杂，但它从来都不是简单的。历史和科学领域充满了竞争理论和信仰体系，这些理论和信仰体系总不断被质疑，或被推翻，或被综合为推动人类前进的新理论。著名历史学家乔治·黑格尔（Georg Hegel）在此基础上提出了一整套的历史哲学理论。我们的建议当然是过于简单化了，但它可以为你的课程提供一些灵感。

每个季度，学生都可以探索一种看似提出了具体主张的概念性关系。例如，系统需要秩序和凝聚力才能充分繁荣。学生可以阅读相关主题的书籍，研究处于权力巅峰的帝国或民族国家，或评估健康的生物群落和生态系统。然后，你的下一个单元将挑战这一主张，向学生展示当系统变得停滞或僵化时，它们可能会变得压抑或崩溃。然后学生可以阅读类似主题的文章，了解帝国的崩溃，或者研究人类污染是如何破坏各种生态系统的。

总体思路是引导学生得出一个明确的结论，然后挑战他们，让其对每个新单元的理解复杂化。除了为课程提供一个有组织的逻辑和顺序之外，这将有助于推动学生不断证明或证伪已有的假设。

---

① 译者注：黑格尔吸收了三段式的思想，认为一切发展过程都可分为三个有机联系的阶段：一是发展的起点，原始的同一（潜藏着它的对立面），即"正题"（thesis）；二是对立面的显现或分化，即"反题"（antithesis）；三是"正反"二者的统一，即"合题"（synthesis）。

英雄之旅（hero's journey）：约瑟夫·坎贝尔（Joseph Campbell）是一位人类学家，他花时间研究了世界各地的文化。虽然每一种文化在诸多层面都有所不同，但它们的故事都遵循着相似的轨迹，坎贝尔称之为"单一神话"的结构，也就是我们所知的"英雄之旅"。事实上，从《星球大战》（Star Wars）到《海洋奇缘》（Moana），无数我们喜爱的电影都遵循着类似的结构。由于它的普遍性，学生能很快地识别出来。下面是一个简要的概述和例子，它可以作为课程结构参考。

冒险的召唤：在你的课程中，学生将进行什么样的冒险或探索？你如何邀请他们加入探险并离开舒适区？

考验与磨难：在你的课程中，学生会遇到什么样的挑战？他们需要什么技能和什么知识才能取得成功？在课程中如何使学生知道他们需要这些能力才能在旅程中取得成功？

深渊：当学生掌握了所有必要的技能，可以考虑让他们开始一个大规模的项目或自主学习的单元。他们如何利用到目前为止在课程中所学到的知识来解决在教室、学校或社会上所面临的问题？

回归：如何以一种促进学生反思，以及推进他们在一年中的工作的方式来结束一学年？学年结束的时候，正是学生内化所学并与他们的课堂共同体分享的时刻。

设计步骤

下面的句子结构可以帮助你开始头脑风暴课程故事。别担心，这只是初稿。课程规划本质上是迭代的。在组织和安排课程的过程中，头脑中有1~2个想法将有助于你了解所设计的单元，你所设计的单元也将有助于塑造更宏大的课程故事。在明确考量了学习单元之后，我们可以回到这个草案并进行修改。

这门课程是关于_____。
本学年我们将_____。
我们将会从_____开始，然后我们会_____，最后我们将_____，所有的都是为了理解_____。

_____
_____
_____
_____

可视化并塑造故事的寓意

如果你头脑中有一个清晰的故事，考虑较为有效的方式向学生传达这个故事：用可视化的方式并陈述故事的"寓意"。如果你的故事仍然相当模糊，下面的步骤可以帮助你让视角变得清晰。

创建一种简单、清晰的方式来描述今年的学习计划，这对教师和学生在学习过程中确定学习方向大有裨益。考虑建构一个图表、图像或可视化隐喻来阐明各个单元是如何建立在彼此的基础之上的。图5.3提供了一个可视化的示例——一个相互关联的齿轮作为一个系统共同工作。

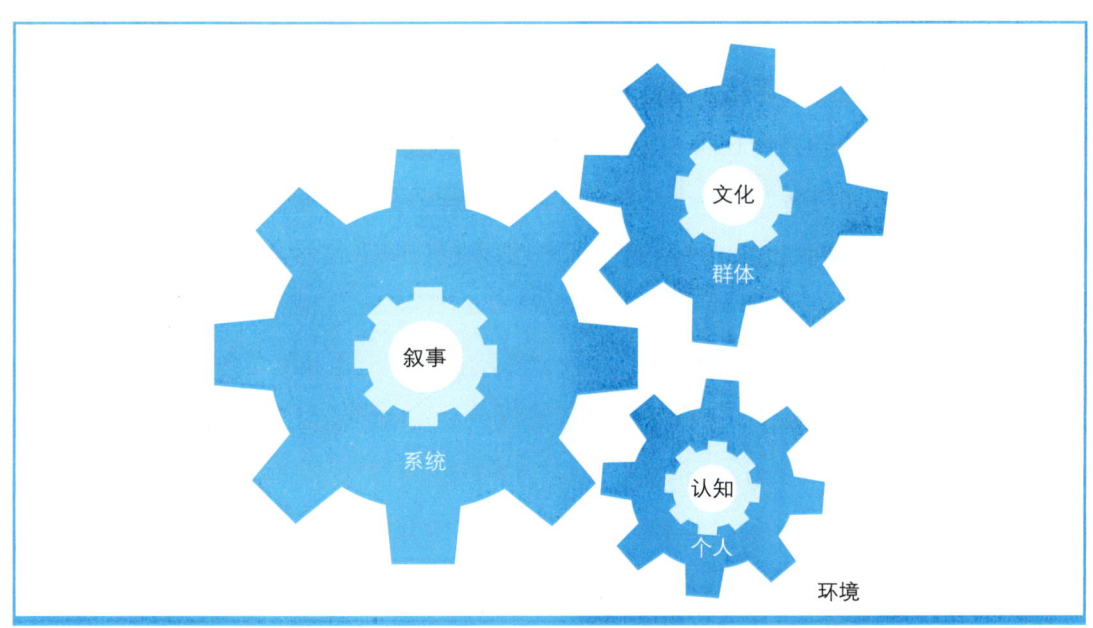

图5.3 齿轮作为相互关联的部分组成的系统示例

这个例子来自特雷弗的英语语言艺术课堂，但也适用于社会研究课程。课堂上阅读的每一篇主要作品都有一个特定的主题和概念聚焦，帮助学生发展一个不受束缚的框架来分析人类经验。本学年的课程从评估作品中每个人物的心理和认知开始，为学生提供新的方法来思考动机是如何驱动故事情节以及自己的生活的。

然后，重点转移到培养学生认识到文化与心理的交互作用，以帮助学生成为更有说服力的文本的解释者和创造者。最后，学生了解了制度是如何创造和延续思想、感情和行为的，并由此导致不同群体和文化之间的冲突甚至压迫。这是一个跳板，学生可以围绕一个自己选择的社会问题进行探究。穿插在每个单元之中，学生还思考了权力在每个文本中所扮演的角色。

这种可视化的隐喻为学生在整个学年的探究和分析提供了一个框架。在开学的第一天，作为"冒险的召唤"以问题的形式呈现给学生：个人、团体和系统之间的关系是什么？权力的作用是什么？每当学生遇到新概念时，他们都能将其与之前的学习联系起来，并用新的学习来完善理解。

例如，一位二年级的教师可能会在一年里把平衡作为一个跨学科的概念来关注。她使用图5.4中的"视觉图层"（layers visual）向学生展示了平衡的层次——自己、教室、社会和地球之间的平衡。学生探索平衡的概念，探索在食物选择、睡眠质量、限制屏幕使用时间和从事体育活动方面的健康决策。此外，除了追求自己感兴趣的领域之外，他们还会关注自身的平衡，比如鼓励自己尝试新事物，在具有挑战性的领域提高学习能力等。他们利用这一概念来建立课堂常规，且每周会重新审视这些常规，以评估自己的表现，并找出改进的方法。他们还会用磁铁、支点、杠杆和滑轮来探索这个概念，以及探讨生态系统中的平衡和均衡。每一个新的情境都为理解平衡这个概念增加了层次，平衡与我们自己、社会和世界的和谐相处。这个示意图挂在教室里，学生经常会引用它。

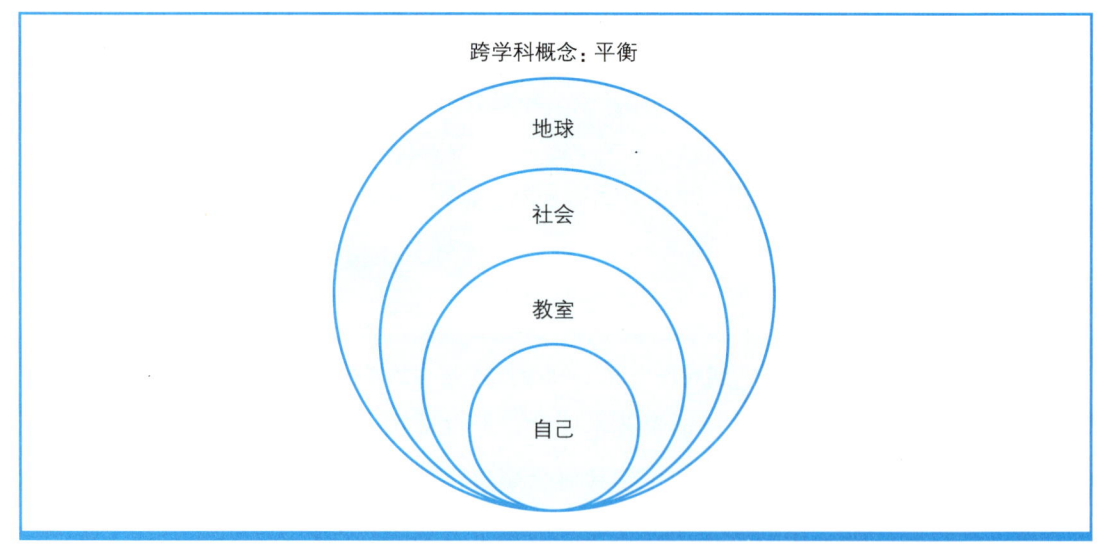

图5.4 视觉图层示例，二年级

另一个示例是七年级的古代历史课，重点是希腊和罗马的古典文明。通过登山的比喻，教师向学生传达了该课程的智慧之旅。教室里有一块黑板，上面画了一条手绘的山脉，每个山峰上都标有一位特定的哲学家或来自古典世界（classical world）的文字，学生必须努力学习才能理解。通过勇气和决心，学生"登上"了每一座山峰，并从山顶上看到了鼓舞人心的"风景"。

设计步骤

运用表5.5中的问题来帮助你头脑风暴可视化的隐喻或图表,以及向学生阐明故事"寓意"的方法。这个过程不一定是线性的。从你感觉更合适的部分开始,考虑每一步如何为其他步骤打基础。此外,这时候你可以回过头去填写课程概览的最后一行。

表5.5 与学生分享课程故事的头脑风暴方法

可视化	阐明故事的"寓意"
• 如果以图表或流程图展现课程,会是什么样子? • 课程的各个单元是如何相互作用的?是否存在我可以把握的层次结构或学习过程? • 什么样的比喻可以帮助我们理解本课程的结构? • 这门课就像是_____。	• 课程的目的是什么? • 这门课是关于什么的? • 如果要用一段话来总结这门课,你会说什么? • 课程的核心理念是什么?哪些概念构成了核心? • 如果学生从你的课堂中只能内化一件事,那会是什么? • 这门课程如何帮助学生成为想成为的人?

在表5.6中填写课程故事,它取自第三章中的课程概述表。完成后,你可以将课程故事添加到表3.1中。

表5.6 课程故事

课程故事

在可迁移的学习(Learning that transfers)的专属网页访问课程概述模板。

_____
_____
_____
_____

在对课程进行可视化描述的同时,将故事浓缩成一两行,使其可以作为课程的有效指南。就像故事的寓意一样,一门课的寓意是教师希望学生在一年中学到的关键思想的清晰表达。使用以下问题来帮助你将愿景提炼成一个能激发学生兴趣、使学生过目不忘的句子,可以用来总结课程。对于七年级的古代历史来说,这句话可能是,追随古代哲学家的步伐,修炼心灵和启迪智慧。

可迁移的学习
为变化的世界设计课程

思考下面的例子，以此说明教师是如何发现故事中的寓意的。这些例子将如何启发和指导你发现课程故事的寓意？

一位三年级教师选择了合作、韧性和同理心作为课程的概念基础。他在各个学科的背景下教授这些现代素养的概念。在社会研究中，学生研究那些克服巨大挑战并取得重大成就的历史人物。在科学课上，学生以团队的形式提出假设并收集证据。在英语语言艺术课上，学生站在不同角色的立场，通过不同的视角看待问题。在数学课上，当学生进行解决黑板上的难题的冒险时，他们互相鼓舞。教师不断地问这些问题：为什么一起工作比单独做要好？同理心如何让我成为更好的队友和朋友？我们如何使用合作和同理心的工具来克服个人的或整个班级的挑战？这些概念和问题甚至指导学生处理同伴关系和解决人际冲突。他的课程的寓意是：我们可以通过共同努力做很困难的事情。

对于一位八年级的数学教师来说，初级代数就是使用规则系统来发现未知。这三个概念——系统、规则和未知——将在每个单元中反复地探讨。不过，除了理解初级代数的内容，她更希望学生学会有逻辑和有条理地思考。当面对挑战时，无论是小到一个陌生的数学问题，还是大到拯救濒危物种，她都希望学生有信心利用已知道的来找出他们所不知道的，并运用逻辑得出有效的结论。因此，她不是简单地告诉学生她想让他们知道的东西，而是使用一种基于问题的方法来帮助学生自己发现和证明规则。她不要求学生做笔记，然后记住乘法的结合律；她要求学生查证 $(x\times y)\times z=x\times(y\times z)$ 是否正确。学生利用试错法着手，利用已经知道的数字和乘法，并讨论什么是证明他们的结论是正确的最有力的方法。通过这种方式，她的课程的寓意在于——我们可以利用已知的去发现和证明还未知的——这在每节课上都是正确的。

一位高中英语语言艺术课的教师围绕这样一个理念来组织课程，即通过写作来表达思想是一种基本的人类行为，它能给学生赋能使其掌控自己的命运。他运用措辞这一学科视角的概念，一次又一次地要求他们品析其他作者用来表达自己观点时使用的确切措辞。马丁·路德·金(Martin Luther King Jr.)说美国给非裔美国人开了一张"空头支票"(bad check)，到底是什么意思？为什么他用了这个词？这些话所暗示的意思是什么？当听众听到这个比喻时，他们会怎么想？利用命运、自由和权力这些锚定概念，他引导学生思考作者通过有效的修辞改写命运的方式。自由对马丁·路德·金意味着什么？这对你意味着什么？他是如何说服听众采取行动，以实现他关于自由的愿景的？如果他从来没有做过这个演讲，会发生什么呢？学生花时间写诗歌、故事、散文和论文，探究内容和写法并分析其他作者的写作手法和写作目的。他们还讨论了写作帮助自己实现目标的各种方式。一份写得好的大学申请书可能会使他们被梦想中的大学录取。合适的求职信可能会帮他们找到理想的工作。即使是优秀的"梗"也可以影响他人或支持自己。这门课的寓意是什么？即找到合适的措辞可以让你自由表达。

结　语

虽然有很多工具可以支持教师进行单元规划，但我们发现在本章中讨论的整体规划的资源很少。然而，如果我们从未停下来质疑为什么某些主题或标准被捆绑在一起，或者重新考量教授它们的顺序，我们可能会错过改善现有课程结构的关键机会。

如果从单元层面开始，当然，我们可以做出一些有影响力的改变，使课堂朝着学习迁移的方向重新调整，但也有相当多的局限性。要改变一个房屋的功能，通常需要进行一次全面的翻修——拆除墙壁，增建房屋，移动和扩大房间——而不仅仅是刷一层新油漆或重新装饰窗户。同样地，我们也经常需要重新绘制课程的整体蓝图，以最大限度地提高自己为迁移而教的能力。

考虑到迁移，我们要确保在安排课程内容时仔细地考虑优先级、有效地安排、战略性地补充，并从学年开始到学年结束都逻辑连贯地运作，为学生和教师创造一个有意义的旅程。用故事、视觉效果和寓意来概括这段旅程，可以帮助我们将这段旅程简单而有效地展现给更多的相关人士。

 **用心思考**

在结束本章时，思考一下你的想法是如何逐步发展的：
- 什么是一门好课程？
- 一门好课程的基本属性与教师自主性有什么关系？
- 讲故事对课程设计有什么影响？

— 第六章 —

单元规划
如何有意识地设计可迁移的学习

> "教育也是我们判断自己是否足够爱孩子的方法，不是把他们驱逐出我们的世界，任由其自生自灭，也不是从他们手中夺走承担新任务的机会，让孩子们接触不到我们无法预知的事情，而是让他们提前为重建共同的世界的任务做好准备。"
>
> ——汉娜·阿伦特
> （Hannah Arendt）

> **为什么这一章很重要？** 单元规划能将课程故事转化为可操作的具体步骤，并有效地引导学生进行可迁移的学习。
>
> **这章结束时，我能做些什么？** 我将能够规划以迁移为首要目的的单元，并以锚定概念、概念性问题和有意义的情境为基础。

对于许多教育工作者来说，单元是最熟悉、最能自如地进行课程设计的层次。当思考如何组织课程内容时，单元是我们首先想到的，它足够宽泛，可以纳入有意义的学习组块；但又足够明确，有一个清晰的结构和方向。单元规划有各种各样不同的理念和框架。有些人喜欢精心编排课程文档，把每一个可能的角落和缝隙的知识都囊括在内。其他人更偏好适应性和灵活性，而不是内容的泾渭分明。虽然提倡两者之间的平衡，但我们坚信教育工作者必须要主导这一过程，并设计适应他们的特定背景、内容、学习者和风格的单元。只要所在区域、科系、学校或是团队拥有共同的话语和理念，我们相信定制化的单元规划会非常出色。

单元规划中常用的方法之一是逆向设计，这一思想由《追求理解的教学设计》(*Understanding by Design*)一书而得到推广（Wiggins & McTighe，2005）。我们在一个强有力的理念指导下行动，即在规划一致的学习经验之前，应该指定具体的学习目标。除了要将教学和评估保持一致，如果我们也考虑真实世界的情境和联系会怎么样呢？如果我们设计的学习经验不仅能让学生为总结性考试做好准备，还能让他们为课堂之外可能遇到的真实情境也做好准备，那会怎么样？这进一步拓展了逆向设计的步骤，将单元的规划拓展到期望的学科成果之外——进入了我们学校围墙之外的世界。

第六章 单元规划 如何有意识地设计可迁移的学习

 用心思考

在我们开始之前,请思考以下问题:
- 目前你单元规划的过程是怎样的?
- 在单元规划过程中,问题的作用是什么?
- 学生的选择和意见在单元规划中的作用是什么?

我现在的想法:
_____
_____
_____
_____

本章不是让我们抛弃现有的单元或课程,而是从一个新的角度来看待它们,并考虑如何将它们与真实世界的问题和背景联系起来。本章详细介绍的步骤、框架和工具将有助于创建动态的、有效的新单元,并为单元注入新的活力。大多数教师会在单元层面的规划上遇到困难,第六章将作为一个很好的指南,帮助你开始规划学生的学习旅程。

> 当过多强调复制僵化的课程设计形式和结构时,实践者会很快变得不知所措和丧失能力。我们鼓励教育工作者调整模板和结构,以适应具体环境的需要。

本章结构

在此前"学科素养""现代素养"和"课程故事"等工作的基础上,本章详细介绍了一个灵活的框架,以确保单元的连贯性,并与更广阔的视野相联系。细化单元规划模板(Zoom In unit planner)和故事板工具可以帮助我们阐明推动学生完成整个单元学习所必需的关键问题、背景和概念。它还探索了如何为学生整合有意义的意见和选择的方法。本章围绕以下几个部分展开:

◇ 灵活选择单元规划步骤

◇ 细化:单元规划

- 确定单元中的锚定概念
- 指定子概念
- 列出单元中学生要掌握的事实和技能
- 起草概念性关系问题以构建图式
- 提出引发性问题以吸引学习
- 为迁移而评估

◇ 单元故事板：规划从相似到相异至真实世界的迁移
- 习得：理解锚定概念的意义
- 联结：探索概念之间的关系
- 相似和相异迁移：解锁新情境
- 真实世界中的学生行动

◇ 为学生的表达、选择和热爱保留空间
- 让学生采取有意义的行动

灵活选择单元规划步骤

课程开发并不是按照严格规定的步骤进行的，我们希望教师根据自己的风格和喜好来选择性地采纳这些建议。无论你是使用我们提供的模板还是自己设计模板，以下是用于可迁移学习的单元创建的三个基本要素。

锚定概念和子概念是单元的独立概念。学生在回答你提出的概念性问题和回应你提供的情境之前，需要习得并巩固对每个概念性"构件"的理解。

概念性关系问题将学生的注意力引导到概念之间的联系上。这些联系揭示了世界是如何组织起来的，因此对于促进可迁移的学习至关重要。

情境或状况具体说明了概念及其联系在不同情境中是如何运作的，允许学生探索这些概念性关系问题。每一个新情境都促使我们重新思考现有的理解，从各个方

锚定概念和子概念：特定于学科的概念，允许学生探索更具体的情境和案例，通常会带来更清晰的对于锚定概念和学科视角的聚焦。

概念性关系问题：引导学生注意概念之间相互关系的问题。这些联系揭示了世界是如何组织的，因此，对于促进可迁移学习至关重要。

情境：说明概念及其联系在不同情境中是如何运作的，它们允许学生探索概念性关系问题。每一种新情境都促使我们重新思考现有的理解，从各个方面审视概念及其联系，加深对世界运作方式的理解。

面审视概念及其联系,加深对世界运作方式的理解。

我们想要说明的是,尽管模板很有用,但它们是达到目的的一种手段。当过分强调要复制课程设计的死板的形式和结构时,实践者很快就会不知所措,丧失能力。我们鼓励教育工作者根据其具体的需要来调整模板。本章的目标是提供必要的工具,以建构有效的单元,促进可迁移学习的达成,而不是遵循规定的公式。

对于设计个性化的单元规划模板的教育工作者,请务必记住以下组成部分:

学科素养(第三章):明确阐释与学生年龄水平相契合的学科愿景,以此让学生掌握思考、认知和行动的总体目标。将这一愿景与特定的学科素养概念联系起来,这样学生就能看到他们今年学习的内容是如何与学科的整体结构相联系的。

现代素养(第四章及以后):思考和选择学生应对复杂世界时所需要的基本技能。将学科素养和现代素养编写为引发性问题,要求学生在真实的情境中解决复杂问题、情境或项目。

选择锚定概念和技能(详见下文),并将其组织为概念性关系问题,以帮助学生发现这些概念和技能之间的联系和交互。

评估(第七章):成功是什么样的?教师和学生如何判断是否已经成功了?

细化:单元规划

我们设计了一个模板,可以进行系统地规划,同时还提供可调整和学生自主的空间。表6.1提供了每个关键组件的概述,并简要说明了可以添加的内容类型,以充分充实其中的思想。

表6.1 细化视角:单元概览

细化视角(Zoom In):单元概览	
真实世界情境	现代素养
你可以在本单元中加入哪些真实世界的情境,以帮助学生迁移其中	你的学生需要哪些知识、技能和思维方式,而这些内容可能超出传统的标准或学习目标

续表

细化视角（Zoom In）：单元概览	
学习标准或目标	
本章涉及哪些标准	
学科视角	引发性问题
在课程中，学生将在多个单元中重温和完善哪些概念（列举1~5个）	哪些问题会吸引学生潜心学习这个单元
锚定概念	概念性关系问题
哪些概念可以锚定本单元中所有的特定情境和情况	在本单元中，学生需要探索哪些概念性关系问题才能取得成功？请参考概念性关系问题列表，以获得更多指导
子概念	事实和技能
为了应对你所建构的特定情境和情况，学生还需要哪些额外的概念	学生需要掌握哪些具体的知识、技能或步骤才能达成本单元的学习目标
总结性评估	迁移的持续评估系统
学生将在总结性评估中应用哪些学科视角、现代素养、锚定概念和子概念？在总结性评估中，学生将解锁什么样的新的真实世界场景	学生如何将学习从学术上相似的情境迁移到日益相异的真实世界情境

我们根据在第三章中选择的学科视角为学生提供了学科实践，他们应该在整个学年逐步成长为学科专家的过程中应用这些学科视角。学科视角是这样一些概念——其描述每门学科独一无二的认知、行动和思考的方式。当我们像一个作家一样思考时，作者、写作目的和读者等概念总是相关的。同样，当一个人像历史学家一样思考时，背景和价值判断也总是相关的。

通过在全年的课程中关注这些概念，我们将确保学生新习得的内容始终可以置入合适的概念文件夹中。无论你是选择了一个贯穿整个学年的学科视角概念，还是选择了一些在每个单元中会不断循环的概念，重要的是连续且多次重温这些概念。它们通常是丰富而复杂的，学生对它们的理解和应用应该在一年的课程中不断深化，这就是为什么我们在课程概览和单元规划中都为其留出了空间。

花点时间把你在第三章中选择的1~2个学科视角放在单元规划（表6.1）的相应位置，如表6.2所示。

- 在课程中，学生将在多个单元中重温和完善哪些概念（列举1~5个）？

表6.2　单元的学科视角

学科视角

确定单元中的锚定概念

虽然在课程中，学科视角为学生思考和推理问题提供了持久的工具，但它们不足以作为思考的主要材料。为此，我们需要锚定概念，即跨越整个单元内容的基本概念元素，以及子概念——帮助学生应对更具体的情境和案例，而且通常能使学生更清晰地聚焦锚定概念和学科视角。一般来说，锚定概念是以某个特定单元为基础的，而学科视角则跨越整个学年。请参考表6.3给出的一些锚定概念和子概念的示例。

> 锚定概念：一个学习单元的重点或基石是课程内容的基本概念元素，跨越整个单元。

表6.3　锚定概念和子概念示例

学科	锚定概念	子概念
历史	自由	权利、责任、自我决定
数学	误差	数据分布、抽样、推断、可变性、中心测量
科学	生物	需求、特征、环境、适应性、能源、生存
英语语言艺术	说服	声明、证据、分析

定义概念的方式没有对错之分，我们请教师使用这些分类来保障有意义的对话，并且为学生创设丰富的课程，但不要执着于探讨某一特定概念是否能归类于某一类型。当纠结哪一个（些）概念对一个特定的单元有用时，想一想你希望学生如何思考或看待他们

将在单个单元或单元序列中探索的锚定概念和子概念。

图6.1提供了一种可视化的方法，帮助教师选择三个层次的概念的效用：学科视角、锚定概念和子概念。在一个美国高中的历史课程中，教师选择了观点和情境的学科视角，帮助学生对全年的历史课程进行推理。每当学生接触到新的主要或次要资料时，她都会要求他们思考作者的观点和作品创作的历史背景，以帮助理解学科视角。每当学生调查一个特定的历史事件或其发展时，她提醒他们寻找不同群体或个人看待情况的不同角度。女性会怎么想？这会对美国原住民产生什么影响？移民或非裔美国人会以何种视角看待该事件？她要求学生利用他们所知道的关于这一时期的整体情况——历史情境——来理解任何特定时刻的细节，厘清当时还发生了什么及其影响。

用学科视角来引导学生思考是迈向为迁移而教的出色的第一步。它们是如此地具有可迁移性，以至于几乎可以应用于全学年的每一堂课。但为了增加课程深度，教师还需要一些锚定概念，如自由和权力，来组织学生所思考的内容。一组强大的子概念会给课程带来更丰富的内容和更清晰的方向。

虽然在课程的每个单元中，学科视角是作为一种思维工具来使用的，但随着时间的推移，锚定概念的焦点会不断变化。例如，这位美国历史教师可能会选择以下问题，通过锚定"自由"的概念来教授美国独立战争：

◇ 自我决定和自由之间的关系是什么？一个没有权力决定自己命运的民族能"自由"吗？

◇ 美国独立战争在多大程度上是为个人权利而战？

或者她可能会锚定"权力"这个概念以支持学生学习这个单元：

◇ 暴政是什么样的？英国对美国殖民者的政策是专制的吗？

◇ 暴政、权威和革命之间的关系是什么？

或者她可以聚焦"变化和连续性"来设计本单元的另一个变式：

◇ 进步与稳定之间的关系是什么？一个社会有可能同时实现这两个目标吗？

◇ 美国独立战争到底给美国带来了多大的变化？

> 一些概念必须隐入背景中，以使其他概念更加凸显。

每一个选择都是贯穿整个单元的有趣路径，但是试图同时涵盖所有内容会让教师不知所措，也会给学生带来支离破碎的学习体验。所有的锚定概念都可以应用到单元中，但这并不意味着它们必须要被应用。一些概念必须隐入背景中，以使其他概念更加凸显。但是，这并不意味着背景概念消失了。

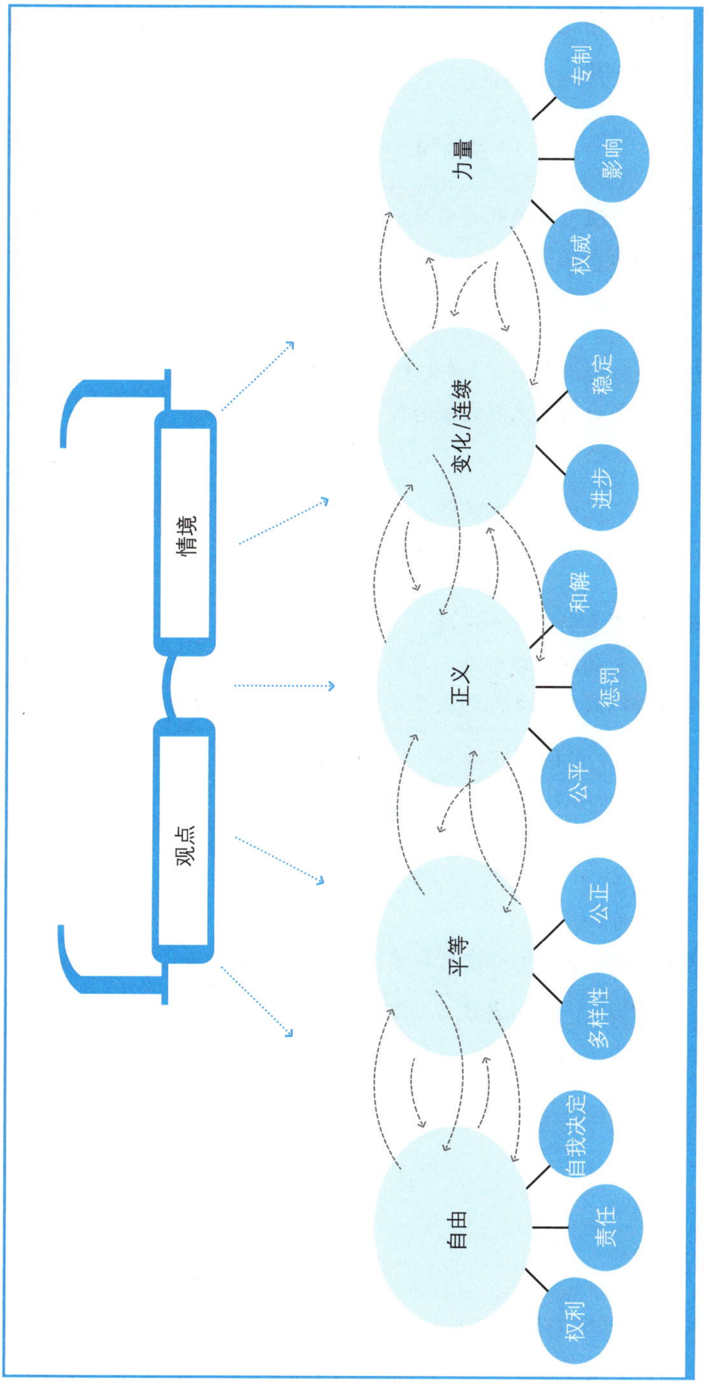

图6.1　美国历史的相关概念，11年级

事实上，一个机敏的学生可能会把这些概念纳入对话中，即使没有要求他们这么做。但是，不同于学科视角，一些锚定概念会被放在任何给定单元的次要位置。

大多数资深教师可能已经在其所教授的学科中发现了模式和重点领域,特别是在课程标准中,这将有助于确定锚定概念和子概念。表6.4有助于选择一组连贯的、引人入胜的锚定概念来作为指引。

表6.4 识别锚定概念

	通读课程概述、普遍的学习目标或持久理解(enduring understanding),了解年级或课程中强调的内容是什么。 是否呈现了一些特定主题?有没有关于重点内容的指引
	通读优先级标准和安排,确定有哪些锚定概念。 是否有反复出现的主题或概念作为优先标准的基础
	根据之前创建的计划和流程,识别2~6个概念,它们是每个单元的锚点。(适量即可!) 有没有其他人可以提供反馈或和你共同思考
	评估概念列表的广度和深度。 对这些概念的深入理解是否有助于学生在学年结束前掌握课程的结构和意义? 这些概念以及它们之间的关系是否能让学生将学习迁移到宽广的新情境中

花点时间在单元规划的相应部分设置一些锚定概念,表6.5给出了表格模板。

表6.5 本单元的锚定概念

锚定概念

指定子概念

学科视角更像是一种思维习惯,我们希望学生在绝大部分的新情境中都能关注它。锚定概念是那些足够上位的概念,可以锚定单元的大部分内容。子概念通常用来厘清锚定概念的意义。它们既不太宽泛,也不太具体——但足够精准,可以使我们的大脑注意到内容的细微差别。

例如，权力是许多社会研究课程的锚定概念。但单独来看可能有点模糊。当我们审视权威、专制和影响力这些子概念时，权力的概念呈现出多个维度。当我们学习新东西时，我们会翻看之前学过的类似的概念。虽然像模式或系统这样非常宽泛的概念涉及许多潜在的先验经验，但这些先验经验可能无法对掌握新情境的细微差别很有帮助。子概念通常足够精准，可以提供有用的理解来解锁新情境。

在几何课程中选择概念时，教师可能会选择转化、证明和意义建构作为他们的学科视角，而单个单元可以使用相似、全等和对称等锚定概念。通过使用膨胀、刚性和结构等子概念，学生将会对相似意味着什么，如何证明几何图形是相似的或全等的，以及何时使用各种定理来理解几何图形，并证明它是否与另一几何图形相似或全等，有更确切的理解。

或者，在英语语言艺术课程中选择概念时，比如，许多教师在阅读帕拉西奥（R.J.Palacio）的《奇迹男孩》（*Wonder*）等文本时，会选择诸如偏见、同理心或欺凌等概念。这些概念都是很不错的，但如果与更深入的表达人类经验核心的子概念如归属感、排斥、不安全感或成熟度相结合时，就能提供像偏见或欺凌这些一般的概念所无法提供的深度和丰富性。

第三章中介绍的人文经验概念是另一种联结我们内容的方法，其帮助学生理解他们在这个世界上的身份。这些可以用作学科视角、锚定概念或子概念，这完全取决于你试图用它们实现什么目标。人文经验概念也可以作为小学教师规划多学科领域综合单元的潜在锚定概念。表6.6展示了这些概念的一些示例。

这些标签（学科视角、锚定概念、子概念）只是思考概念的不同层次的方式，但没有哪个特定概念明确归属于某个概念类别，这会让想要知道"正确答案"的人备感沮丧。但我们再怎么强调这些标签的重要性也不为过，它们只是作为一种思考的方式，将单元根植于可迁移的概念之中，并确保我们在每个单元中都有可迁移理解的广度和深度。如果你仍有疑问，可停下来思考后再继续。表6.7描绘了一个概念的范围，将概念从不那么抽象到比较抽象排列，作为一种可视化的辅助来帮助教师建构对话和规划可迁移理解的深度和广度。

在科学和数学等学科中，子概念是构成锚定概念的较小元素，某个概念是锚定概念还是子概念，很大程度上取决于学生的年龄或知识水平。其中锚定概念是该单元的重点，它们由较小的、学生可能已经学习过的子概念组成，或者由那些拓展锚定概念内涵的子概念组成。例如，分数在小学高年级可能是一个锚定概念，随着学生数学理解能力的提高，它可能会成为有理数或比例下的一个子概念。

表6.6　人文经验概念示例

人文与艺术		科学、健康和体育	数学
友谊	权力	生存	提出问题
不安全感	管理	均衡	寻找模式
归属感	混乱	平衡	意义建构
真理	无知	相互依赖	交流
勇气	身份	力量	平等，对等
恐惧	偏见	吸引力	机会
梦想	美丽	共生	精确
经验	不公	相互作用	相似
家庭动力	仇恨	适应性	偏差
救赎	公正	多样性	平衡
真实性	制度	制度	灵活性
叙事	自由	变化	秩序
自我	信念	合作	解决方案

表6.7　不同类型的概念

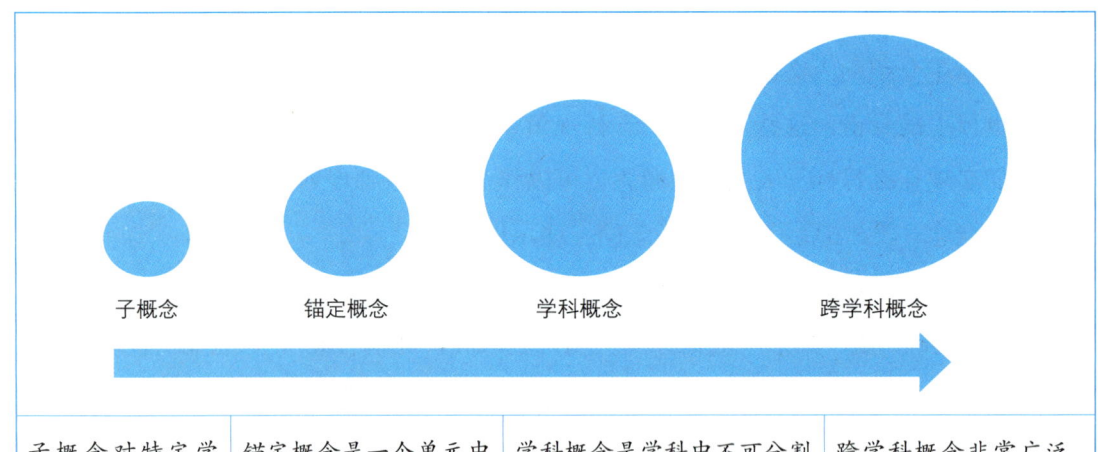

| 子概念对特定学科和情境的依赖度较高。它们是随着你在一门学科中获得越来越高的专业水平和在更具细微差别的情境中工作而学习的概念类型 | 锚定概念是一个单元中最重要的概念。它们将在整个单元学习期间"锚定"你对事实、主题、技能和其他概念的探索。它们通常属于某个特定学科或聚焦在某一个单元，但在整个课程中都可以参考 | 学科概念是学科中不可分割的组成部分，通常是10～15个概念。它们几乎在任何情况下都很有用，就像专家经常使用的放大镜一样，用专家富有洞察力的视角来评估情境。它们应该每学年都被重新审视和完善，以增加学生理解的深度和复杂性 | 跨学科概念非常广泛，它们几乎可以在任何学科中看到。它们构成了这个世界上最宽泛、最有影响力模式的概念类型。但是，应该经常将它们与其他更为具体的概念联系起来，以防止其过于模糊 |

特别是对于人文学科，思考锚定概念的所有同义词和相关术语甚至可以帮助我们厘清隐含在锚定概念中的细微差别或更具体的表达方式。例如，锚定概念"变化"可能会有表6.8中列出的子概念。

表6.8 锚定概念"变化"的子概念示例

递增的	转折点	失调	分歧	停滞
彻底的	转变	扰乱	意向性	稳定性
进化	调整	均衡	持久性	进步
革命	转型	平衡	暂时性	改进

以下问题可以帮助你思考和选择每个单元的一些子概念，你可以在表6.9中记录这些概念。选定后，你可以把它们置于单元规划中的相应位置。

表6.9 单元锚定概念的子概念

子概念

思考每个锚定概念的内涵与外延，为这个单元的学习带来活力和效能。思考以下问题，为每个锚定概念构建出2～4个子概念或技能。
- 我想让学生探究的锚定概念是什么？
- 哪些较小的概念能充实和丰富锚定概念？
- 当我以锚定概念的视角来看待每一个潜在单元或内容组块时，还有哪些其他更具体的想法是重要和相关的？
- 这个概念隐含了哪些有细微差别和更具体的想法？
- 与这个概念相关的对立观点是什么？怎样才能用这个概念之外的内容来阐明它的真正含义？

列出单元中学生要掌握的事实和技能

请记住,我们现在写在纸上的想法可能会随着更多单元和课程的创建而改变,课程工作本质上是迭代的。现在,不要担心你的清单是否完美,也不要为每一个小的选择而苦恼。建立一些概念集群作为起点才是至关重要的。

还要记住,这些概念并不意味着成为现有课程设计的累赘。如果你毫无头绪,想知道如何才能把所有的内容和你头脑风暴出来的这一系列概念列表都教给学生,那么请停下来想想这些概念的作用。它们并不意味着要取代现有的课程内容,也不意味着要堆积在现有的内容之上。相反,标准所定义的事实和技能将经常作为具体的示例来教授,学生可以将这些示例归档到概念性的文件夹中。

我们的目标是帮助学生在头脑中建立一个更强大、更有凝聚力的组织结构。许多标准文件或教科书的细节——事实、技能、示例——已经约定俗成地确定了课程规划的方向,导致学习经验的脱节和孤立。围绕那些要频繁重温的可迁移的组织概念来锚定和组织浅表水平的知识,学生能够更好地建立各种联系以构建模式。

> **事实**:具体的细节或信息,无法很容易地跨越一个狭窄的设定情境而进行迁移,比如数学事实或公式、历史名称、日期或时间段、特定的艺术风格。
>
> **技能**:学生做某事的特定能力,如遵循一套程序,通常着眼于通过练习获得自动化或流畅性。

单元规划中,事实指的是具体的细节或信息,这些细节或信息无法很容易地跨越一个狭窄的设定情境而进行迁移,比如数学事实或公式、历史名称、日期或时间段、特定的艺术风格,或者是其他任何你想让学生自动记忆或了解的具体细节。类似地,技能指的是学生做某事的特定能力,例如遵循一套程序,同样也具有自动性。理想情况下,这个列表上的每一项都应该属于其中一个概念类别,这样学生就可以看到世界是如何组织的。

如果你有特定的事实和技能要学习以达到记忆、流畅性或自动化的目标,请在表6.10中记录这些事实和技能,并把它们放入单元计划的相应部分。

起草概念性关系问题以构建图式

概念性关系问题将锚定概念和子概念相互联系起来，这样学生就能够在精心设计的学习体验中挖掘和发现这些概念性关系。按照ACT模式，学生首先获得对锚定概念和子概念的基本理解。然后，他们在研究这些概念之间的关系时，将它们相互联系起来。这就是精心设计问题的关键所在。概念性关系问题促进学生形成一种思维方式，这种思维方式为学习迁移建立了必要的心理基础，帮助学生在大脑中建立意义网络，这些网络可以应用于各种各样的新情况。这些问题也有助于提高学习的清晰度，并确保教师将学习经验与课程中最重要的概念和技能相结合，同时给予学生为自己构建意义的自主权。

教师的明晰度（teacher clarity）是学习的强大推动力（Hattie，2009）。教师的明晰度包括清楚地沟通学习意图和成功标准，以便学生知道他们的目标是什么，他们如何取得进步以及下一步的规划（Almarode & Vandas，2018）。我们认为，学习的意图应该对学生而言是清晰且可见的，以更好地提高学生的能动性，并保证其学习的所有权。这种明晰可以从精心设计的问题开始，而不是过于详细的学习目标。

有些学习目标过于具体，无法迁移。我们要确保情境不囿于学习意图（Wiliam&Leahy，2015）。例如，学生能够分析《罗密欧与朱丽叶》的主题，或者学生能够评估国际联盟的失败，这些学习目标没有将学生的注意力集中在更深层次的结构模式上，因此对学习的迁移用处不大。其他的学习目标，比如学生能够识别信息文本的主要观点和主要论据，或者学生能够以80%的正确率求解方程式，通常不会提高学生的积极性或促进其思考。它们往往要求遵循预先确定的学习路径和结果，而不是激发学生的好奇心，使之兴奋和进行智力协作。最好的情况也只是会让学生对当天的主题或重点有一些感觉，机械性地完成学习任务而非为学生创建学习机会，有时甚至得不偿失。

如果学校要求或鼓励明确学习目标或意图，我们建议不要呈现得过于具体，不要揭示概念之间的具体联系方式。注意下面的表述呈现了如何讲述特定概念，但不告诉学生它们之间的确切关系：

◇ 我们正在研究地温如何影响风。

◇ 我们正在探索人物、情节、冲突和背景如何影响主题。

◇ 我们将确定排列和组合中排列的作用。

◇ 我们正在研究文化、平等和政府是如何相互作用的。

我们更喜欢提出概念性关系问题，以引导学生的学习。事实上，以往在单元规划过程中，我们常常写出概念性关系或总结。我们不再这样做，因为我们认为问题更有效，以下是一些原因：

1. 成人对于概念性关系的表述会局限教师向学生展示的内容；在努力创造通往成人书写的概念性关系的最直接路径时，教师通常会简化内容，消除矛盾和复杂性，而这两者对于理解复杂的世界是必不可少的。

2. 成人对于概念性关系的表述，会使学生的思维受限，导致其先入为主；我们已经看到，教师拒绝学生提出美的、有创意的和有效的想法，因为这些想法与教师想要的"正确"答案不一致。

3. 预先确定概念性关系使教师和学生误以为这是单元学习的最终目标，而事实上，将学习迁移到新的情境才是最终目标。

4. 把2~3个概念联系起来并不能在大脑中形成图式。学生最终需要在大脑中联结大量的概念，以建立促进迁移的思维模式。分层呈现概念性问题促使学生继续联结7~8个或更多的概念。从幼儿园到我们的合作学校都是这样做的，他们讨论概念之间的联系网络。

5. 与学生共同创造问题将使他们强烈地意识到如何构建自己的探究路线。他们积累的经验越多，就越能掌控这些经验，并理解更广泛的概念和概念性关系。

几乎本书的每一章都包含了概念性问题，因为它们是非常有用的规划工具之一，可以引导学生关注世界是如何组织的。这并不是提出概念性关系问题的所有可能途径的详尽列表，却是一个很好的构思概念性问题的起点。我们呈现3~5个概念性问题，每个问题都有不同的概念，让学生了解各个单元中学科素养概念、现代素养概念、锚定概念和子概念之间的关系。最后，我们希望学生将单元中的所有概念联系起来，这将在第八章详细阐述。

设计步骤

将你可能已经写过的所有相关问题记录在表6.11中，并放入单元规划的这一部分。记住，用概念而不是细节填空。

- _____和_____是如何联系的？
- _____和_____之间的关系是什么？
- _____如何影响_____？
- _____和_____对_____有影响？
- _____和_____如何相互作用？
- _____和_____在_____中的角色/目的是什么？

以下问题的框架适用于早期的初级问题或在提出上述问题之前作为脚手架问题：

- _____和_____有什么区别？
- 当_____和_____相互作用时会发生什么？
- 为什么_____让_____（做某事）？
- 为什么_____需要_____？

表6.11　单元的概念性关系问题

概念性关系问题

建议在一个单元开始时，与学生共同构建部分概念性问题以及其他类型的问题。一旦掌握了窍门，学生就会提出新的问题，并在学习过程中随着单元进展而重新构建旧问题，以塑造自己和伙伴的学习过程。第八章详细阐述了我们最喜欢的一种创建问题的策略——来自"正确问题（right question）的研究所"的问题生成技术。

问题最好是模糊的，特别是关于概念与概念之间联系的问题，因为我们希望学生是确定和阐明这种特殊关系的人。许多引导性问题对学生来说揭示了太多，剥夺了他们自主思考的机会和与生俱来的求知欲。

以下面的早期问题为例：我们的科学研究如何影响物质属性？当学生在研究物质的不同状态时应该明白，科学试验往往会改变物质的属性。第八章将介绍一个策略，能够给学生提供不同类型的关系，他们可以考量各种方式的概念互动，以加深他们的思考和理解。

提出引发性问题以吸引学习

提出引发性问题是一种很好的方式，引导学生进入学习单元，并思考学科素养、现代素养和学校之外世界之间的关系。我们可以运用现实世界中的问题和有意思的问题来激发学生磨炼学科和跨学科的认知、思考方式，并采取必要的行动将他们的学习迁移到复杂的情境中。这些引发性问题和真实的情境可以作为探究的起点。例如，在高中代数课程中使用引发性问题来促进学习，如表6.12所示。

表6.12　推动高中代数学习的引发性问题

我们是否能够预防大规模的流行病？			
学科视角	跨学科和现代素养概念	锚定概念	探究情境
比例	数据素养	增长与衰退	鼠疫
函数	病毒传播	对数	埃博拉
模型	沟通	等比数列	新型冠状病毒

"我们是否能够预防大规模的流行病？"这个问题在许多层面都是一个单元有效的出发点：

◇它是可以理解的：学生可以在不需要教师太多指导或新知识的情况下形成初始假设。

◇它是开放的：通过结果进行推理的方法不止一种，并且需要深入的概念性组织。

◇它是真实的：这是一个连专家都在努力解决的问题，而不是一个已经解决而且植根于课堂之外的情境。

◇它是重要的：探究这个问题会对现实世界的行动产生影响。

以下类型的问题也可以在单元开始时激发学生的学习兴趣。思考它们可能哪些适合学生、课程或学科。

有争议的问题

要求学生"选择立场"或回答"是或否"的问题通常是很好的引发性问题，因为它们给学生提供了两个具体的立场，以构建学习框架，并引发关于最佳答案的辩论。例如这两个问题一个是开放式的，另一个是具有争议性的，你可以对它们进行比较：

◇为什么农业是人类的一项重要发明?

◇农业是人类历史上最重要的发明吗?

虽然这两个问题都要求学生思考农业在人类历史上的重要性,但第二个问题更有吸引力、更灵活,也更有趣。当学生根据新的信息审视他们的立场时,它会引发持续的思考,而第一个问题会让学生觉得,如果能找出一个原因来说明农业是重要的,他们的思考就"完成"了。

一个引发性问题不一定以提问的方式呈现。例如,生命科学教师可能会让学生调查俄罗斯科学家在永冻层发现了4万条蠕虫,这些蠕虫在永冻层融化后复活,并开始活动和进食,如图6.2所示。

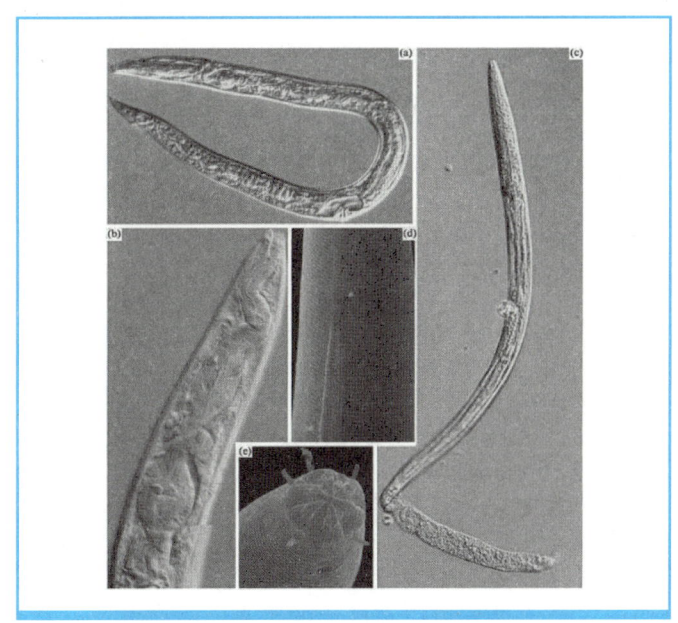

图6.2 永冻层中的蠕虫

来源:Shatilovich et al.(2018).

教师可以让学生重新审视这个说法,然后在单元学习开始时,按照"非常可信"到"完全不可信"的等级给它打分。随着对这一说法背后的科学知识了解得更多,他们可以多次重新打分,并基于科学来证明自己的判断。然后,他们可以将学习迁移到涉及物种适应的完全不同的环境中,并最终解决生命科学中一个具有挑战性的新问题。我们倾向于顺着一定路径提出问题,随着学生在讨论这个引发性问题的过程中获得了更多的概念性理解,要求他们重新审视自己的思考。在教授DNA与基因的主题时,可以参考图6.3的示例。

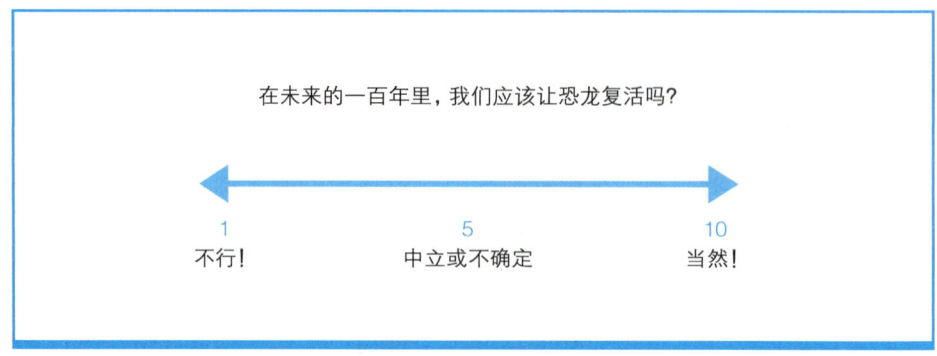

图6.3 作为连续体的引发性问题

伦理问题

另一个引发性问题的来源是我们在21世纪面临的愈加困难的伦理问题。随着技术，尤其是人工智能的日新月异，并融入日常生活，伦理推理对于计算机程序员的重要性将不亚于其对于哲学家的重要性。以无人驾驶汽车自动化程度的提高为例，汽车是否应该编程以确保驾驶员的安全，即使这可能会伤害或危及行人？还是应该尽可能地保护更多的生命，即使驾驶员的生命安全受到威胁？

一个人不需要拥有哲学学位就可以将伦理推理和探究融入课堂。伦理学的核心是探索一个人应该或不应该做什么。除了帮助磨炼学生的伦理推理技能，伦理问题还可以长久地吸引学生关注。它们可以打开关于价值、正义和社会的丰富对话的大门。

跨学科的问题

通常，当一个问题跨越多个学科并存在多个切入点时，它会变得更加吸引人。根据第四章中提到的跨学科整合的方式，这些引发性问题可以帮你调整规划。例如，十年级的现代世界史和英语语言艺术课程可以在广泛的个人、社会和文化背景下研究自由和安全之间的关系。在单元伊始时，教师可能会要求学生思考如下所示的核心概念问题的多次迭代，以吸引学生并帮助他们意识到概念性框架的广泛适用性。表6.13展示了引发性跨学科问题的示例。

引发性问题是，为了确保安全，应该限制自由吗？
◇父母是否应该实施宵禁以使青少年远离麻烦？
◇国家是否应该禁止未成年人开车接送非家庭成员？
◇政府是否应该惩罚那些发表仇恨言论的人？
◇政府是否应该禁枪？

表6.13 跨学科方法解决引发性问题

引发性问题	课程	锚定概念	现代素养概念
为了确保安全,应该限制自由吗	世界历史	权利、权力、公正	数字公民——隐私、访问权
	英语语言艺术	审查制度、文化	
科学家应该被允许对人类进行基因改造吗	生物	因果 稳定性/变化	21世纪技能——沟通、批判性思维
	数学	样本、概率	
如果说谎能够保护某人,是否应该说谎	社会学	法律、责任、公平	社会情感技能——诚实、正直
	英语语言艺术	辩论、说服	

无论你选择哪种方法,引发性问题的目标都是吸引学生学习,并帮助学生将这些概念视为"活的"和亟待解决的,而不是惰性的。一个精心设计的问题可以激发学生的学习兴趣,让他们在单元学习中普遍参与其中,并激励他们在遇到困难时努力学习。花时间用一个吸引学生的问题来启动这个单元是非常值得的!集体讨论引发性问题并记录在表6.14中,然后放入单元规划中。

表6.14 单元中的引发性问题

引发性问题

为迁移而评估

下一章将全面探讨如何设计一个评估系统,以促进可迁移的学习。单元规划的关键思想是确保迁移任务是学生连贯的学习旅程中的一部分,要确保学生能够将理解应用到新的情境中,因此,我们必须在整个单元中培养和完善其能力。如果到进行表现性任务或总结性评估时我们才第一次要求学生迁移理解,那么他们无疑会很痛苦。

在下一节中,我们将计划整个单元中合适的迁移时机。初步选择学科视角、现代素养、锚定概念和子概念中哪些是我们想在总结性任务中评测的。思考评估和教学计划之间关系的非常通用和很有效的方法之一是逆向设计,这一点在《追求理解的教学设计》

（*Understanding by Design*）一书中得到了推广（Wiggins & McTighe，2005）。逆向设计的目标是在规划学习经验之前设计目标和确定目标是否达成的适合的依据。通过这种方式，我们可以创建、组织课程计划，安排顺序，来最有效地帮助学生准备最后的单元总结或表现性任务。

根据标准或学习成果，以及概念性关系问题和它们各自的概念，我们要对学生在本单元结束时应该理解什么和能够做什么有相当的了解。以这些为指导，考虑那些要求学生在相异的、真实世界的情境中应用概念性理解的表现性任务。在第四章中，我们已经对情境的设置进行了头脑风暴，尽管它们可能会随实际情况有所变动，但完成相异的、真实世界的情境任务成为一个重要目标，使得我们在规划单元时有意识地推动学生前进。

你可能还记得在第三章和第四章中化学教师朱莉娅·布里格斯的案例。在为学生设计一个关于溶解度、置换、化学持久性和环境的单元时，她发现了一个与这些概念相关联的复杂的、真实世界的问题：生态旅游景点附近的猛禽数量下降。她知道最终的目标是让学生把对化学的理解迁移到这个新问题上，所以她能够逆向设计，以确保学生做好完成任务的准备。

表6.15进一步明确了学习迁移坐标与评估设计的关系。请注意，评估可能或多或少同"真实世界"相关，它们也可能需要更多相似或相异的迁移。当学生将知识迁移到与先前学习非常相异的复杂的、真实世界的情境中时，创新就会发生。为了帮助学生发展创新思维，教师必须使用其他类型的迁移作为支架。

表6.15 学习迁移的评估

	相异	
	评估学生是否能将概念性理解应用到与课堂学习非常不同的情境中。他们正在进行复杂的迁移	
学科学习	评估只涉及单一学科，不涉及真实世界的挑战或真实的观众。学生没有观察到他们对世界或社会的影响	评估要求学生运用来自多学科的概念理解，解决真实世界的挑战，向真实的观众展示发现，并观察他们对世界的影响	真实世界
	评估要求学生能否将概念性理解应用到与课堂学习相似的情境中。他们是在做简单的迁移	
	相似	

诸如社会研究和语言艺术等学科，自然地会倾向于真实世界一边的迁移，因为它们是以人为中心的学科。但是，决定任务将落在迁移坐标中哪个位置的并不仅仅是情境。当学生使用概念性理解来进行以下探索时，其就朝着真实世界的学习迁移那一边靠近：

◇解决复杂的、真实的挑战

◇利用来自多学科的概念

◇向真实的观众展示他们的发现

◇影响周围的世界

真实的挑战并不一定等同于现实，也可以是建构出来的场景。模拟的场景是个很好的开始，可以让学生有效地参与进来，从不同的角度思考，并应用所学的知识。根据学生在任务或场景中所扮演的角色，这些模拟场景通常处于学习迁移坐标中学科学习和真实世界两端的中间位置。与那些不能直接影响世界的模拟或模型相比，能够提供真实世界问题解决方案的模拟或模型，当然可以被视为在学习迁移坐标上更进了一步。

可迁移的学习自然也会促使学生思考他们的生活、学校、社会或世界中那些可以得到改善的真实领域。这些挑战通常需要跨学科思维和现代素养才能完成。我们并不是要找到一个正确的解决方案，而是要能够综合、复杂地理解以产生有意义的影响。当代的学生，即"为什么"一代（why generation），更加重视影响和真实的体验，并希望能够充分地利用所有的经验，包括在学校中的经验（Perna，2018）。

花点时间思考一下在总结性任务中将评估哪些概念，头脑风暴一个真实的、新颖的场景，学生将在总结性任务中解锁（表6.16）。我们将在下一章更详细地讨论这个问题，但就目前而言，一些初步的想法对于指导下一节的单元故事板是非常宝贵的。如果可能的话，记下一些额外的场景，使学生走向真实世界的、新颖的场景，作为持续开展的迁移评估的一部分。

表6.16 头脑风暴本单元的评估

总结性评估	迁移的持续评估系统
学生将在总结性评估中应用哪些学科视角、现代素养、锚定概念和子概念？在总结性评估中，学生将解锁什么样的真实世界的新场景	学生如何将学习从学术的、相似的场景迁移到日益相异的、真实世界的场景

单元故事板：规划从相似到相异至真实世界的迁移

第二章中介绍的作为单元规划一部分的故事板，是一个在聚焦迁移的单元规划中描绘出一系列学习过程的工具，如表6.17所示。它辅助我们构想出学生将如何在本单元的课程中完成ACT模型的每个步骤。我们将在下一章更仔细地设计这些步骤，并在第八章中规划更具体的学习经验。现在，你可能想记住各种方法和细节，但记不住也没关系，在接下来的两章中将回到这一部分。

表6.17　故事板模板

顺序与结构：设计学生的学习过程				
习得	联结	相似迁移	相异迁移	学生行动
学生习得 理解锚定概念 **锚定概念**：学生需要习得哪些个别的锚定概念才能开始他们的学习过程？ **注释**：这并不意味着本单元的每一个概念都必须提前教授。当学生迁移到新情境时，通常能理解额外的概念。思考他们需要理解哪些概念才能开始学习旅程	**情境1** 初步调查，形成假设并检验 **情境**：你将为学生提供什么样的情境，帮助他们理解所学概念之间的关系？ **问题**：提出什么样的概念性关系问题来引导和支持学生的探究	**情境2** 迁移和完善 **情境**：学生将探索哪些相似情境来迁移对概念性关系的理解？ **精炼**：如何引导学生精炼对概念性关系的理解？他们需要了解新概念才能理解新情境吗	**情境3** 迁移和完善 **情境**：学生将探索哪些相异情境来迁移对概念性关系的理解？ **精炼**：如何鼓励学生精炼对概念性关系的理解？他们需要了解新概念才能理解新情境吗	**情境4** 应用于新情境、真实世界 **项目**：如何为学生提供机会，让他们将自己的理解迁移到班级、学校、社区或其他领域中以解决问题？ 思考像设计思维和整合思维这样的框架，培养学生参与有意义的、真实世界中工作的能力

相似迁移 → 相异、真实世界迁移

这一部分提出了安排学习经验时要注意的重要框架和相关事项，包括习得、联结，将学习迁移到日益复杂的情境中，并最终让学生在真实世界中采取行动。阅读各部分内容时，利用模板记录自己的思考，这些想法将成为下一章我们设计总结性和形成性评估系统时的基础。

习得：理解锚定概念的意义

我们希望以帮助学生获得对个别概念理解的课堂来开始单元学习。用两个类比来阐释概念在学习过程中的作用——从某种意义上来讲，概念就像文件夹一样，帮助学生根据共享的属性将信息和细节归档到同一个文件夹中。也可以说，概念就像积木或乐高玩具，它们可以用无数种方式堆叠和衔接，形成无数种独特的结构。即使我们希望学生最终能够自由地构建他们想要的任何知识结构，他们也必须首先拥有能这样做的"积木"。锚定概念是学生理解本单元其他子概念、事实和技能的框架，因此，建立对概念的理解，学生在每一步骤的学习经验的过程中，将能够更好地调整自己的方向。

这一阶段学习过程总体包括三个层次。第八章中概述了一些具体的教学策略，但我们也想花一点时间来详细说明在这一阶段最有效的活动类型，这样教育工作者也可以设计、调整或策划个性化策略。

A. 关注概念的属性：每个概念都由一组独特的属性组成。有些属性比其他更有价值或更明显，觉察和组织这些属性的能力是我们认知的核心部分。举个简单的例子，虽然巨嘴鸟和秃鹰看起来很不一样，但我们归纳它们的属性（喙、翅膀、爪子、会飞等）能够帮助大脑将二者都归档到"鸟"文件夹中。因此，在引入一个新概念时，我们需要帮助学生密切关注这个概念最重要和最有价值的属性，以更有意义地参与概念学习，而不仅仅是记住它。

B. 归纳思考：大脑总是在寻找模式。为学生提供那些评价或分类示例的活动，有助于他们理解多个示例的相关属性。比较相同概念的不同示例的机会改善了发生在学生头脑中的比较过程（Alferi et al., 2013）。鼓励学生关注概念的属性，能帮助他们更容易地将新的示例分类到正确的"概念文件夹"中，而不是形成对概念的刻板的心智模型，这样学生才能随机应变，举一反三（如地球科学课堂中的水循环系统与政治课堂中的政府系统的比较）。

C. 巩固理解：一旦学生有机会习得并理解个别概念的意义，他们就应该巩固自己的理解。通过归纳思考和类比推理让学生构建自己的理解是很重要的，不过让学生详细阐述理解以及教师要确保其在正确的轨道上也同样重要。第八章提供了一些策略，学生学习结束后，教师可以使用这些策略来评估学生对概念的理解是否到位，并提供反馈。如果学生在这个阶段误解了一个概念,那么他们在联结阶段会更难理解它与其他概念的关系。

用心思考

在学习旅程的习得阶段,你想记住哪些关键点?

_____
_____
_____
_____

联结:探索概念之间的关系

遗憾的是,大多数教学仍停留在浅表水平(Cuban 1984;Kane & Staiger,2012)。虽然对个别概念及其关键属性的认识和理解很重要,但如果我们希望学生以一种有意义的方式迁移所学的知识,学习就不能止步于此。一旦学生牢牢掌握了正在学习的个别技能或概念的关键属性,就需要将注意力转移到多个概念之间的关系上。

最好的方法是为学生提供一个可以观察概念性关系的情境。它可能是语言艺术课程中的一首诗,科学课程中的一个实验,历史课程中的一个历史时期,或者是数学课程中的一个方程式。不管情境是什么,概念性问题都有助于学习过程,引导他们将注意力集中在情境中发挥作用的更深层次的模式上。

如果花太多时间教授学生浅表水平的信息,他们就没有机会形成学科认知、行动和思考方式,而是只能背诵事实、主题和案例。另一方面,如果过早地迫使学生进入迁移阶段,他们可能缺乏足够的图式和理解来成功地将概念性关系应用到新的情境中,甚至完全误解概念之间的关系。

这个阶段的关键要素是概念性关系问题和相关情境。此外,我们发现视觉空间思维是学生在探索概念之间如何联结以建立关系的一个极好工具。我们概述了学习的联结阶段要考虑的三个因素,更详细的策略将在第八章中列出。

A. 概念性关系问题:概念性关系问题的强大之处在于,它能够引导学生注意概念之间的各种关联。每个题干的构造方式都将学生的注意力集中在概念之间的相互作用上,而不仅仅是概念本身。

情境：要使提出的概念性问题有助于引导学生获得理想的概念性理解，为学生策划并提供丰富且引人入胜的情境是至关重要的。无论是TED演讲、实验、诗歌、历史文献，还是真实世界的数据集，我们为学生所提供的情境既要吸引人，也要清晰。它们不能太难，要让学生注意到概念性关系，并有一些提示，但也需要具备挑战性，让他们必须通过调查和探究才能做到这一点。虽然这个策划过程是单元创建过程中很耗时的部分之一，但我们已经编制了一个资源和网站列表，可以帮助你开始。

B. 视觉空间思维：隐喻和类比是认知、语言和概念系统的重要组成部分。大脑将想法视为对象，就像其看待某个物体一样，我们可以利用视觉空间感知来帮助组织、定位和理解复杂的想法（Lakoff & Johnson，2008；Reddy，1979）。这些内容都可以轻易地以不同的方式重新定位或重组。要求学生清晰地表达一些抽象的东西，比如"概念之间的关系"，如果没有策略使其更容易理解，似乎很难。能够看到这些关系，画出它们之间的联系，甚至使用空间推理作为定位它们的手段，可以让这些抽象的东西更加具体和清晰，也可以使我们与学生的交流更顺畅，这就是为什么我们喜欢利用白板、便笺等，这些工具能让学生思维可视化和可迁移。《小学概念理解教学工具》（*Tools for Teaching Conceptual Understanding for Elementary*）的作者之一、学习迁移团队成员纳塔莉·劳里奥特（Nathalie Lauriault）甚至让学生通过运动来探索概念。其通过为不同模式的非语言表征提供机会，让学生利用先前的知识，以多种方式探索概念性联系。

> **用心思考**
>
> 在学习旅程的联结阶段，你想记住哪些关键点？
> _____
> _____
> _____
> _____
> _____

相似和相异迁移：解锁新情境

一旦学生探索了最初的情境并阐明了对概念性关系的理解，就可以将理解迁移到其他情境中，以确定他们的思维是否成立。通过使用在前一阶段学习中产生的对概念性关系的理解，学生将能够解锁新情境。与此同时，随着这些情境的解锁，学生对概念性关系的理解也将更加丰富、复杂，或是挑战以往的理解，引导他们进行更细致的理解。

在这一学习阶段，学生将对概念性关系的理解运用到一个全新的情境中。图6.4显示了几种典型的迁移类型。这并不是一个详尽的列表，但有一些方法可以帮助我们思考如何有意识地设计相似的迁移。

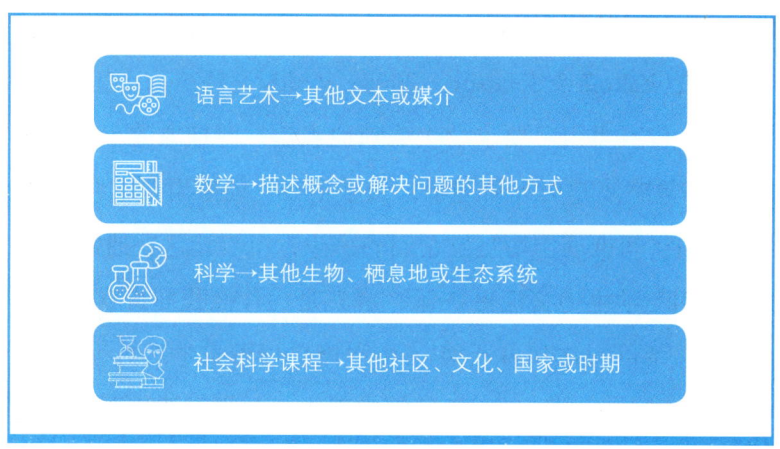

图6.4 核心学科中典型的迁移类型

迁移应该是学生经常参与的活动。最初的几个迁移任务最好是低风险的，这样学生就有充分的机会熟悉迁移机制，并对单元内的概念性关系有更细致的理解。

就像任何技能一样，学生有越多的机会将学习迁移到新的情境中，就会变得越熟练。这不是说我们可以把迁移作为一种独立的技能来教授，而是说，学生将更加习惯和适应这样一种观念，即在一个为迁移而教的课堂上，仅仅习得知识是不够的。迁移是一种常态。迁移不仅是我们期待的学习结果，也是我们所鼓励的学习的过程。

用心思考

关于学习旅程中的迁移阶段，你想要记住哪些关键点？

___

真实世界中的学生行动

设计可迁移学习单元的目的是帮助学生以有意义的方式来应用其对世界的理解。学生有越多的机会将学习融入真实世界的情境中,学习就越有意义,也越具有可迁移性。理想情况下,我们将有足够的时间和调整的空间,使每个单元都能设计得让学生采取有意义的行动,但如果条件有限,那么辨别和思考哪些单元最适合学生获得真实的学习体验和进行社会项目就很重要了。

我们需要在课程中有意识地留出空间,让学生以有意义的方式影响学校、社区甚至社会(Weil,2016)。真实世界中的相异迁移不应该是学习后的补充,而应该作为教学设计的目标指引。我们应该思考,如果重构有计划的学习,使学习者朝着有意义的、真实的行动和参与的方向发展,可能会发生什么。

为学生的表达、选择和热爱保留空间

单元故事板作为一个脚手架,能够帮助教师策划概念、情境,为学生提供充足的迁移机会。它是"结构内自由"理念的"结构"元素。ACT模型和单元规划器旨在为学习提供一个有用的框架,而学生的表达、选择和热爱能确保其拥有必要的自由来掌控自己的学习。

近年来,表达、选择和热爱这些术语是众多书籍、文章和辩论的焦点。尽管认知负荷理论告诉我们,过多的信息可能会阻碍学习及其表现,但是经过深思熟虑的设计能够增加学生在课堂上的发言权和选择的学习体验,会提高学生在学习环境中的动机和能动性(Marzano et al.,2017;Schneider et al.,2018)。像马扎诺等人(Marzano et al.,2017)一样,我们也认为表达和选择之间有明显的区别。

学生的表达体现为学生给教师提供反馈,教师乐于接受并愿意在为课堂共同体做出决策时使用这些反馈。通常情况下,教师寻求学生的反馈,但学生不知道教师将如何使用他们的反馈，学生也不认为他们的反馈有价值。教师只有在知道他们将使用反馈时才会要求学生给予反馈，这一点至关重要。

杰西卡·蒙迪和杰西·波特（Jessica Mundy & Jessie Porter）是中学的语言艺术教师，他们不断强调寻求学生意见的重要性并实践，利用这些反馈来指导项目和规划决策。在设计"我的心声"（My Voice）拓展写作项目时，蒙迪和波特邀请了不同的学生小组，调查他们喜欢怎样选择，然后征求他们对项目设计的意见。学生的这些反馈直接影响了项目设计、进度和整体安排。学生不仅因为被要求提供反馈而感到欣喜，还因为与两位教师分享想法和感受，看到他们的意见被重视、被用来为决策提供信息而感到被赋予了权力。

 **即用策略**

尝试一项新的活动，并询问学生是否喜欢它。下次尝试类似活动时，请与学生分享您如何利用他们的反馈来调整和改善学习体验的。这可能看起来很平常，但学生会觉得自己的意见得到了考虑，并且在未来也更有可能给出诚实的反馈。

拥有话语权使得学生能向教师呈现自己的想法。选择则体现为学生是学习过程的共同创造者。在整个学习过程中，他们积极地做出决定，并为自己辩护。这种自主性使学习者更有动力。当今的课堂中，学生的自主选择和能动性已不足为奇。随着我们对儿童研究的不断加深，随着学生的成熟，自主和自由规划学习的机会是至关重要的（McCombs，2010）。

在中学语言艺术课程的案例中，教师为学生提供了"我的心声"写作项目的选择。所有学生都探索了读者、作者的目的、观点、责任和成长等锚定概念。学生才是决定故事板具体内容的人。不要让所有学生围绕相同的主题做相同的项目，而是让学生从各种短期和长期选项以及项目主题中进行选择。整个学期，蒙迪和波特一直与学生持续交流，确保他们朝着个人目标的方向取得进展。

提供话语权和选择权并不意味着完全放任学生，而教师在一个单元结束时只是处理作业、考卷等。我们希望在结构中提供自由。限制性的结构和规则会让人感觉死板和受限，而完全缺乏指导学生可能很快会变得混乱和迷失方向，不会感到拥有自主权。与其将这些方法视为二元的对立面，我们更倾向于关注每一种方法的可供性（affordance）。我们问自己，结构的好处是什么？自由的好处是什么？为学生设计学习体验时，如何为两者留出空间？

> 结构的好处是什么？自由的好处是什么？为学生设计学习经验时，如何为两者留出空间？

教育工作者确定了课程的故事线、锚定概念以及最需要的现代素养。在学习内容、过程或结果上的所有选择都应与此前已经确定的关键概念和技能相关联。相对于孤立的技能和事实，可迁移的概念允许学生拥有真实的表达和选择。

选择就像迁移一样，也有从简单的选择到真实的选择的范围。在图6.5中，我们指出了这些选择的不同类型之间的差异。允许学生在学习中做出选择，提高了其能动性和自主性，即使是我们认为很平常的选择，比如选择坐在哪里，或者他们是否想更多地了解主题A或主题B。仅仅是感觉到自主就足以提高学习的动机和表现（Schneider et al.，2018）。

图6.5　学生选择的范围

简单的选择也可以对学生的动机产生积极的影响，这应该会激励教育工作者开始增加学生在课堂上表达和选择的机会。建议通过提供一些选项逐渐起步。这将确保学生不会因为选择太多导致认知负担太重，还有助于教师根据学生的需求创建结构和工作流程。随着学生越来越适应，增加选项的数量，最终移除支架，让学生在合适的时机进行自主决策。

用心思考

从整体上反思。总的来说,你的教学给学生提供的选择权处于选择范围连续轴上的什么位置?接下来,你会在这个连续轴上朝哪个方向移动?

_____
_____
_____
_____

强调概念而非具体事实的教学在本质上更人性化且更公平。例如,美国佐治亚州农村地区的一位科学教师意识到,学生可以通过以下问题来理解结构和功能的概念:为什么我们不坐某品牌汽车去泥地里兜风?因为该种汽车的结构不适合在泥地里驰骋。她用这个有趣的例子帮助学生理解结构和功能的概念。我们思考组织概念时,可以从学生本地生活和已有的背景知识中考虑具体的案例,帮助学生理解这些组织概念的意义。

这使学生能够在课堂上充分利用他们丰富的先验知识。很多时候,学生认为在学校学到的东西与在学校以外所做的事情无关。我们可以为培养学生能够解决本地或全球挑战制订计划,还可以为学生留出空间,让他们探索感兴趣的问题或挑战,特别是在作为一个班级共同体一起使用ACT模型,习得—联结—迁移,回答引发性问题或解决真实的问题之后。

在尝试创建更个性化的课堂,让学生能够自主建构学习经验时,考虑探究可能发挥的作用(Zhao,2018)。在《深入探究》(*Dive into Inquiry*,McKinzie,2016)一书中,探究有四个阶段:结构化探究(structured)、控制式探究(controlled)、引导式探究(guided)和自由探究(free)。图6.6展示了这些阶段。探究过程逐步从结构化探究中以教师为中心的设置,即所有学生都回答相同的问题和做相同的活动,慢慢地转向引导式探究中的以学生为中心。在这个阶段,学生创造自己的路径来找到课堂问题的解决方案。一旦学生到了自由探究的阶段,他们就掌握了学习的自主权,而且教师也成为探究路上给予反馈的伙伴。就像选择和迁移一样,探究的阶段也有一个范围。作为教育工作者,我们可以在规划过程中纳入学生的偏好和观点,从而有意识地帮助学生沿着探究连续体不断前进。

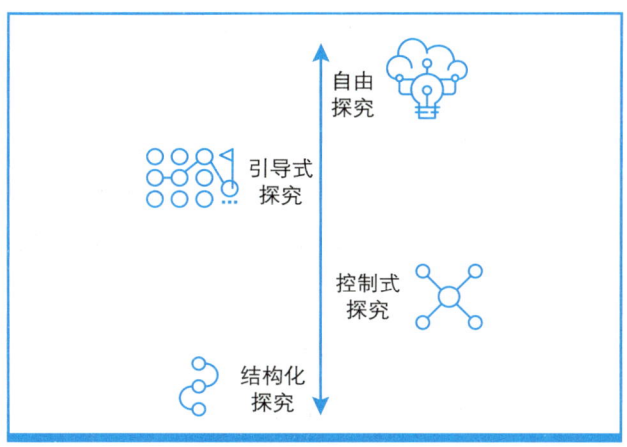

图6.6 探究的四个阶段

在课堂上使用探究为教师提供了一个能够联结学科专业知识和现代素养来建构课堂的机会。学生通过提问和探究来学习相关内容,随着成熟和经验的增长,他们能够在探究过程中获得更多的自由。

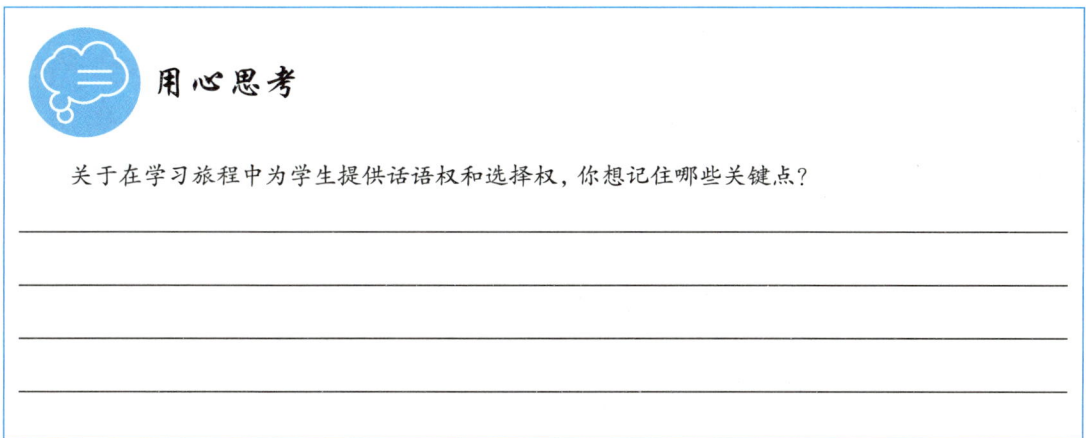

让学生采取有意义的行动

虽然我们相信有意义和有针对性的选择、表达和探究在学习的各个阶段都是可行的,但故事板中的学生行动部分是它的中心。随着学生从更结构化的探究阶段转向更自由的探究阶段,他们应该更直接地掌握学习的内容和背景。为学习迁移而教的力量和魅力在于,它允许教育工作者围绕更广泛的概念系统地培养学生的图式,同时促进学生获得学习的所有权和进行探究。它没有将这些视为教学上相互冲突的价值观,而是把它们放在一个连续的统一体上。学生掌握的事实和技能越多,他们就越能巧妙地设计和督促自己的学习,获得进步。为迁移而教时,知识是在概念层面而不是在主题层面组织起来的,因此在内容和学生的热爱、喜好和兴趣之间建立联结就容易得多。

一开始,这听起来可能有点理想主义或遥不可及,但数字时代的学生一直都拥有这种学习所有权。他们通过数字途径学会了新的策略,研究精细的设计,学习复杂的舞蹈动作,关键是他们拥有了知识和技能的基础水平。一旦学生拥有了这一基础,他们就可以通过网络自主学习。此外,还有大量的数字工具和平台,学生能以动态和真实的方式来策划、分享和展示他们的学习。

我们可以思考:如何将表6.18中的成果和表6.19中的过程与你的课程或单元的内容自由地结合起来,从而使学生把握自己的学习。

表6.18 学生行动的成果

成果	说明
播客	学生选择感兴趣的话题,进行研究,并录制一个播客,探索一个话题或展示一个论点
社区服务项目	学生在社区中找到能热情投入的话题或问题,并通过研究和行动计划加以改进
博物馆展览	学生开展研究和管理资源,同时学习像档案管理员、策展人或博物馆工作人员那样思考
记录	学生选择感兴趣的话题进行研究,并通过精心设计的记录展示他们的理解
社交媒体活动	学生对感兴趣的话题进行研究,了解如何有效地策划和运营社交媒体活动,然后自己发起一场活动
班级博客	学生在班级博客上写各种各样的话题,所有人都可以自由访问
现场表演	学生开展小组或个人的现场表演,展示获得的新知识或技能
TED演讲活动	学生与相关演讲嘉宾、有影响力的教职员工或同学一起,帮助设计和运作TED演讲式的活动
研讨会	学生进行一项研究或围绕对他们有个人意义的话题开展探究项目,然后向学校、社区或是专家小组展示他们的发现
电子书/电子杂志	学生使用应用程序来设计可以与真实的读者共享的电子杂志或电子书

表6.19 学生行动的过程

过程	说明
设计思维	学生遵循移情、定义、构思、原型和测试的设计思维框架来创建产品
整合性思维	学生使用整合性思维工具和过程来理解复杂问题并开发潜在的解决方案
故事板	学生构想产品或设计,以一系列的图像或快照来规划
共情图	学生进行访谈并完成共情图,以了解人们在学校或社会中的所见所闻

续表

过程	说明
看板图	看板图是一个物理或数字项目管理系统，帮助团队了解进程
专家访谈	学生可以联系他们所选领域或行业的专家，安排线上或线下访谈以了解他们的研究内容
旅程地图	学生创建一张旅程地图，直观模拟潜在用户将如何与他们的产品进行交互

用心思考

关于学习旅程中的真实世界应用或学生行动阶段，你想记住哪些关键点？

_____
_____
_____
_____
_____

结　语

本章的目标是提供一个框架来帮助我们组织迄今为止所做的所有思考和反思。重要的是要强调单元规划模板（unit planning template）是一个工具，而不是学生学习的处方。这些框架是以我们认为有用的方式来对教学设计的元素进行分类和组织的。它们可以以适合每个特定愿景或学习情境的方式进行替换、删减或重新安排。

重要的是对单元和相关学习经验有一个清晰的愿景。当建立了清晰的学习愿景，就更容易灵活地确定如何到达目的地。我们鼓励并重视即兴创作、重构和调整，就像鼓励开发一个单元的结构一样。一个人不需要抛弃之前所有经验、策略或工具来教授迁移。只要建立了概念、提出了问题并提供了情境，你就抓住了所有的关键要素。

单元设计中要牢记的一点是，最终目标是通过概念性结构和图式的应用，帮助学生走向有意义的行动。这并不代表每个单元都必须以大规模的社区服务项目结束。这仅仅意味着，在挑选概念、起草问题、策划情境和设计总结性评估时，我们始终要意识到，学习的真正目标是帮助学生建立理解能力,并将其迁移到有意义的、真实的情境中。

同样重要的是,学生的学习使他们更加自主。当我们利用技术提供的数字支持,了解了学生掌握了多少关于概念的先验知识,并建立了迁移文化时,学生可以将学习提升到一个新的水平。我们只需要给予信任、时间和工具,让他们高效地做到这一点。当单元设计者在设计单元时能够构建结构并崇尚自由,强有力的、可迁移的理解就不只是一个构想,而是可以通过设计来实现的。

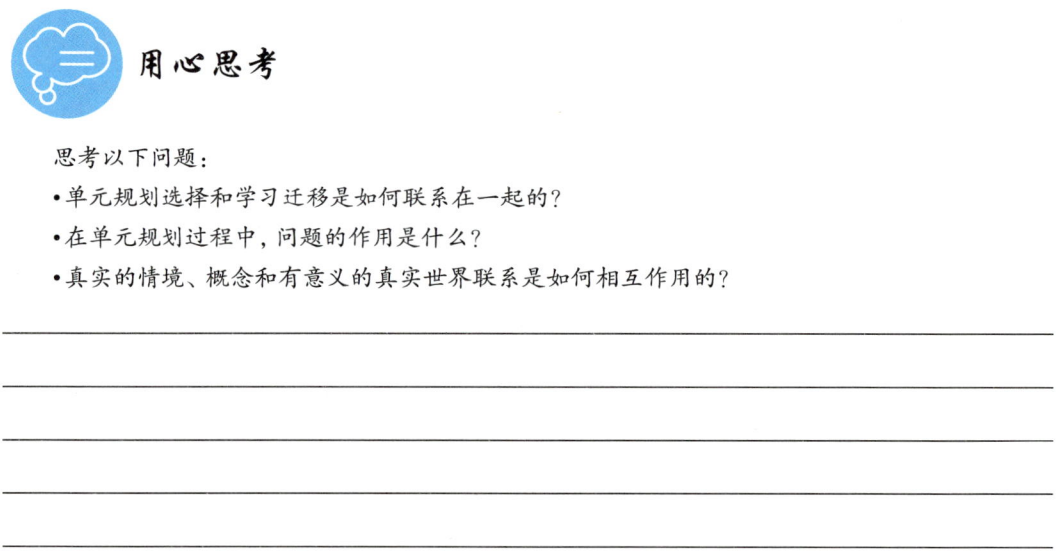

用心思考

思考以下问题:
- 单元规划选择和学习迁移是如何联系在一起的?
- 在单元规划过程中,问题的作用是什么?
- 真实的情境、概念和有意义的真实世界联系是如何相互作用的?

_____
_____
_____
_____
_____

— 第七章 —

评估
在聚焦迁移的课堂中评估的
作用是什么

"把已经做的事情做好,不管是多么小的事情,这一教育价值往往为人们所忽视。把一件事做得好,就能使下一件事做得更好。不是做得有多少,而是做得有多好,这应该成为座右铭。彻底理解一个问题比仅获得一个分数但理解不透彻更有价值。"

——布克·T. 华盛顿
(Booker T. Washington)

> **为什么这一章很重要？** 建立一个聚焦于反馈迁移信息的评估系统，可以为学生和教师赋能。
>
> **这章结束时，我能做些什么？** 我将能够设计一个课堂教学质量的反馈系统，包括对迁移的总结性和形成性评估。

> 评估什么以及如何评估——评估标准——揭示了我们的价值观和目标。如果真正重视迁移，那么最好的方式就是通过我们的评估实践来向学生传达这一信息。

俗话说得好，被衡量过的东西才会被珍视。在课堂中，这意味着我们评估什么以及如何评估——评估标准——揭示了我们的价值观与目标。在学生阅读完一篇文章后进行的每日小测验传递出这样的信号，即每天记住文本中的细节并做好准备是很重要的。周末的词汇测试则传递出这个学科的语素很重要的信号。数学的速度训练告诉学生，自动化是有价值的。如果我们真正重视迁移，那么最好的方式就是通过评估实践来向学生传达这一信息。

事实上，如果存在某个单一的转变能够将以知识覆盖率为基础的课堂转变为一个聚焦迁移的课堂，那么这个转变就是为迁移而评估。同样地，如果一种做法能够具有阻止课堂成为聚焦迁移的课堂的力量，那么就是缺乏对迁移的评估。即使个别的课堂包括了学习迁移，最终教师和学生还是会把精力放在被明确地评估的目标上。

同样，在本书中谈到评估时，我们不是在谈论单个事件，比如单元结束时的测试或学期结束时的一个评估项目。我们讨论的是一种通过不断反馈循环来监控教学质量和学生学习质量的方法，这种反馈循环与迁移目标相一致。这包括总结性评估，即学生将他们的学习运用到新的、真实世界的情境中，以影响周围的世界；还包括形成性评估，这些评估与总结性任务密切相关，构成每个单元的重要部分。

我们在这里断言，最重要的是，评估主要是一个学生主导的过程。学生必须要树立高质量思考和工作的愿景。学生必须自己确定理解的程度和运用技能的熟练程度。学生必须认识到自己的优势和劣势，必须寻求并利用反馈意见来改进。换句话说，其必须成为独立的学习者、自主的思考者和问题的解决者。

> 如果存在某个单一的转变能够将以知识覆盖率为基础的课堂转变为一个聚焦迁移的课堂，那么这个转变就是：为迁移而评估。

然而，虽然评估是由学生主导的，但也必须由教师来设计。作为课堂领导者，教师的工作是通过反馈系统来培养学生的独立性，告诉他们要将自己视为学习者。他们要不断问自己：我的思路对吗？我理解了吗？这看起来对吗？最终，当学生离开学校，要去面对生活中的重大问题时，他们必须自己回答这些问题。教师的作用是提供经验，帮助学生磨炼他们的直觉，达到高质量的标准。通过引导学生对自己做评估，而不是替代他们做评估，我们尊重学生作为人的完整尊严，帮助其获得应对人生中最大挑战所需的信心。同时也减轻了自己的负担，将更多的责任转移给学生自己。这是一个双赢的结果。

用心思考

以下概念是本章的基础，它们会逐步呈现，且它们之间互相联系，不断深入。在你继续阅读之前，请花点时间思考一下。这些概念各自的含义是什么，它们之间有什么联系？

- 系统 _____
- 反馈 _____
- 创新 _____
- 真实性 _____
- 一致性 _____
- 总结性评估 _____
- 形成性评估 _____
- 迁移 _____
- 赋能学生 _____

请思考你目前对以下问题的看法：
- 如何才能建立为学生赋能的反馈系统？
- 为什么创新性是评估迁移的一个重要组成部分？
- 真实性在评估中起什么作用？它如何影响为学生赋能？
- 总结性评估和形成性评估之间如何协调一致？

本章结构

本章将围绕以下几个部分展开：
◇ 评估作为反馈系统
- 作为学习反馈的评估
- 为教师和学生设计一个综合的反馈系统

◇ 规划迁移的总结性评估
- 新情境：基本要素
- 设计总结性迁移任务
- 识别新场景
- 超越学校围墙的真实价值

◇ 规划迁移的形成性评估

◇ 融会贯通

评估作为反馈系统

约翰·哈蒂教授认为，评估是给教师的关于教师的反馈（Hattie et al., 2017）。这是一个深刻的、反直觉的观点，值得反复研读。当然，评估也有其他目的，但我们认为这是一个重要的起点。在为学生设计评估之前，需要为师生的双赢建立一个清晰的愿景。

二 用心思考

花点时间想一想：帮助学生成功地习得、联结和迁移课程的概念会是什么样的（以及不是什么样的）？什么样的学生行为和思维表现说明教师是成功的？在表7.1中记下你的想法。

表7.1 教师成功标准头脑风暴表

	项目	学生的书面作业	课堂讨论与活动	其他
习得	如果能够成功地教了一个新概念，我会看到什么			
	如果没能成功地教一个新概念，我会看到什么			
联结	如果能够成功地让学生将概念联结起来形成心智模型，我会看到什么			
	如果没能成功地做到这一点，我会看到什么			
迁移	如果能够成功地教会学生将理解迁移到新的情境中，我会看到什么			
	如果没能成功地做到这一点，我会看到什么			

当然，这些问题没有一个标准答案，而且答案会因年级、课程、教师的不同而不同。不过表7.2呈现了一些成功地习得、联结和迁移新学习的一般特征。

表7.2 成功地习得、联结和迁移的标准

成功地习得对概念的理解的课堂，学生应该能够：
◇用自己的语言陈述概念的含义。
◇详细阐述概念是什么意思和不是什么意思，将其与其他类似或重叠的概念区分开来，并厘清常见的误解（换句话说……；这不同于……；尽管许多人可能认为这意味着_____，但它实际上意味着_____）。
◇认识正例和反例，并能独立举出正例和反例。
◇通过使用比喻、符号或思维导图等来说明这个概念。

成功地联结概念的关系的课堂，学生应该能够：
◇使用精确的文字、图表和其他可视化方式来解释几个概念之间的复杂关系。

续表

◇区分简单的关系或自明之理（词语的选择对诗歌有影响；善良和同理心都很重要）和表明世界是如何运转的复杂而深刻的关系（要完全理解一首诗，我们必须思考作者遣词造句的深层含义，而不仅是字词的表面定义；同理心是善良的前提条件），要形成深刻理解，勿见木而不见林。
◇提供一系列情境下的具体的例子，说明概念之间的联系。

成功地迁移的课堂，学生应该能够：
◇识别哪些概念适用于给定的情况。
◇利用概念性关系，超越情境的表面特征，转而关注其更深层次的结构。
◇针对一个新场景的展开方式发展理论，对一个新场景的未知方面提出假设，预测接下来会发生什么，提出论据，并基于他们对发挥作用的更深层次的概念结构的理解开发解决新问题的方案。
◇谨慎地运用先前的学习，注意两种情况之间的重要的潜在差异，以及这些差异如何影响迁移。
◇利用从新情境中获得的洞察力来调整和完善大脑中对概念及其关系的心智模型。

当把评估看作是对教师教学的反馈时，我们会在课堂上以及从学生那里收集到的更正式的作业中注意学生的行为。在讨论和对话中，我们用评估者的耳朵倾听，用评估者的眼睛观察学生的写作和创作，用相应的问题进行探究，并提供纠正性反馈或调整课程，使学生更接近成功。如果只是机械地等待一个评估"事件"——一次大型考试或测验，一个期末的项目——就已经错失了指导学生迁移的时机。

因此，建议教师在上每一堂课时，都要牢记表7.2中的一个或多个标准。学生将经历的学习活动的目的究竟是什么？这节课的目的是帮助学生区分两个常见的容易混淆的概念，如数学中的方程和等式，或英语语言艺术中的叙述者和作者，还是让学生在没有提示的情况下识别每个概念的正例和反例？哪些学生对概念之间关系理解得过于简单，我该怎么做才能帮助他们深入思考？对我们想要培养的学习方式有一个清晰的认识，并不断监测自己的成效，是为迁移而教学的关键。

作为学习反馈的评估

把评估看作是给教师的关于教师的反馈，它的另一面，就是把评估看作是由学生提供给学生的关于学生的反馈。换句话说，就像教师必须使用评估工具来不断监测教学效果一样，学生也必须使用评估工具来不断监测自己的学习成果。当学生监测自己在学习过程中的进展时，他们就是哈蒂教授（2012）所说的"有评估能力的"学习者。这意味着学生能够解释他们将要学习什么，将如何呈现学习成果，成功的学习是什么样子，并讨论现有的进展和下一步的学习计划。

这对教师和学生来说都是一个巨大的转变。传统的学校教育将学习者和评估者的角色分开——学生是来学习的，教师是来评估的。教师设定期望值，学生努力达到期望值。教师做评判，学生则接受评判。教师提出问题并掌握答案。即使教师要求学生进行自我评估，通常也只是作为一种反思练习。重要的并且最后写在成绩册上的评估，通常仍然是教师的评估。

但是，将学习和评估分开，是以最糟糕的方式阻碍了学生掌握学习的所有权。我们传递的信息是，学习是一种交易，学生通过努力换取写在纸上的分数或等级，而不是让年轻人掌控自己的智力发展。这样一来就剥夺了学生深层的满足感——发现的兴奋、发明的喜悦、为追求共同目标通过合作而建立的纽带——这些都是学习可以带来的。

问题是，学生天生就不善于自我评估。当然，成年人也不例外。衡量自己的理解或判断自己的能力的艺术不是一件容易掌握的事情。然而，我们必须问自己，如果不能做到这些事情的代价是什么？想象一下，音乐家无法判断一个音符是否放错了位置或乐器是否走调，或是厨师无法判断一道菜里放的盐是否适量。专业知识和迁移都需要有自我评估和自我纠正的能力。如果没有这种能力，学生的人生就会陷入智力依赖，永远依赖其他专家来告诉他们，自己知道什么和不知道什么，能做什么或不能做什么。

教导学生认识ACT模型中总结出的有效学习的特征——有效地习得新的概念性理解，联结概念的关系，并将它们迁移到新的现象上是怎样的——是值得投入时间和精力的。这不仅可以让学生成为终身的、独立的学习者，还能减轻教师作为学生唯一反馈来源的负担。一旦学生理解了学习是什么，他们就可以评估自己，并向同学提供有用的反馈，能够更充分地掌握学习。当学生不再需要教师来告诉他们是否学到了什么或者是否表现得好时，我们就把他们（和我们自己）从传统学校教育的交易本质中解放了出来。

思考表7.3中概念性理解和迁移的评价量规。通常，评价量规的设计是指向特定任务的，这意味着教师要花时间为每个单独的项目或整个学年的表现构建新的评价量规，而学生在每次接到一个新的任务时，都要花时间解读新的评价量规。这种方法的效率低下，使学生和教师都更加疲惫，阻碍了学生自我评估能力的发展。然而，表7.3中的评价量规是独立于任务的（不管是一堂课、一个单元或整门课程），为成功的学习迁移建立了标准。这个评价量规可以使用各种各样的证据来评估学生的学习——所有的日志档案和反馈、小测验和主要项目留言条（exit slips）或讨论评论——而不是某一件单独的作品。学生不需要等到单元结束或一件作品几经打磨后才能感觉到学习的发生。本质上，它将每一个学习的成果都视为学生在朝着迁移目标迈进所取得的进展的证据。

表7.3 概念性理解和迁移的评价量规

项目	出错	新手	学徒	熟手	专家
习得	我对这些概念的理解不准确	我对这些概念的理解是片面的	我充分了解这些概念	我对这些概念的理解是深入的	我对这些概念的理解是准确、深入、有意义和可迁移的
联结	对概念性的联系存在误解或混淆。使用的例子是不合适或根本不适用的	概念性的联系是模糊的或简单的。使用了少量的例子来说明观点	呈现了完整的、准确的概念性的联系。使用了一些例子来说明观点	概念性的联系是复杂或综合的。使用了相关的和有意义的例子来证明其观点的合理性	概念性的联系是深入、准确和有意义的。强有力的例子令人信服地证明了观点的合理性
相似迁移	我不理解新的、相似的情境与我关于概念性联系的观点有什么关系	我有点理解新的、相似的情境是如何证实、复杂化或推翻了我关于概念性联系的想法的	我完全理解新的、相似的情境是如何证实、复杂化或推翻了我关于概念性联系的想法的	我理解新的、相似的情境如何证实、复杂化或推翻了我关于概念性联系的想法，包括其中的复杂性或细微差别	我理解新的、相似的情境与我的理解之间的复杂性和细微差别，并且能够判断新信息对我理解概念性联系的重要性
相异迁移	我不会用对概念性联系的理解来应对相异的情境，或者对概念性联系的使用不准确	我使用了对单个概念的理解（而不是概念间的联系）来应对相异的情境	我含蓄地使用了对概念性联系的理解来应对相异的情境	我明确而恰当地运用对概念之间联系的理解来应对相异的情境	我明确地评估了对相异情境下概念之间联系的理解的可迁移性，并解释了我反应中的细微差别

在课程中使用一致的评价量规来评估概念性学习的好处在于，教师和学生都清楚地知道如何识别成功的表现。对于学生来说，这有助于元认知和自我意识的发展。我的理解是片面的和肤浅的，还是透彻而深刻的？我是通过严格使用事实和例子来发现概念之间的复杂关系，还是我的想法过于浅显且缺乏支撑？我能否将学习迁移到新的情境中？如果学生希望成为独立的终身学习者和创新者，他们必须不断地问自己这些问题。对于教师来说，这种一致的评价量规可以节省宝贵的时间和精力，让他们识别成功的学习，并提供超越具体任务的反馈。建议采用表7.3的模板，并修改其内容以适应需要。

为教师和学生设计一个综合的反馈系统

聚焦成功的学习是什么样子的——无论是特定的单元或内容——花时间建立一个系统的方法来跟踪学生的表现，这是建立一个有效的评估生态系统的第一步。请参考表7.4中描述的程序。

表7.4 评估程序

项目	学生的自我评估	教师反馈和数据收集
预评估	在本单元开始时，教师介绍了他选择作为本单元重点的锚定概念。他要求学生写下他们已经知道的关于这些概念的一切，并提出1～2个关于这些概念是如何相互关联的假设。然后，学生审阅表7.3中评价量规的前两行，并向同伴说明他们的理解是在哪个范围内	当学生写下已经知道的东西时，教师在整个教室里来回走动，观察学生的动向和常见的错误观念。教师将利用这些动向和错误观念，来为即将开始的课程提供参考。 当学生与伙伴讨论他们的评分时，教师在一旁听。如果学生在自我评估中出现严重偏差，教师会提醒他们注意评价量规的含义。"再想一想，这个想法真的很深刻吗？"
持续的形成性自我评估	在每节课的开始，教师从习得、联结或迁移知识的角度来框定当天的学习目标。学生花几分钟时间，根据评价量规为自己设定一个目标，并将其写下来。下课时，他们再次确认自己的目标。他们的理解是否变得更加精确或深刻了？是否纠正了某个误解？是否在迁移前成功地觉察了新情境的细微差别	每隔几天，教师就要求学生提交一份有代表性的学习成果——日记、图表、书面回答、问题集、小测验——并简短地解释这些材料如何体现了他们的理解能力和迁移能力。教师审阅这些作品，对学生的作品和他们对作品的自我评价提供反馈。教师需要思考：这些数据对提高我课程的有效性有什么启示？下一步要怎么做
持续的形成性同伴评估	每单元有几次，学生呈现他们当前对概念和它们之间关系的思考。同伴间提出问题并提供反馈，以帮助彼此取得进步	当学生互相评价的时候，教师通过提出探索性的问题或者提供范例来引导他们思考，帮助他们调整自己关于成功的愿景。其认真倾听学生的反馈，并自行示范有效反馈
总结性评估	教师设计一个需要相异迁移的复杂任务，并把迁移的评价量规列为他对这项任务的评分方案的一部分。任务的最后一步是让学生给自己打分，并说明评分理由	教师在给学生的作业评分时，只是简单地确认或修改学生的自我评分。或者，如果学生的自我评估太不贴切，教师会提供描述性反馈，并将任务返回给学生作进一步思考
反思	学生通过追踪他们关于单元概念的思考的演变来总结自己每个单元的学习情况。他们为自己的成功负责，反思自己面临的挑战，思考学习的意义。他们还解释了哪些学习经验对自己最有用，并说明理由	教师总结整个单元的教学成效，并考量学生对具体活动和课堂成效的反思。教师分享自己的总结与反思，并公开在整个单元中所学到的东西——包括教学和概念本身

请注意，评估的重任落在了学生身上。当每次评估临近时，传统的评估方法——标记在日历上作为问责事件的测试或测验——往往会给教师带来大量的工作，并给学生带来新的焦虑，但一个贯穿所有任务的可以监控学习的一致系统，可以最大限度地减少教师的工作，并赋予学生掌控自己学习的能力。学生越是多地参与监测自己的学习进度，他们在学习环境中就拥有更大的能动性和动力。

当你为课堂开发一个反馈系统时，希望是一个能够鼓励学生掌握学习和评估的自主权，同时也能为教师提供大量可操作的资源系统。

规划迁移的总结性评估

除了为日常教学提供信息的有效评估程序外，我们还需要经过审慎的总结性评估来指导每个单元的学习。在头脑中有一个清晰的表现性任务可以帮助我们进行逆向设计，并使教学与目标保持一致。当然，这并不是什么新想法。一些教育工作者，如《追求理解的教学设计》（Understanding by Design）一书的作者，长期以来一直倡导这种方法（Wiggins & McTighe, 2005）。然而，在一个聚焦迁移的课堂里，逆向设计尤其重要。表7.5所示的"健康"这一单元也采用了同样的方法。教师围绕以下概念性问题设计了这个单元：

◇ 毒品和酒精如何影响我决定自己命运的能力？

◇ 自我判断、毒品和酒精以及媒体信息之间的关系是什么？

表7.5 高中健康单元样例

单元3：毒品和酒精情境中的自我判断		
学科视角： 自我判断和能动性	现代素养重点： 媒介素养——动机和操控	锚定概念、子概念和技能： 毒品和酒精 虐待和成瘾 对比几个主要信息源对同一主题的处理（CCSS.RH.9-10.9）
毒品和酒精如何影响我决定自己命运的能力？ 自我判断、毒品和酒精以及媒体信息之间有什么关系？		

续表

单元3：毒品和酒精情境中的自我判断			
情境1 酒精和酒精中毒 学生阅读酒精对身体的影响的相关内容，然后查看和比较描述青少年饮酒的一系列电影片段，以评价青少年收到的关于酒精使用的隐含信息，包括它与自我判断和能动性的关系	情境2 烟草和电子烟 学生查看和比较两个广告活动：反烟运动和电子烟广告的真相，以思考媒体和营销对滥用毒品的作用，并评估每个活动如何影响青少年的自我判断和能动性	情境3 禁毒之战 学生了解不同类型的毒品（致幻剂、抑郁剂、兴奋剂），以及分析政府试图通过禁毒之战，包括"说不"运动来减少毒品使用和与毒品有关的犯罪。然后，他们与一位成功戒毒者进行问答访谈，以更好地了解毒品如何影响个人选择他们自己命运的能力	情境4 新的、真实世界的应用：阿片类药物 学生研究美国的阿片类药物危机，评价与阿片类药物有关的媒体信息，并将其与媒体对毒品之战的描述进行比较。然后他们将利用社交媒体分组设计一个同伴教育活动，教育青少年关于阿片类药物使用和自我决定之间的关系，包括在涉及阿片类药物时，青少年如何理智地识别媒体信息

相似迁移　　　　　　　　　　　　　　　　　　　　　　　　　　相异迁移
简单理解　　　　　　　　　　　　　　　　　　　　　　　　　　复杂理解

学生首先在酒精和酗酒的背景下研究这些概念性关系，然后研究烟草和电子烟，之后又研究一系列"更烈性"的毒品，如可卡因和海洛因，同时研究禁毒之战。伴随着每一个新的情境，学生试着迁移对概念的理解，然后根据新的学习来完善那些理解。

最后，作为总结性评估，教师要求学生研究当前的阿片类药物危机，评估他们发现的媒体信息，并设计一个同伴教育活动，教育其他青少年了解使用阿片类药物可能影响他们决定自己命运的能力。

请注意，很多时候学生对情境1到情境3的学习是为他们在情境4（总结性评估）中对阿片类药物进行调查的预演。因此，当学生结束本单元学习时，他们已经接收到了大量有关迁移能力的形成性反馈，即他们将对概念的理解迁移到新情境中。

这并不是偶然的。在设计这个单元时，教师首先设想了情境4中所描述的迁移任务。然后，教师确定让学生研究阿片类药物危机，并设计社交媒体活动，以教育青少年使用阿片类药物可能会影响他们的自我判断。这个逆向设计，构建了一系列的过程，让学生为这项任务做好准备。在教师的标准中列出了其他几个毒品和酒精的情境——酒精、烟草、其他烈性毒品，并按情境的复杂性将它们排序，以引导学生对这些概念有一个深刻的理解。

还要注意，总结性评估的关键是要求学生将理解运用到一个新的（尚未研究过的）、真实世界的情境中。在总结性评估之前，学生并没有研究过阿片类药物危机，而是作为评估的一部分对整个危机进行了调查。这是非常关键的！

新情境：基本要素

在更为传统的课堂上，学生很少会遇到不熟悉的评估材料。例如，一位在生物学课堂中学过光合作用的学生一般在考试中会回答有关光合作用的问题。读过《哈姆雷特》的学生期末作业的题目会是关于哈姆雷特的。即使是学数学的学生也希望考试或测验中的问题能和之前在课堂上看到过的问题一样。

> 在以迁移为基础的课堂上，不熟悉的材料是评估的支柱。

不过，在以迁移为基础的课堂上，不熟悉的材料才是评估的支柱。学习过光合作用的学生知道，这要求她把在课堂上所学的知识应用到课堂以外，以证明她的学习迁移。同样，读过《哈姆雷特》的学生也知道，他需要把学到的知识应用到不同的文本或场景中。

在一个聚焦迁移的课堂上，总结性评价必须包含一个新的情境。大多数教师都希望学生能进行更深层次的思考，如分析、评价和综合复杂的思想。就之前在课堂上学习过的内容或背景提出分析性、评价性或综合性的问题，我们也不能确定学生是否在简单地回忆我们的分析、评价或综合（Brookhart，2010）。我们必须为学生提供一个新的情境，以衡量他们高阶的思维能力和达到的概念性理解。

回想第二章提到的第一次世界大战的例子。学生研究了在第一次世界大战和冷战背景下，主权、权力、自由和安全等概念之间的关系。然而，在评估中，学生的给定任务是分析文章，并利用他们对这些关系的理解来确定美国在巴基斯坦发动无人机袭击的立场。对教师来说，这往往是最难的——如何能通过向学生提出有关巴基斯坦的问题来衡量他们对第一次世界大战的学习情况？对学生来说，这也是最难的——我如何准备考试？这些材料我从未在课堂上见过。如果测试的内容都是关于巴基斯坦的，为什么还要去学习第一次世界大战？

在进行这种转变时，它有助于区分可迁移的知识类型和不可迁移的知识类型，并对这些知识类型进行相应的评估。表7.6是安德森等人（Anderson et al.，2001）修订的布卢姆分类法，其中说明了这种区别。请注意，概念性知识、程序性知识和元认知知识都是

表7.6 在学习、教学和评估的背景下评估迁移

知识维度	认知过程维度					
	1 记忆	2 理解	3 应用	4 分析	5 评价	6 创造
A. 事实性知识						
B. 概念性知识			给定一个新情境,学生可以: • 识别出适用的概念并评价概念之间的关系的适用程度。 • 用他们对概念和概念间关系的理解来分析新情境中所发生的事情。 • 利用对概念的理解来生成假设,并对新的情境做出预测。 • 利用对概念的理解,针对新的、真实世界的问题创造解决方案。 • 基于新发现,重塑对概念性关系的理解			
C. 程序性知识			• 评价已知的程序在多大程度上适用于一个新的情境。 • 灵活运用和调整已知的程序,以满足新的、真实世界情境的复杂需求			
D. 元认知知识			• 通过自我监督和自我纠正的实践,评价自己对概念性和程序性知识的应用			

（B、C、D 行对应"迁移"）

来源：Stern et al. Knowledge framework adapted from Anderson et al., 2001.

可迁移的，这意味着它们可以在认知维度上使用更高阶的思维技能应用于新的场景。因此，这些类型的知识可以而且应该通过迁移任务来测量，以评估学生将学到的知识应用到新的、真实世界情境中的能力。有关巴基斯坦无人机袭击的迁移任务其实并不是关于巴基斯坦，而是关于主权、权力和冲突的基本概念性结构。

也请注意，事实性知识的运作方式是不同的。这并不是说事实性知识不重要，或者在基于迁移的课堂上只起到次要作用。恰恰相反，事实丰富的语境是学生对概念之间的关系得出结论的唯一途径。我们通过观察概念在事实案例研究或情境中的互动方式来建立自己对概念的理解。我们通过那些能够显示它们真实性的事实案例来证明概念性关系的正确性。尽管事实不能迁移，但它们有助于证明我们在迁移时做出的选择和联系的合理性。出于这个原因，在第二章关于无人机袭击的迁移任务中，要求学生运用他们对概念的理解和对第一次世界大战的了解来支持或反对无人机袭击的论点。如果测试的内容都是关于巴基斯坦的，为什么还要去学习第一次世界大战？因为确立你对巴基斯坦问题的主张要通过对第一次世界大战相关知识的理解来达成。然而，我们需要组织概念，以便在不同的情境之间进行智力上的跃迁。

表7.6对布卢姆目标分类法的表格进行了调整，明确地解释了概念性知识、程序性知识和元认知知识是如何解锁新情境的。当你阅读该表时，请思考每一类知识可以如何被用于学习迁移。事实性知识，或某个研究领域的具体细节无法迁移，而其他三种知识能够迁移。当我们把学习迁移到未知的情境中时，概念性知识、程序性知识和元认知知识一起发挥作用。

下列是对每个术语的一些简单定义。

◇概念性知识涉及掌握概念之间关系的更大的结构。

◇程序性知识指的是知道如何在某一特定的学习领域做某事。

◇元认知知识包括认识到思考和学习的工作机制，以及监控自己的思维（Anderson et al., 2001）。

然而，没有任何迁移任务能够有效地评估给定单元的所有事实性内容。虽然学生应该使用事实和例子来证明他们对概念的应用，但他们一定会挑选那些最适合手头任务的事实。为了评估学生已经学到的更广泛的事实性知识，其他评估也是必要的。

正因如此，创建一个评估"蓝图"来规划一个单元的哪些部分将通过总结性迁移任务来评估，哪些目标应该在其他地方进行评估，通常是有帮助的。请思考前面讨论的"健康"这一单元。该单元的可迁移目标围绕着自我判断、药物滥用和成瘾、媒介素养等概念，以及比较各种原始资料中对同一主题的处理方法的技能。该单元的事实部分包括关于酒精和酗酒、烟草和电子烟，以及其他各种毒品及其影响的细节。在勾勒出这些要素之后，教师就能够较直观地看到在这个单元中所需要的评估类型，如表7.7所示。

表7.7 高中健康单元中毒品和酒精的评估案例

知识维度	认知过程维度					
	1 记忆	2 理解	3 应用	4 分析	5 评价	6 创造
A.事实性知识		•描述酒精对身体的影响。 •解释抽烟和癌症之间的联系。 •识别毒品和酒精成瘾的特点		•比较致幻剂、兴奋剂和镇静剂对身体的影响。 •分析毒品和酒精成瘾对个体健康、人际关系、教育和从业选择的影响	•评价有关毒品和酒精的媒体信息的准确性	

续表

知识维度	认知过程维度					
	1 记忆	2 理解	3 应用	4 分析	5 评价	6 创造
B. 概念性知识			• 将下列概念之间的关系应用于新情境：阿片类药物、毒品和酒精、成瘾、自我判断、个人能动性、媒体的动机和操控。 • 设计一个同伴教育活动，以解释阿片类药物与自我判断之间的关系			
C. 程序性知识				• 比较几个原始资料中对同一主题的处理方式。 • 评价媒体信息以确定内容创作者的动机		
D. 元认知知识					• 评价自己对媒体信息的判断，避免被操控。 • 设计一个同伴教育活动，帮助他人成为阿片类药物媒体信息的理性接收者	

B、C、D 行右侧大括号标注：迁移

来源：Stern et al. Knowledge framework adapted from Anderson et al., 2001.

将需要学生掌握的事实性知识与单元的可迁移目标区分开来，有助于教师设计一个简短的纸笔测验来评估学生对事实的理解，同时使用一个总结性的迁移任务来评估学生迁移概念性知识、程序性知识和元认知知识的能力。

一旦教师明确了这一区别，也就可以让学生明白二者的区别。一方面，在对事实性知识进行评估之前，鉴于评估的目的是衡量对所学事实的理解，教师可以提示学生考试的重点，以及最好的准备方式。另一方面，教师可以帮助学生了解迁移任务的不同性质。迁移任务主要是衡量学生将概念性关系和程序性知识运用到新的、真实世界的情境中的能力。

当然，在研究阿片类药物时，学生需要回顾学到的一些关于酒精、烟草和其他毒品的事实。将这些案例研究的事实模式与阿片类药物的事实模式进行比较，是确定他们之前对概念的理解在多大程度上适用于手头的新情境的关键步骤。这里再次提醒我们，事实性知识在学习迁移中起着至关重要的作用。阿片类药物和烟草哪个更容易上瘾？阿片类药物通常是由医生出于医疗目的而开的，酒精和烟草则不是，我们如何解释这一现象？阿片类药物与大麻、海洛因等毒品的区别在哪里？这些事实性问题的答案将影响学生把已经知道的知识迁移到他们对阿片类药物的研究中。

为此，在总结性评估中，提供支持理解新情境的事实是有帮助的。例如，八年级的历史教师在讲授了美国革命这一单元后，要求学生将他们对权力、制度、自由和革命的理解应用于叙利亚内战。教师提供了几篇关于战前政治制度的文章，关于该国侵犯人权的报告，以及叙利亚反对派关于他们寻求自由的声明，然后要求学生写一篇短文来回答下面的问题，为什么叙利亚反对派在2011年反对他们的政府？由于教师的目标是衡量概念性知识的迁移，作为评估的一部分，教师允许学生提出问题并讨论叙利亚局势的基本事实。叙利亚在哪里？巴沙尔·阿萨德（Bashar al-Asad）是谁？什么是旱灾？对这些问题的回答有助于学生理解新情境中的事实，且不会剥夺他们自行应用这些概念的机会。通过在学生遇到新情况时提供一些事实支持，教师确保正在评估的是他们打算评估的内容：概念性迁移。

> 在聚焦学习迁移的课堂中，我们必须围绕习得、联结和迁移概念及其关系来明确阐明成功的标准。我们大多数的模板都是为了激发教师的创造力，并鼓励你根据自己的情况进行调整。确保在你的调整中包含了围绕概念组织的成功标准。我们经常发现，大多数评估，甚至是关于深度学习和学习迁移的书中，都缺少这一关键部分。

设计总结性迁移任务

一旦我们分离出一个单元的可迁移部分，我们就可以开始想象测量这些目标的总结性任务。从你在前几章中归纳起来的单元要素开始：关键标准或结果、锚定概念和彼此之间的联系以及子概念（概念性知识）、程序性知识和元认知知识。总结性评估，或者在一段学习结束时进行的评估，应该确定学生在这些重要领域中应用其所学到全新的情境中的能力。

表7.8是我们总结性评估计划表的第一部分。它汇集了整个单元的可迁移目标。

表7.8　总结性评估的目标和成功标准

总结性评估	
概念性、程序性、元认知理解	
关键标准或学习成果：	
学科视角、锚定概念和现代素养概念：	概念性问题：
程序性概念（技能）：	程序性问题：
成功标准： ◇概念性理解：我可以用自己的语言解释两个或多个概念之间的紧密关系，并提供有力的、清晰的例子（事实性知识）来证明这种关系。 ◇程序性理解：我可以灵活地应用程序和技能，并根据需要调整它们以适应新的情境。 ◇元认知理解：我可以解释新信息如何证实、加深或推翻了我对概念的理解，包括其中的复杂性和细微差别。我使用一系列工具来监控我的思维，并选择适当的策略来应对情境	

这一部分的关键是要确保我们清楚概念性、程序性和元认知理解的成功标准。例如，学生是否会使用概念性理解对一个新的情境进行预测、支持一个立场、为一个立场进行辩护，或制订问题的解决方案？具体地说明学生将会参与的迁移类型，并描述成功的表现，将会确保任务是聚焦的，而且与你的目标相一致。头脑中有了明确的标准，我们就可以设计评估，来确认学生是否形成相应思维。

总结性评估的下一个部分，如表7.9所示的"健康"单元的例子，就是明确规划学生在学习单元结束时将要完成的迁移任务。学生将回顾单元的每一个步骤，并完成一些反思提示后应用所学。

在我们建立了成功标准之后，可以思考这些问题：

◇在应用本单元的概念和程序性知识时，什么样的新情境或问题可引发学生的学习参与？

◇学生如何通过向真实的观众传达想法来影响世界？

◇学生将如何反馈这项任务，并解释他们如何以及为什么迁移概念性和程序性知识？

识别新场景

一开始就要识别新场景来构建一项迁移任务似乎很困难。诚然，一些最吸引人、最有意义的迁移任务是围绕着复杂的、不断发展的真实世界情境而构建的，这些情境需要教师和学生都学习大量的新知识。但刚开始时，也有很多新场景会让你感觉"换汤不换药"，而且更容易上手。你可能会惊讶地发现，许多"新情境"实际上已经嵌入了教授的内容和标准之中。

例如，在表7.9中，现代阿片类药物危机的新情境直接来自教师的标准。然而，教师并没有直接教授这些内容，而是将学习嵌入迁移任务中，并要求学生研究阿片类药物，作为总结性评估的一部分。

图7.1展示了如何从七年级的社会研究标准中"挖掘"出新的情境，具体情境（事实和例子）用括号表示。请注意，该标准要求学生解释泛非主义和民族主义是如何使得肯尼亚和尼日利亚获得独立的。教师可以选择在肯尼亚独立的背景下教授这些概念，然后要求学生将理解迁移到尼日利亚的情境中，或者把肯尼亚和尼日利亚作为课堂上的研究案例，并评估学生将所学迁移到种族隔离制度下的南非局势中去的能力（标准中也有提到）。

表7.9 总结性评估计划示例：高中健康单元（阿片类药物）

总结性评估 概念性、程序性、元认知知识	
关键标准或学习成果： ORH.C.2 在18~24岁的年轻人中，误用和滥用阿片类止痛药的情况出现危险增长（OASAS CDSData, 2015）。 ORH.C.3 请注意，滥用阿片类止痛药，如吗啡、可卡因、羟考酮和氢可酮可能导致严重成瘾，这些药物通常用于常见的意外或手术（如运动损伤、口腔手术），或用于扩散性疾病（如癌症）的疼痛治疗。大多数开具了这些药物的人并不会成瘾。 ORH.C.13 由于海洛因和其他阿片类药物成瘾的行为后果，使用者可能无法完成其大学学业或工作职责。随着时间的推移，由于耐受性，吸毒的费用会越来越高，为了满足这一嗜好，成瘾者有时会从事偷窃、贩卖毒品和卖淫等非法活动。 ORH.C.22 积极倡导提高认识、预防工作，关注政策和法律，并支持限制各地毒品或成瘾性药物的流行和获取，降低与海洛因和阿片类药物滥用有关的风险	
学科视角、锚定概念和现代素养概念： ◇自我决定 ◇能动性 ◇毒品和酒精 ◇滥用和成瘾 ◇媒介素养	概念性问题： 毒品和酒精如何影响我决定自己命运的能力？自我决定、毒品和酒精以及媒体信息之间有什么关系
程序性概念（技能）： • 比较几个主要（媒体信息）来源中对同一主题的处理方式。 • 分辨作者的动机。 • 调查作者的信息	程序性问题： 媒体信息在抑制和促进药物和酒精滥用方面的作用是什么？作者的动机如何影响有关毒品和酒精的信息
成功标准： ◇概念性知识：我可以用自己的语言解释毒品和酒精、自我决定与媒体信息之间的密切关系，并提供有力、清晰的例子（事实知识）来证明这种关系。 ◇程序性知识：我可以利用作者的动机、偏见、操纵和信息等概念，比较有关毒品和酒精的媒体信息。 ◇元认知知识：我可以解释新信息如何证实、深化或推翻了我对概念的理解，包括其中的复杂性和细微差别。我使用一系列工具来监控我的思维，并选择适当的策略来应对情境	
能激发学习兴趣的新场景： ◇研究美国的阿片类药物危机。 ◇将有关阿片类药物的媒体信息与禁毒之战的信息进行比较（之前在课堂上学习过）	学生将如何影响世界： ◇设计社交媒体活动，通过同伴教育，学生了解阿片类药物和自我决定之间的关系，以及如何成为阿片类药物媒体信息的理性接收者

总结性评估
概念性、程序性、元认知知识

解释/反思部分：

◇任务结束后，学生阅读其他小组的媒体信息，将其与自己的信息进行比较，并反思自己的工作与他人相比的有效性。

◇任务结束后，学生解释他们对整个单元的概念和知识的理解如何影响了在迁移任务中的成果和过程

来源：Stern et al., 2021. Standards from Ficarra, 2016（New York State Education Department）.

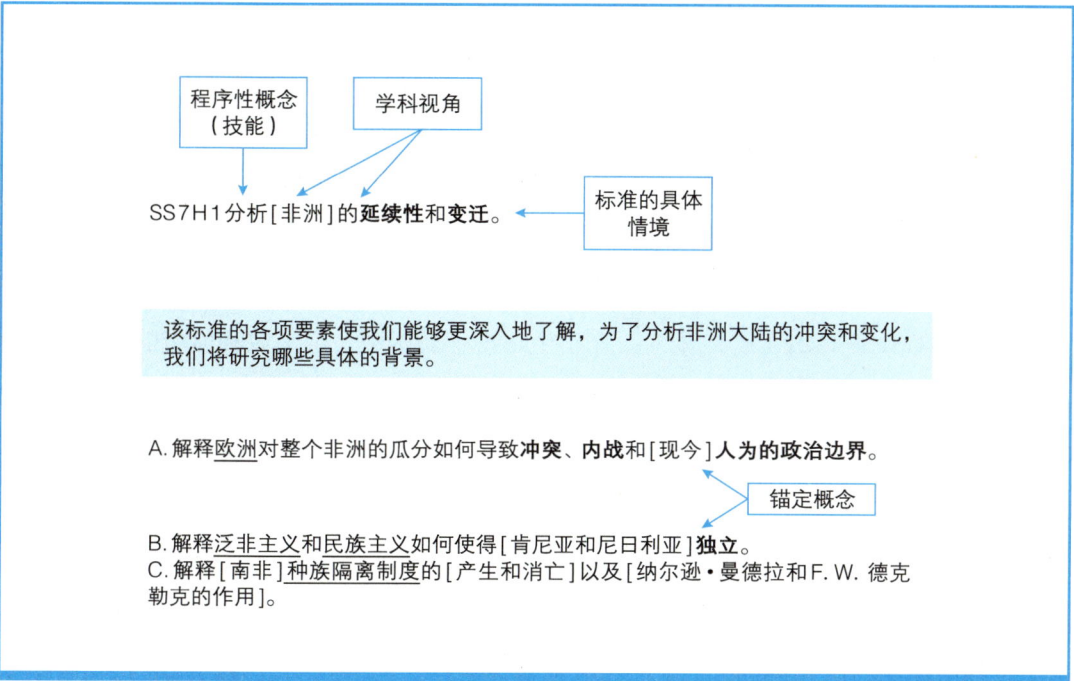

图7.1 识别社会研究标准中的情境

来源：Stern et al., 2021. Standard from Georgia Standards of Excellence（2016）.

虽然这个标准没有直接提到其他非洲独立运动，如阿尔及利亚的独立运动，但是标准也同样适用。所有这些内容在标准编写的过程中要么有专门提及，要么直接属于标准的范围。毕竟，这里上位标准是要求学生"分析非洲的延续性和变迁"。因此，虽然学生在评估中遇到的情境是新的，但对教师来说它并不一定是新的，或超出现行课程之外。

当然，在这个标准的范围之外，还有许多新情境，在这些情境中泛非主义和民族主义的概念发挥着重要作用。例如，学生可能会研究古巴或牙买加，并意识到这些力量在非洲大陆之外也有影响。或者，学生能在这些概念出现在嘻哈和其他黑人艺术形式中时，对它们进行研究。又或可以研究泛阿拉伯运动，以确定它在多大程度上遵循了泛非主义的模式。当确定评估的新情境时，尽管标准是一个很好的起点，但很多时候，最吸引人和最相关的情境是那些让我们跳出已经规定好的课程，而转移到实时发展的当前问题。正因为如此，我们鼓励教师将学习标准视为起点，而不是上限。这些标准提供了一个坚实的基础，但不应该把学生的思维和学习限制在这些基准上。

像社会研究一样，我们可以从数学标准中挖掘线索，了解在一个学习单元中应该探讨哪些概念、技能、关系，甚至是情境。以图7.2中两个代数标准为例。请注意，加粗的术语代表了学生将探索的学科视角、锚定概念和子概念。括号内是事实性知识。概念性关系——概念之间的联系，以及概念性理解——对单个概念的深刻认识——也被阐明，以证明如果我们挖掘得足够深，就可以在标准中找到信息的金矿。

第一条标准（NGSE 9－12 F.IF.1）表明学生应该看到函数、输入和输出之间的关系。这个标准是学生理解的基础，但它不是一个单元的核心。这就是为什么它与图7.2中第二个标准（NGSE 9－12 F.LE.1）配对。在学生习得了对函数、定义域和值域的理解后，他们把理解联系起来并迁移到线性函数和指数函数领域。在这里，学生将比较不同类型的函数是如何增长的，如何对这些函数进行建模，确认什么时候数据能表明线性或指数关系。

与图7.1社会研究标准中明确地表明以非洲作为背景情境不同的是，数学标准并不总是如此明确。图7.2中所示的背景说明了学生将如何与概念和技能进行互动，但这取决于教师所提供的研究案例、丰富的任务或包含这些互动的真实世界的问题。

为了从这些标准中孕育可能的迁移情境，教师需要思考一下。考虑表7.10中各种类型的迁移和可能用于评估的新情境的类型。

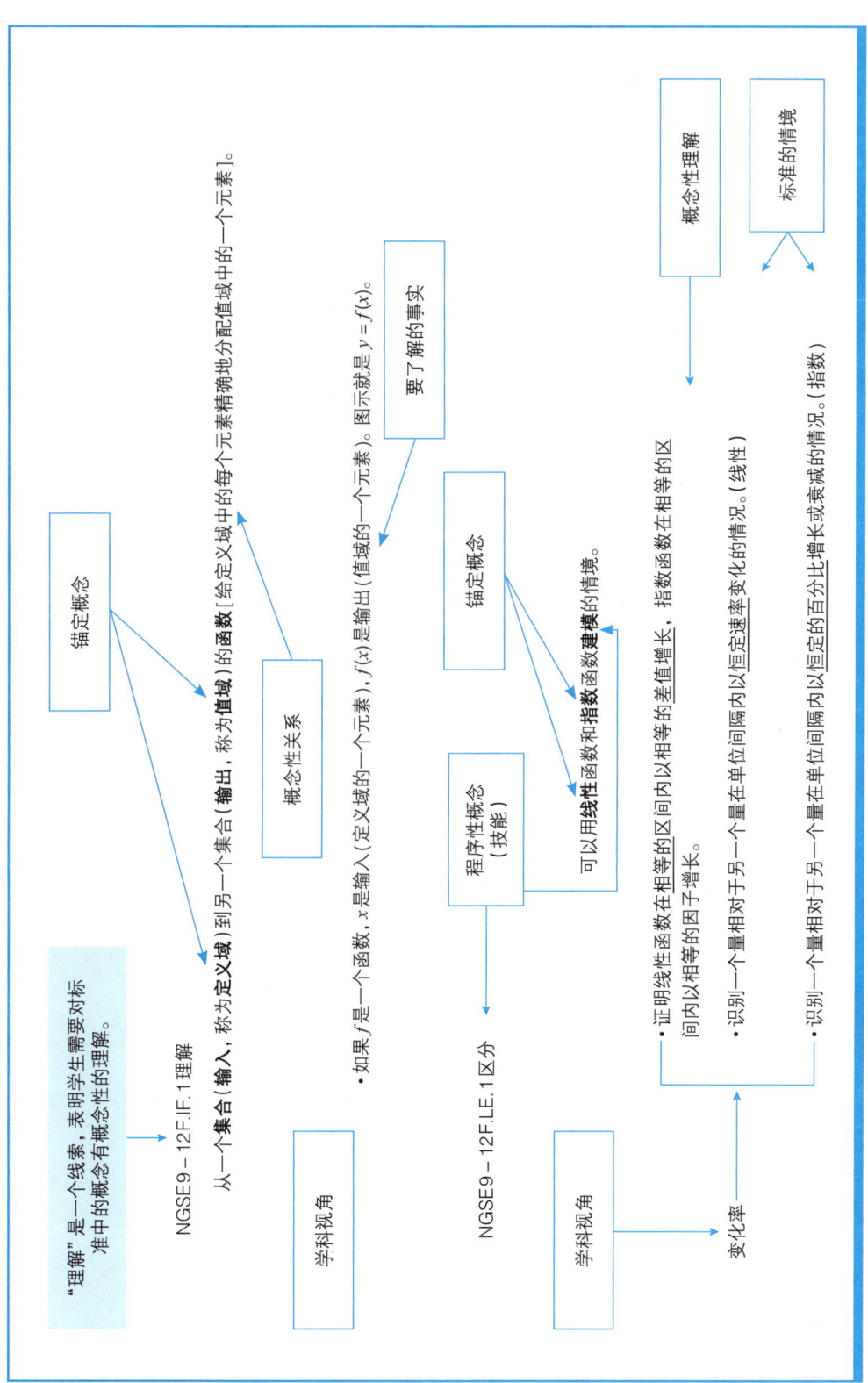

图 7.2 识别数学标准中的概念

来源：Standards from Georgia Standards or Excellence (2019).

表7.10 新场景：函数、变化率、定义域、值域

迁移的类型	在评价中，学生可能……	一个新的场景可能看起来像……
发展理论以解释新现象：认识到与概念相关的新情境的基本结构；使用概念对正在发生的事情及其原因进行理论化	查看图形、方程或数据表，识别每个图形、方程或数据表的定义域和值域，并确定哪些是函数	哪些图形、数据表和方程属于函数，哪些不属于函数
对新场景的未知方面提出假设：利用对概念性关系的理解来"填补"新情境中事实性知识的空白	利用对函数的理解来查补给定定义域（值域）的缺失数据	濒危物种数量随时间变化的图表，有多年数据的缺失
做出预测：根据已知的概念模式，解释在一个新的场景中可能会发生什么	有逻辑地预测所提供的数据集之外的给定的值域	提供2000—2015年最低工资工作的年收入汇编，并让学生预测2020年的平均年收入和小时收入
解决问题：利用具有类似基本特征的情境，应用概念性知识，并为新的情境制订解决方案	识别在什么情况下呈现线性或指数关系，并基于这种理解找到解决方案	向学生呈现从事城镇清洁工作的志愿者日志，学生为数据确定适当的模型，并使用这个模型来确定下一次社区活动需要多少名志愿者
构建论点：对一个新问题表明自己的立场，并利用已知概念之间的关系来捍卫自己的观点	根据一个数值表来推测一个数据集是线性的还是指数的	学生收集数据，以便讨论他们是否应该投资固定或可变回报的投资组合

这两个例子清楚地表明，学习迁移的评估与基于标准或基于掌握的评估是完全兼容的。尽管如此，当计划评估时，我们必须不断提醒自己和同伴，标准只是基准，而不是对学生学习的限制。我们不是要让学生成为优秀的标准化应试者，而是成为创新者，过上有意义的生活，创造一个更美好的世界。

 用心思考

什么新情境或问题可以作为应用本单元的概念和程序性知识的一个有吸引力的场景？根据表7.10中的例子，怎样为学生提供机会使其完成下列任务之一？
- 发展理论以解释新现象
- 对新场景的未知方面提出假设
- 做出预测
- 解决问题
- 构建论点

应用开放式问题时有一个常见的误区：问题要求学生解释或描述概念性关系，但并没有提供一个新情境，这是不够的。我们的评估必须包括让学生把理解迁移到新的、有意义的情境中的机会，这样才能真正衡量他们的迁移能力。

例如，数学课中包括一个以度量单位、图表和数据等锚定概念为中心的单元。学生正在探索一个概念性问题：图表的度量单位如何改变数据的解释方式？通过书面回答这个问题，学生可能会展示对概念性关系的理解，但不一定能展示出他们将这种理解迁移到新情境中的能力。能解释一种关系并不等同于认识到这种关系对新情境的适用性，也不等同于能使用这种关系的知识来获得对新场景的洞察力。

教师没有简单地要求学生解释概念性关系，而是利用所选择的现代素养概念——环境影响和交流。教师向学生展示不同人类食物来源所排放的温室气体的各种图表，要求学生通过确定哪种食物来源会排放更多温室气体来解释数据。为了成功地解读这些图表，学生必须在比较之前能识别图表在度量单位上的差异。没有考虑度量单位差异的学生是没法实现迁移的，因为尽管他们以抽象的方式理解了这种关系，但实际上还不能利用这种关系来解释新现象。

见表7.11，了解本案例中的新场景以及其他的一些例子。

表7.11　新场景示例

学科	锚定概念	新场景
数学	度量单位、图表、数据	学生比较两张不同人类食物来源所排放的温室气体的图表，并使用他们对度量单位的理解来有效地比较两张图表
科学	分离、提纯、物理和化学变化、物理和化学性质	学生调查获取清洁饮用水受到限制或无法获取清洁饮用水的情况，并对净水的方法提出建议，使其可以安全饮用
心理学	确认偏差、基本归因错误、信念固着	学生阅读社交媒体上的一篇文章和一系列关于当前互联网上流行的阴谋论的回应评论。他们必须运用对确认偏差、基本归因错误、信念固着的理解，来确定人们相信阴谋论的心理基础
英语语言艺术	演讲者、背景、听众、演讲目的、信息	学生就同一话题比较两种不同的新闻片段，它们的来源意识形态相冲突。他们必须利用对演讲者、听众、目的和背景之间关系的理解来决定片段如何以及为什么展示不同的视角

在头脑中有了新情境，计划过程的下一步就是确定学生如何将发现传达给真实的受众，以影响周围的世界。在度量单位、图表和数据的数学单元的案例中，教师应思考，如何利用学生关于食物来源对环境影响的结论来改变人们的信念和行动。学生是否应该把这些信息展现给家人，以指导家庭的食品消费？他们是否应该联系国家有关食品部门的专家，或者向肉类和乳制品行业的人发表演讲？在与环境和食品领域的众多利益相关者和决策者进行头脑风暴后，教师最终决定将其学区的食品服务主管作为目标受众，因为其符合以下标准。

有影响力或权力：食品服务主管有能力根据学生的建议采取行动。

影响的可见性：通过学校午餐菜单的实际变化，学生可以看到自己成功了；很容易与主管进行后续调查，以确定学生对午餐计划的影响。

影响的范围大：与指向家长相比，指向这一受众，将会使学生产生更大的影响（整个学区）。

可行性：与国家有关食品部门的专家相比，食品服务主管更有可能抽出时间来听取学生的意见并参观教室。

在安排食品服务主管参观教室并听取学生的意见后，教师认为，小组报告是吸引听众的最佳形式。

 用心思考

根据以下标准，谁将是学生展示其研究结果的最佳真实受众：有影响力或权力、影响的可见性、影响的范围大、具有可行性。

_____

_____

_____

_____

规划迁移任务的最后一个要素是确定学生将如何解释和反思把概念性、程序性和元认知知识迁移到新的情境中的过程。除了回答单元中已经计划好的概念性问题外，教师还可以引导学生对以下的用心思考进行讨论或给出书面回应：

- 你对_____的理解是如何帮助你完成这项任务的?
- 当你将这些概念应用于这种情境时,你是如何思考的?
- 在将概念应用于这一场景时,你遇到过什么挑战或困难?
- 这种场景与我们所研究的其他情境有什么相似和相异之处?

花点时间把这些内容放到总结性评估计划中。总结性评估规划模板的新场景部分参见表7.12。

表7.12 总结性评估规划模板的新场景部分

有吸引力的新场景:	学生将如何影响世界:
什么样的新情境要求学生应用对锚定概念、子概念、现代素养(概念性知识)之间的联系的理解?	什么人工制品产品、发明或表演能够让学生迁移目标技能(程序性知识)?
学生如何利用学科视角来解锁这个场景?他们将在这个任务中扮演什么样的实践者(例如历史学家、记者、数据分析师)?	学生将与什么样的真实世界、真实的受众互动,从而在课堂之外产生影响?
	学生将如何观察他们产生的影响?

反馈部分:
学生将如何监控他们的思考和学习(元认知知识),以及反思在本单元和本任务中的学习经验?

一旦确定了一个新的情境,确定了学生将如何影响真实世界,并计划进行解释和反思,我们就可以创建一个叙事,以友好的方式构建迁移任务。例如,三年级的数学教师在向学生展示总结性迁移任务时,使用了表7.13中的信息。

请注意,新情境为学生带来了一个需要尽力解决的复杂的、真实的场景,且所扮演的学科角色、所面对的真实受众以及项目的各项情况,都增加了任务的复杂性。事实上,学生要向所在学区的食品服务主管提出自己的想法,这意味着他们必须考虑调查的食物来源的成本、营养平衡和对儿童的友好性,而不仅仅是食物对环境的影响。如果他们扮演的是撰写有关食品生产文章的新闻记者,或者是向政府提供食品税收政策建议的专家,这项任务将呈现出一种全新的形式。然而,这些任务的核心仍然是让学生把关于图表、度量单位和数据的知识迁移到一个新的、真实的场景中,从而有能力影响真实世界。

表7.13 学生数学作业示例：环保学校午餐

情境	你的任务
生产食物通常会导致温室气体排放到大气中。然而，许多人都没有意识到这一事实，也不知道哪些食物的生产对环境最有害。因为有关这一问题的数据往往难以比较，人们很难做出明智的选择。 作为一个理解图表、测量和数据的学生，你有独特的能力来确定哪些食物对环境的破坏性最小。利用你在这门课上学到的知识，像统计学家一样思考，运用所提供的与食物有关的温室气体排放图表	你将向学区的食品服务主管展示你的发现，她关心学校午餐的营养平衡和成本问题，请使用幻灯片展示，以便说服她采用环保的学校午餐菜单。 这将是一个团队项目。三人成队，你和你的队友分析提供的图表，并得出结论，哪些食物应该被纳入学校午餐菜单，哪些应该被避免。你应该根据图表中的数据以及你自己对于学生午餐喜欢吃什么食物的了解来提出建议。展示应该包括来自图表中的数据，以及学校一周使用低排放食物的建议午餐菜单。建议的菜单在成本方面必须切实可行，而且必须提供均衡的营养
成功标准和反思部分	
成功的展示将： ◇ 清楚地解释图表中的数据。 ◇ 根据图表准确地比较不同食品生产的温室气体排放，并考虑度量单位。 ◇ 创造性地描述如何在满足学生营养需求和预算限制的情况下，使用环保食品制作美味的、友好的学校午餐。 在准备的时候，一定要监控自己的思维，以确保你能准确地解释和展现图表。展示结束后，你要写一页反思，说明你在这个项目中是如何运用对图表、度量单位和数据的理解的	

还要注意的是，复杂的、真实世界的问题往往具有跨学科的性质。说服食品服务主管采纳环保学校午餐菜单的建议，这就要求学生参与健康主题的研讨，如营养；了解额外的数学概念，如预算和成本；以及来自英语语言艺术的论点和论据等概念。此外，如果让学生扮演食品税收政策顾问的角色，他们可能还需要利用社会研究的概念，比如代议制政府和利益相关者。

超越学校围墙的真实价值

正如你可能已经了解到的那样，一组给定的概念可以应用在广泛的"新情境"中。例如，在刚刚研究的数学案例中，学生可以很容易地将对图表、度量单位和数据的理解迁移到课本中的图表例子、来自试题库或教师虚构的数学方程式中。这还是迁移吗？答案很明显，是的。任何时候要求学生利用对概念之间关系的理解来解锁一个对他们而言的新情境时，就是在要求其进行迁移。大部分迁移是学科迁移，或者对学生来说是新的情境（以前没有在课堂上学习过），这些迁移要求学生将学习应用到更有针对性和可控性的情境中。它们通常反映的是更多与学校相关的任务，如限时作文、标准化测试等。这些为学生提供了一个安全的空间，让他们验证自己的想法，并就对新情境的理解和应用获得反馈。我们必须牢记，我们的最终目标是让学生参与到真实世界中，帮助他们将在学校学到的东西应用到周围的世界。

课本上的练习和环保学校午餐的表现性任务都是衡量迁移的，但是第二个例子更具真实性（authenticity），意味着它要求学生应对一个真实的而不是人为的情境。真实性评估呈现了课堂之外与生活关联的场景，并要求学生创作"实用、美或具有个人价值"的作品（Newmann et al., 2001）。在学校午餐任务中，学生不仅可能提升考试成绩，还可能实际改变他们所吃的午餐，并减少与这些食物有关的温室气体排放。

> 学习迁移：对学生来说是新的情境（以前没有在课堂上学习过），并要求学生将学习应用到更有针对性和可控性的情境中。它们通常反映的是更多与学校相关的任务，如限时作文、标准化测试等。

在设计迁移任务时，我们总是努力为学生呈现能够让他们影响周围世界的场景。这可以让学生看到学习的相关性，也许更重要的是，通过对社会做出积极贡献的经验，他们的能力得以提高。图7.3中的学习迁移坐标说明了如何逐步将学生引向越来越相异和更有影响力的迁移。如果数学教师用课本上的图表来衡量学生迁移概念性理解的能力，这种迁移属于坐标左边，或者说是"学科学习"的一边；学校午餐的例子可能会更靠右，或者说是"真实世界"的一边。

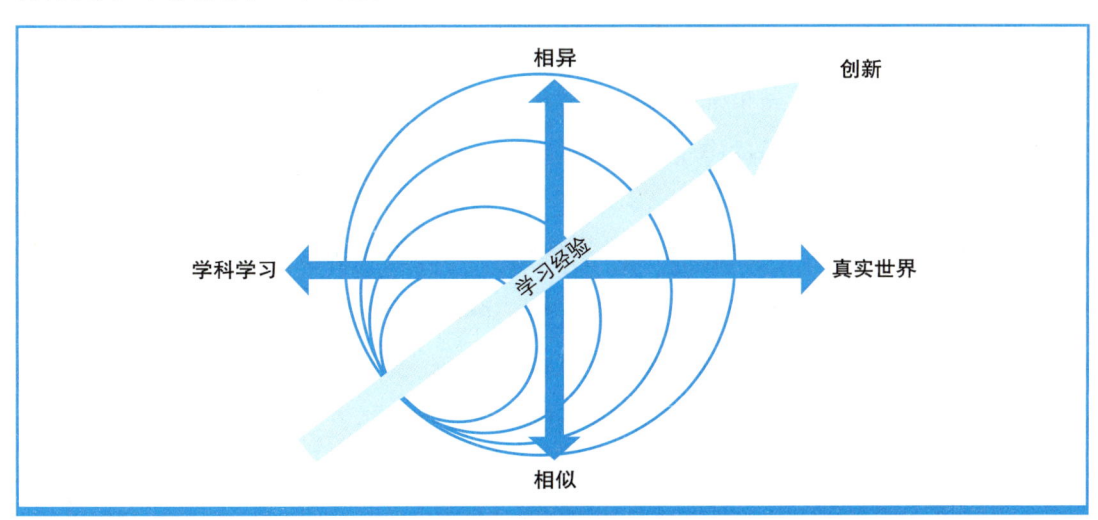

图7.3 学习迁移坐标

来源：Adapted from Stern et al., 2017.

当然，我们并不是在暗示学科迁移是"不好"的，只有真实世界的迁移才有意义。学生需要实践学科迁移，以便精通在学校学习的科目。迁移需要逐步建立，不断增加复杂性、差异性和对真实世界的影响。因此，当我们倡导聚焦于真实世界场景的总结性评估时，也建议教师给学生大量学科迁移的练习，作为一个单元的基础"辅助训练"的一部分。

真实世界迁移的另一个重要特征是有真实受众参与。这可以以其他班级、家长、社会成员或国外专家的参与形式出现，现代通信技术如视频通话、线上会议等提高了受众参与的可能性与便捷性。如果学生向真实受众展示学习成果，却没有产生任何影响，那么这项任务的位置就更靠近坐标中间偏右的部分。但是，如果他们的学习有实际的积极结果，如设计了一个清理或减少塑料垃圾的方案，那么这就更接近坐标的真实世界的那一边。这已经对他们周围的世界产生了影响。

最后是关于评估频率，迁移评估不应该被降级为单元测试之后的一个花哨的项目或一个独立的事件。学生需要经常有机会来迁移理解，以解锁新的情境。他们应该频繁地在相似和相异的迁移之间切换，因此，分析问题以及寻找联系来尝试或解决问题就成为他们的第二天性。这就引出了在聚焦迁移的课堂中形成性评估的作用。

规划迁移的形成性评估

一旦我们设计好一个总结性迁移任务，下一步就是绘制出形成性评估任务的进程，以帮助学生跟踪自己的准备情况，并确保为总结性评估做好准备。这就是单元规划中的单元故事板或学习序列图发挥作用之处。

表7.14展示了单元规划的最后一个阶段，并演示了如何从习得阶段一直到学生行动阶段来完整地规划一个单元。但是，我们并不是从左到右地填写表格，而是运用逆向设计来培养学生的能力，让他们在有意义和真实的任务中实现迁移。

我们可以从完成右边真实世界学生行动这一栏开始，然后依次从左到右，以确保学生为任务做好准备。请参考表7.14中的规划步骤完成你的逆向设计过程。

表7.14 聚焦迁移任务的逆向设计

顺序和结构：设计学生的学习经验				
规划步骤2	规划步骤3	规划步骤4	规划步骤5	规划步骤1
习得	联结	相似迁移	相异迁移	学生行动
学生习得对锚定概念的理解	情境1：初步探究和验证假设	情境2：迁移和完善	情境3：迁移和完善	情境4：新的、真实世界的应用

步骤1：从最后"学生行动"这一栏开始，总结真实世界的迁移任务。

步骤2：在"习得"栏中填写单元的锚定概念。确认概念与任务的一致性。这些概念和它们之间的关系是否有助于学生解锁新情境？是否能够通过迁移任务来衡量学生对这些概念的理解？如果这些概念和迁移任务不一致，请调整并使它们保持一致。在做这些工作时，请记住你的标准和其他既定目标。

步骤3：描述一个初始的情境，在这个情境中，学生可以联结概念之间的关系。我们倾向于从较简单的情境开始，然后逐步发展到那些看起来与学生最初探索概念的方式越来越不一样的复杂情境。请注意，学生不需要在一开始就掌握这个单元的所有概念。从少数几个锚定概念开始，然后随着单元的进展逐步加入复杂和丰富的概念，这样通常更有效。

步骤4：现在，学生应该为相似迁移做好准备了。想出一个与初始情境相似的，但仍能让学生运用理解的新情境或场景。有时，我们会在这一栏中增加一些相似的情境，以便学生继续练习迁移。我们可以使用视频、图表、政治漫画、统计数据，甚至是照片，让学生将所学应用到新场景中，这不需要花大量的时间。随着情况变得越来越复杂，我们经常会补充学生可能需要的更多概念。在这种情况下，需要确保学生在迁移对初始或锚定概念的学习时，习得了对这些新概念的理解。

步骤5：学生应该为相异迁移任务做好准备。什么样的情境或哪几种情境可以作为重要的桥梁，让学生达到我们在"学生行动"一栏中所概述的新的、真实的场景？我们可能会发现，这些新情境或场景中又出现新的概念，我们需要确保学生习得对这些新概念的理解，他们不断完善自己最初的理解，并将它们全部联结在一起，在头脑中形成更大的结构或组织。

例如，我们前面提到的数学教师决定让学生根据对数据、图表和度量单位等概念的理解，展示他们对更环保的学校午餐菜单的研究发现以及建议。这要求学生具备相当多的现代素养，如沟通、支持一种立场、环境影响、营养平衡和预算等。

为了让学生为最终复杂的真实世界情境做好准备，教师可以先教授学生"数据""图表"和"度量单位"等术语，并提供一些数学课本上的练习来强化这些概念。请注意表7.15中的概念和情境序列。然后，教师可能会加入交流这一概念，并要求学生利用关于图表和度量单位的知识，有效地与班上其他同学交流数据（表7.15中的情境1）。在本单元学习的后期，教师可能会引入环境影响的概念，并要求学生开始比较不同度量单位的图表中的数据（表7.15中的情境3）。营养平衡和预算的概念是针对总结性迁移任务而言的，所以要等到学生开始该项目的时候再介绍这些要素。

表7.15　聚焦迁移任务的逆向设计示例

顺序和结构：设计学生的学习过程				
习得	联结	相似迁移	相异迁移	学生行动
学生习得对锚定概念的理解。每个概念的习得都配合课本上的练习： 图表 度量单位 数据	情境1： 初步探究和验证假设 图表的度量单位如何影响数据的解读？ 新概念：交流 学生以小组为单位，收集有关同学的爱好、最喜欢的食物等数据；将结果绘制成图表；学生向全班解释他们选择了什么度量单位，以及为什么这一度量单位是最适合用来交流他们的发现的	情境2： 迁移和完善 图表的度量单位如何影响数据的解读？ 学生研究两个图表，每个图表描述相同的数据，但使用不同的度量单位；他们讨论为什么有人会在尝试阐明数据时选择相应的度量单位（如果想表明_____，我们会选择图表A，因为……但如果想表示_____，我们会选择图表B，因为……）	情境3： 迁移和完善 图表的度量单位如何影响数据的解读？ 新概念：环境影响 学生比较了几个图表，这些图表展示了个人行为对环境的影响，如使用电动烘干机来烘干衣服（悬挂晾干），驾驶汽车（公共交通、步行或骑自行车），等等。在他们能够有效地进行比较之前，学生必须注意图表度量单位的差异	情境4： 新的、真实世界的应用 新概念：营养平衡、预算 学生研究不同食物来源对环境影响的图表（记住要注意度量单位），以确定哪些食物是最环保的，并基于这些数据，以及他们对营养和预算限制的理解，敲定一个新的学校午餐菜单，以减轻对环境的危害

请注意，一开始，教师把学生的注意力引导到度量单位、图表和数据的概念上。他要求学生在情境1中具体讨论为图表选择的度量单位，并让学生在情境2中明确讨论不同度量单位的影响。然而，在情境3中，他有意识地向学生展示具有不同度量单位的图表，却没有向学生提及这一点。这是因为他是在利用这个情境来评估学生独立和自发迁移的能力。对学生来说，教师主导的迁移（teacher-directed transfer）意味着他们可以在受

到提示时迁移概念性关系的知识。但是，自发迁移（self-initiated transfer）是另一回事，这意味着他们可以自己识别什么时候自主地迁移对概念性关系的理解。由于他希望学生在总结性评估中进行自主迁移，所以他运用情境3作为形成性基准，以确定学生是否为此做好了准备。

现在，我们已经准备好完善第六章中开始的单元规划中的单元故事板部分。在可迁移的学习（Learning that transfers）的专属网页上下载单元规划表，并根据你的情况完成一个单元的故事板部分。

最后，当勾勒出一个学生可以在其中练习迁移、完善对概念的理解的学习进程后，我们就会再次检查一致性。花点时间反思一下，学习进程中的所有部分对总结性评估取得成功发挥了多大的作用。

检查一致性

回答以下问题：
◇需要理解哪些概念才能完成迁移任务？我会在什么时候介绍这些概念？
◇如果逆向阅读我的计划，我是否从复杂的、真实世界的迁移走向更简单的迁移？
◇我如何知道学生已经准备好接受迁移任务？每个步骤中要寻找哪些学习证据？
◇所有的部分都合理吗？
◇整个计划是否与标准及其他目标相匹配？

_____
_____
_____

有了对总结性评估的清晰愿景，以及在单元的每个学习情境中建立的有目的的、一致的脚手架，我们就可以回到表7.4所示的课堂反馈系统。请思考这个系统的下列组成部分：

预评估：学生将如何展示与这些概念学习相关的先前知识？我将如何根据看到的情况调整教学？

持续的形成性自我评估：学生什么时候会评估自己的概念理解？他们将使用什么样的评价量规或标准？我将如何为学生的自我评估提供指导和反馈？我将如何利用学生的自我评估来调整教学？

持续的形成性同伴评估：学生何时会评估彼此的概念理解？他们将使用什么样的评价量规或标准？我将如何对学生的同伴评估提供指导和反馈？我将如何利用学生的同伴评估来调整教学？

总结性评估：学生将如何在整个迁移任务中使用自我评估的策略？在完成任务的过程中我会给出（或不给出）什么类型的反馈？我将如何通过这项任务来监测教学效果？

反思：学生将如何反思自己的学习过程，以改进未来的学习？我将如何反思我的教学，以提高未来的教学？

现在，我们已经准备好使用本章中详述的反馈和评估模式为单元故事板完成一个全面的反馈计划。结合表7.16中的示例，以及你对ACT模型的每一部分的规划，通过运用完整的单元规划模板，根据教学情况完成一个单元的反馈计划。

融会贯通

想象一下本单元数学课上的情景。学生开始尽其所能地对已经知道的有关图表、度量单位和数据等概念的知识进行写写画画。当这样做时，学生意识到，他们对这些术语已经有了相当多的了解。教师澄清了数学术语中"度量单位"（scale）的含义，它与音乐中的音阶或学生家里可能有的浴室体重秤有很大的不同①。学生练习阅读不同度量单位的图表，并根据课本中的数据表创建自己的图表，然后在小组中讨论概念性问题：图表的度量单位如何影响数据的解读？在接下来的课程中，学生将看到自己的理解力不断增长。他们自己创建图表，并决定用何种度量单位。他们还评估教师提供的图表。

---

① 译者注：英文中scale一词有多种含义，根据上下文可理解为"度量单位""音阶"或"体重秤"。

表7.16 形成性反馈规划示例

顺序和结构：设计学生的学习过程				
习得	联结	相似迁移	相异迁移	学生行动
学生习得对锚定概念的理解。 每个概念的习得都配合课本上的练习： 图表 度量单位 数据	情境1： 初步探究和验证假设 图表的度量单位如何影响数据的解读？ 新概念：交流 学生以小组为单位，收集有关同学的爱好、最喜欢的食物等数据；将结果绘制成图表；学生向全班解释他们选择了什么度量单位，以及为什么这一度量单位是最适合用来交流他们的发现的	情境2： 迁移和完善 图表的度量单位如何影响数据的解读？ 学生研究两个图表，每个图表描述相同的数据，但使用不同的度量单位；他们讨论为什么有人会在尝试阐明数据时选择相应的度量单位（如果想表明＿＿＿＿，我们会选择图A，因为……但如果想表示＿＿＿＿，我们会选择图B，因为……）	情境3： 迁移和完善 图表的度量单位如何影响数据的解读？ 新概念：环境影响 学生比较了几个图表，这些图表展示了个人行为对环境的影响，如使用电动烘干机来烘干衣服（悬挂晾干），驾驶汽车（公共交通、步行或骑自行车），等等。在他们能够有效地进行比较之前，学生必须注意图表度量单位的差异	情境4： 新的、真实世界的应用 新概念：营养平衡、预算 学生研究不同食物来源对环境影响的图表（记住要注意度量单位），以确定哪些食物是最环保的，并基于这些数据，以及他们对营养和预算限制的理解，敲定一个新的学校午餐菜单，以降低对环境的危害
反馈计划：	反馈计划：	反馈计划：	反馈计划：	反馈计划：

与此同时，他们一直在数学日记中记录对概念性问题理解的演进。他们每隔几天就会与一位伙伴交换日记，并根据共同制订的准则相互帮助来确定下一步的行动。教师与学生进行单独或分组讨论，给予口头和书面反馈，帮助他们更准确地进行自我评估。学生在进行总结性评估时，对自己的"图表""度量单位"和"数据"以及"环境影响"和"交流"的理解充满信心。他们兴奋地在教室里踱步，等待着食品服务主管的到来，同时也准备好了用演讲打动她，让她对学校午餐计划的改善负责。

教师是这个学习过程的设计者,但这种设计给学生留下了空间,让他们成为自己学习的指导者。通过创建一个聚焦于迁移的教和学的反馈系统,包括精心地协调形成性评估和总结性评估,教师非常有力地融入了他的价值观和目标:学习的迁移,学生的赋能以及运用数学来创造一个更美好的世界。

 用心思考

让我们回到支撑本章内容的锚定概念:
- 系统
- 反馈
- 创新
- 真实性
- 一致性
- 总结性评估
- 形成性评估
- 迁移
- 赋能学生

这些概念对你有什么意义,以及它们是如何联系的?看一看或回想一下你在本章前面的回答,你的想法是如何改变的?

也请思考下列问题:
- 如何才能建立为学生赋能的反馈系统?
- 为什么创新性是评估迁移的一个重要组成部分?
- 真实性在评估中起什么作用?它如何影响学生赋能?
- 总结性评估和形成性评估之间如何协调一致?

_____
_____
_____
_____

LEARNING THAT TRANSFERS

— 第八章 —

教学设计
为可迁移的学习建立共同体

“如果我们要提供必要的条件，让学习可以以最深入、最密切的方式发生，那么以尊重和关心学生灵魂的方式进行教学是至关重要的。”

——贝尔·胡克斯

（Bell Hooks）

为什么这一章很重要? 连贯的学习经验的序列可以让学生在学习的习得、联结和迁移阶段自由切换。

这章结束时,我能做些什么? 我将能够设计一个教学日历,并使用具体的教学策略,让学生习得、联结和迁移他们的概念理解到新的情境中。

第七章详细介绍了如何创建一个有意义的学习反馈的评估系统——这样我们就可以改善学生的学习经验及其历程。有凝聚力的规划有助于迁移。我们可以循序渐进地、有意识地让学生准备好将学习迁移到越来越复杂的情境中。最后,我们准备好为以迁移为中心的课堂设计强有力的教学。

用心思考

在开始之前,请依据以下问题反思一下我们目前的想法:
- 你是如何有意识地计划学习迁移的?
- 在以迁移为中心的课堂上,学生的角色是什么?教师的角色是什么?
- 课堂共同体是如何影响学生思维的?
- 学生的自主性、元认知和ACT模型是如何相互作用的?

_____

_____

_____

本章结构

本章的结构和策略是围绕ACT模型的习得、联结和迁移来组织的。我们以建立思考型课堂这一想法为起点，因为这是独立的、可迁移的学习的基础。然后，通过几个具体的教学策略，这些策略能通过习得、联结和将概念性组织迁移到新情境来促进学习。本章的最后以在教学日历上绘制学习过程，以及设计日常或个人教学计划作为结束。本章的内容遵循以下顺序开展：

◇ 强调智力增长的重要性

- 分享"是什么""为什么"和"如何做"
- 起初，我以为……但后来……所以现在我想……
- 教师示范

◇ 习得对单个概念的理解

- 回顾或预评估熟悉的概念
- 习得策略1：四种描述
- 习得策略2：关系图表
- 习得策略3：注意和好奇
- 习得策略4：概念习得
- 习得策略5：切块拼接法
- 习得策略6：学生例证解释模型
- 习得策略7：弗雷尔模型
- 习得策略8：关于概念X，什么是真的

◇ 联结概念性关系

- 联结策略1：联结的类型
- 联结策略2：问题生成技术
- 联结策略3：对话站
- 联结策略4：苏格拉底研讨会
- 联结策略5：六边形思维
- 联结策略6：CLICK思维工具
- 联结策略7：概念地图

◇ 将概念性关系迁移到新情境

- 迁移策略1：这里包含什么概念
- 迁移策略2：解锁和完善

- 迁移策略3：分而治之
- 迁移策略4：课堂审议
- 迁移策略5：正向支持法
- 迁移策略6：设计思维
- 迁移策略7：从无知到惊叹

◇ 设计教学日历

◇ 设计教案

强调智力增长的重要性

学习不仅仅是事实和数据的积累。要真正学习一些东西，需要将其与先前的知识联系起来，并厘清它与我们已经知道的知识之间的关系。它需要创造意义，巩固并纳入新的或复杂的事物。大多数教育工作者都知道这一点。问题是，如今的学校教育向学生传达了这样一种信息：学习是一堆互不相干的信息的积累，为了考试而死记硬背，很快就会抛之脑后。这并不是说信息检索和自动化不重要，而是说把毕业后再也不需要的东西储存在长期记忆中有什么用呢？

我们有时需要重新引导学生对学习这一概念产生不同的理解。课堂中有许多常规——比如发试卷、交作业、缺课后补充学习等——实体课堂和数字课堂皆是如此。大多数教师都明白，这些常规对于节省时间和提高教学效率很重要。

有关思考和学习的常规也是如此。学生需要被明确地教导如何监控自己的学习，在教学时间内进行练习，进行思考和学习的过程中得到反馈，然后再进行更多的练习。教师不需要一份详尽的策略清单来促进学生的反思和元认知思维发展。下面几个策略是一个组合。当我们教学生如何有效使用时，监测他们的进步就会像我们的其他课堂组织系统一样自然和流畅。

分享"是什么""为什么"和"如何做"

在第六章中，我们讨论了学习意图、成功标准和概念性问题在单元规划中的作用。在这里，我们将采取一种略微不同的方法，利用这些方法来提高学生的学习所有权和元认知。

学习什么、为什么学习以及如何学习不应该一直隐藏到单元考试或总结性评估之前。它们应该在单元学习的早期就明确地提出或通过学生自主发现而被分享，这样学生能清楚地形成预期，并可能对内容产生兴趣。表8.1给出了一个学生可以思考关于学习什么、为什么学习和如何学习的快速概览。请注意"你在学习什么"这一部分，我们再次强调，可以通过分享学习意图或概念性问题来阐明学习内容。

表8.1 向学生解释学习什么、为什么学习和如何学习

问题	意义
你在学习什么	这个单元或学习经验的目的或概念性问题是什么？这个学习经验背后更大的图景或最终目标是什么
你为什么要学习它	为什么这与学习有关？这个学习经验如何与过去和未来的学习经验相联系？在真实世界中，学习这些对我有什么帮助
你怎么知道已经学会了	我该如何根据学习目标监控自己的学习进度？如何判断是否达到了学习目标或解决了概念性问题

来源：Adapted from Almarode, J., & Vandas, K.（2018）Clarity for Learning. Corwin.

学生可以用诸如日记、图表或磁力贴等方式监测对所学知识的理解以及自己的表现。重要的是，学生清楚地知道他们在学什么，将如何确定自己的掌握程度，以及有一个流程来监测自己。表8.2中的填空有助于我们制订成功的标准，这些标准仍然聚焦于为迁移而教学。因为学生明白什么是习得、联结和迁移，他们很容易使用这些句子作为指南，明确在一个特定学习过程中成功意味着什么。

表8.2 提高对学习过程的清晰度的填空

我们正在习得对_____和_____理解。
我们正在_____情境下将_____和_____联结起来。
我们正在将_____和_____迁移到_____情境中。
我们正在练习_____和_____的技能，以便能_____。
我们正在熟记或背诵_____，以便能_____。

学生需要工具来反思和调整他们的学习进展。接下来的两个策略就是为了达到这个目的，如果运用得好，学生可以掌握主动权，并成为自己学习的主导者。

起初，我以为……但后来……所以现在我想……

学生总会把先入为主的观念和错误的认识带到学习过程中。除非我们正视这些错误观念，否则学生只会暂时学到我们想让他们学到的东西，然后在单元结束时就

> 提示：在小学低年级，可以通过班级讨论或做海报一起完成。

会忘记所学的，并回到最初的想法（Bransford et al.，2005）。在整个单元中始终使用的一个简单策略是"起初我以为……现在我认为"（改编自 Ritchhart, Church, & Morrison, 2011）。表8.3描述了如何与学生一起使用这个策略。

表8.3 起初我以为……但后来……所以现在我想……

起初我以为……	但后来……	所以现在我想……
在节、单元开始的时候，学生确认已有的知识和理解。这可能是对单个概念或技能的认识，对概念间关系的理解，或者是学生了解的与所学概念相关的事实及例子	学生写下他们所探索的那些转变或加深他们思考的策略或情境	在经历了每一堂课的概念习得或迁移情境之后，学生能清晰地阐述新的理解

这个策略应该在学生学习的习得、联结和迁移的各个阶段中使用。表格的右侧能让学生看到他们不仅是纯粹在知识上增多了，还在概念性理解上也加深了。想象一下，如果学生养成了在所有课程中监控自己学习的习惯，学生会感到多么的自信，以及由此产生的思维的质量。这些策略应该渗透到日常生活中学生处理复杂任务的任何时刻。

不管学生处于ACT模型的哪个阶段，我们都不能因为上了一堂精彩的课而想当然地认为它正在发生。本章中的每一个策略都需要多次演示，并为学生的学习提供支架。帮助学生理解这些策略的目的和作用的好方法之一是教师示范。

教师示范

通过示范，教师帮助学生明晰他们在做什么，以及为什么这样做。此外，示范可以帮助学生准备好处理简单和复杂的任务和行为，包括处理不清楚的概念，进行概括和解决问题（Harbour et al.，2015）。

从教学的角度来看，"示范"被定义为一个双重的过程，包括演示所需的技能或行为，同时描述整个过程中的行动和决定，目的是让学生模仿该技能或行为，并说明何时适合使用所需的行动（Harbour et al.，2015）。当我们第一次开始这种为迁移而教的转化以及建构概念性理解时，明确地为学生示范教师的思维模式是必要的。当示范一个策略时，要允许学生进入我们的思维，并展示什么是高质量的思考。

在建立一个积极的学习者共同体和制订思考常规之后，我们就准备好通过ACT模型来探索策略了。接下来的几个部分提供了在学习旅程的习得、联结和迁移等阶段使用的策略、工具、常规和框架。这部分的讨论并不详尽，我们鼓励你思考如何调整最喜欢的教学策略，以明确地帮助学生建立意义、巩固和深化对概念及其联系的理解。

习得对单个概念的理解

本书以为迁移而学的ACT模型为中心。在课堂上，我们应该提醒学生注意每个阶段，这样他们就可以开始组织学习，并将这种理解迁移到新情境中。本节提供了具体的策略，如表8.4所示，可以用来帮助学生习得对单个概念的理解。在这个阶段，关键是教师要帮助学生提取和利用他们的先前知识，并通过建构意义和巩固对这些概念的理解，来发展对单个概念的有效理解。

表8.4　习得阶段的策略

教学策略示例	在课堂中是什么样子
四种描述（Four Corners）	学生考虑用四种描述来描述一个概念。经过思考后，他们会找到最符合自己想法的那个描述
关系图表（Affinity Mapping）	学生在便利贴上写下他们对一个概念或技能所知道的所有东西。在小组中，根据共性对便利贴进行分类
注意与好奇（Notice and Wonder）	学生查看一张图片或一句话，并写下他们注意到的内容。随后在小组中提出疑问并进行讨论
概念习得（Concept Attainment）	学生根据图片中呈现的关键属性，将图片中的正例和反例分类，然后解释这样分类的原因
切块拼接法（Jigsaw Method）	学生被分成专家小组和行政小组。"专家们"学习一个新概念的具体内容，并在行政小组中分享发现
学生例证解释模型（SEE-IT）	学生通过用自己的语言解释概念，提供正例和反例，以及非语言表征来巩固对概念的理解
弗雷尔模型（Frayer Model）	学生通过确定新概念的特征，提供概念的正例和反例来巩固自己对新概念的理解
关于概念X，什么是真的（What's all true about X）	学生回顾概念，讨论或写下对特定概念而言哪些关键属性总是出现或总是正确的

回顾或预评估熟悉的概念

本节的前几个策略有助于回顾以前学过的概念，并有助于完善理解。除了帮助学生识别他们最初记住的概念或学科视角外，这些策略还允许教师识别错误的概念，或确定学生是否已经牢固掌握了这些概念。

习得策略1：四种描述

1. 识别概念。

2. 写下或找到四种对这个概念的不同描述。这些定义可能都是部分正确的，并且应该涵盖从简单到复杂的思想。关键不是让学生得到正确的答案，而是揭示他们目前对这个概念的思考的复杂性。

3. 向学生提供概念和每个描述性选项，让学生有独立思考的时间来反思他们当前的理解。建议让他们写下自己的选择，这样当我们要求深入考量是否改变想法时，他们不会从众，跟着同伴做决定。

4. 让学生选择最符合他们对概念理解的那个选项。

5. 让每个小组讨论他们为什么选择这个选项。每组的一位代表将与全班同学分享这些理由。

6. 选择：通过让学生提供证据，说明为什么他们的选项是最好的选择，从而将这变成一场讨论。如果学生觉得其他小组说服了他们，允许其改变立场。

这种策略对于识别学生对概念理解的差异非常有用。图8.1展示了一个关于分数概

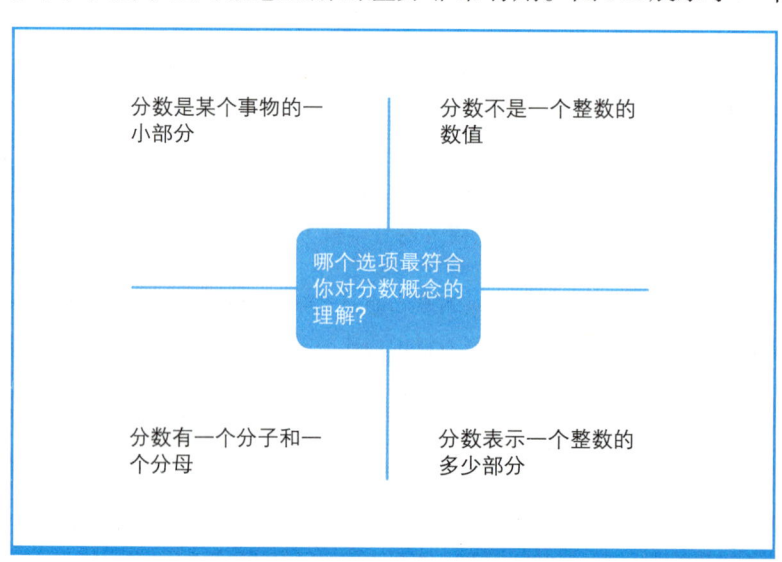

图8.1 四种描述——分数的示例

念教学运用四种描述策略的例子。请注意，这些不同的定义可能都被认为是"正确的"，但它们揭示了学生对分数概念理解的复杂程度的不同。

习得策略2：关系图表

该策略来自《游戏风暴：硅谷创新思维引导手册》（*Gamestorming*：*A Rule Book for Innovators*，Rule Breakers et al.，2010）。关系图表是一种集体头脑风暴活动，旨在帮助团队发现思维模式，并让团队知道他们的大部分思维集中在哪里。

这是一种通常被学生称为"脑筋急转弯"的方式。学生写下他们所知道的关于一个概念的所有内容。在这个时候，他们还没有收到明确的指导。这是为了深入了解学生已经知道的东西，并从他们先前的经验中吸取教训。《强力教学》（*Powerful Teaching*，2019）的作者普贾·K. 阿加瓦尔（Pooja K. Agarwal）指出，写下我们关于一个主题所知道的或记得的所有内容（从大脑中倾倒出来）的行为是一种强大的学习策略，可以让学生评估当前的思考，还能促使学生学习的改善（Retrieval Practice，2019）。把它想象成拼图游戏，将我们所有的碎片都倒出来，开始理解尚未拼凑起来的更大图景的意义。

关系图表通过让学生讨论想法并将其分类，超越了自由回忆或脑筋急转弯。这可以让学生看到同伴的想法，讨论相同点和不同点，并确定想要向教师提的问题。对于教师来说，这种策略提供了深入了解学生先前知识和他们可能存在的错误观念的机会。

课堂中的关系图表

1. 将概念张贴在公告板上。

2. 要求每个学生用2~5分钟写下关于这个概念他们所知道的一切。把个人想法写在便签贴或索引卡上。这是个人独立地、安静地完成的。

3. 让学生把便利贴贴在相应概念的图表纸上，或者让学生清空桌子摆放的索引卡。

4. 根据共性将便签贴或索引卡分门别类。不要扔掉重复的便签贴。

5. 创建一个张贴板，学生可以张贴常见问题或不属于他们分类的想法。学生应该把他们认为是错误的便签贴在那里，这样他们的教师就可以讨论这些观点并澄清错误的想法。

6. 要求小组为他们的分类命名。通过提问和询问学生为什么以这种方式对观点进行分类，来推动他们的思考。

习得策略3：注意和好奇

另一个激发学生思考和激活先验知识的策略是注意和好奇。注意和好奇是一种适用于所有内容领域的策略，可以在学习的开始、中间或结束时使用。它类似于流行的思维程序"观察、思考、好奇"（Ritchhart et al., 2011），它要求学生放慢速度、深入思考，并更有意识地探索情境、背景或文本。这是一种简单的策略，可以促进换位思考、利用先前知识参与讨论，并通过观察和想象激发创造力。下面的步骤重点介绍如何运用这个策略。

1. 张贴图表、图像或播放视频，供学生观察。
2. 要求学生记下在观察中注意到的东西，以及有什么疑问或问题。
3. 让学生转身与邻座交谈，讨论他们所注意到的和想知道的。
4. 与全班分享想法，并将学生注意到的和好奇的所有东西创建班级清单。

注意和好奇可以用来激活学生的思维，或建立标准或共识。图8.2是一个通过网站所谓的"数据对话"（data talk）来实现注意和好奇的例子。我们展示了能够激发学生的天然好奇心的一个引人入胜的图表。

然后向学生提问，他们在这幅图中注意到了什么以及对什么感到好奇？在图8.2中，学生可能会注意到花的颜色和大小的细微差别。这促进了学生讨论罂粟花的大小或颜色所代表的意义，并将学生引入一个关于战争代价的介于数学和历史之间的跨学科单元。

当学生分享疑惑时，我们不要急于纠正，要充分引发学生的思考。学生最终会通过例子、新的学习经验和接收反馈来判断自己正确与否。

为新概念赋予意义

我们通过要求学生识别一个概念的关键属性来帮助他们了解世界是如何运转的——通常是通过探索例证性的例子来实现的。这些属性能区分一个概念与另一个概念的特征（Sousa, 2017）。

习得策略4：概念习得

概念习得是我们建立对个别概念理解的首要策略。有时通过卡片或图片分类，要求学生观察一个概念的正例和反例，以确定概念的关键属性，然后又用这些属性来区分正例和反例，并讨论构成一个概念的正例的标准。概念习得可以通过多种方式发生。图8.3展示了一个模板，有三个示例，要求学生注意这三个示例的共同之处，围绕这些共性进行的讨论将揭示这些概念的关键属性。

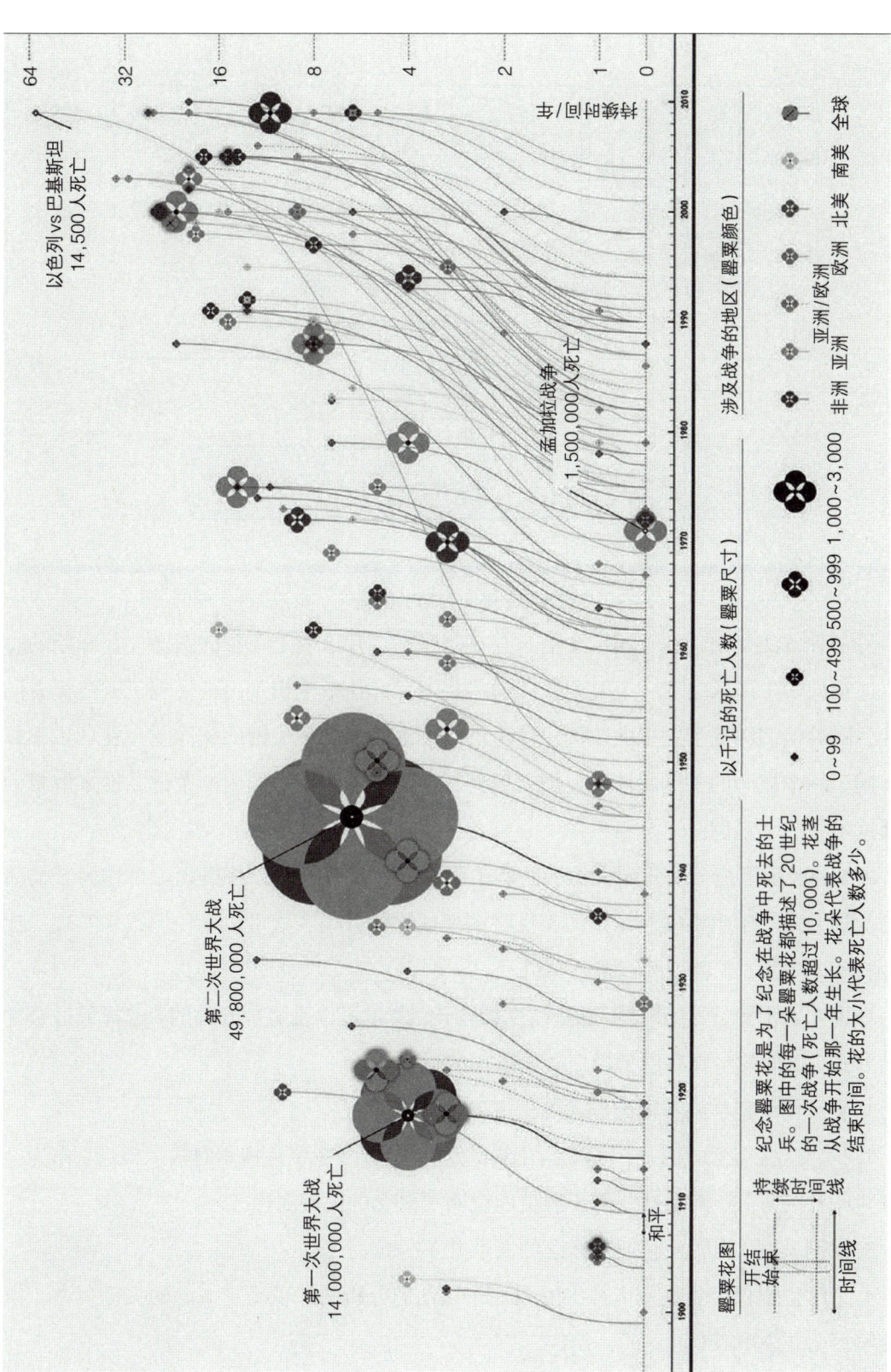

图8.2 注意和好奇的数据对话

来源：D'Efilippo, 2013, The Infographic History of the World, Poppy Field.

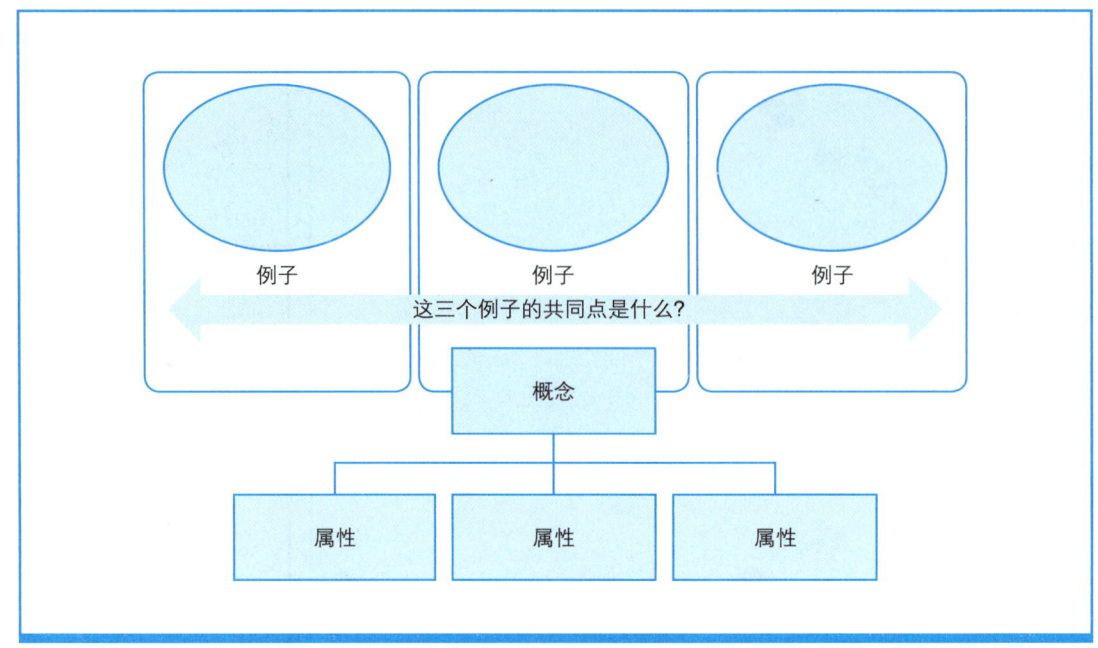

图8.3 概念习得的模板

另一种方法是创建一个演示文稿，并在每张幻灯片上放上单独的图像。在开始的时候，连续向学生展示关于一个概念正例的一些图片。让学生识别出都呈现了哪些概念的属性，随着他们浏览了更多的正例，学生可以逐渐聚焦到最关键的属性上。在学生很好地掌握了一个概念的关键属性后，加入反例，并让学生根据推导出的关键属性来解释为什么这不是一个正例。

图8.4展示了一个幼儿园科学课的例子，它展示了我们可以将概念习得作为分类活动的两种方式。学生根据注意到的属性将图像或物体分类。这可以多种形式来实现，比如生物和非生物，或者正例组和反例组。

如图8.4所示，概念获得可以是高度结构化的，也可以是更加开放的。选择最适合学生的方式。下面的步骤有助于规划概念获得的过程。

1.确定你希望学生习得的概念的关键属性。

2.找出这些概念的例子，可以是图像或实物。提示：在图片搜索时输入概念，作为一种寻找图片的方式。确保这些例子清楚地说明了概念的关键属性。

3.找到反例。很明显它们与概念的属性并不一致。

4.为学生提供公告板或卡片上的图片，让他们分析图片以确定概念的关键属性，以便能够区分正例和反例。

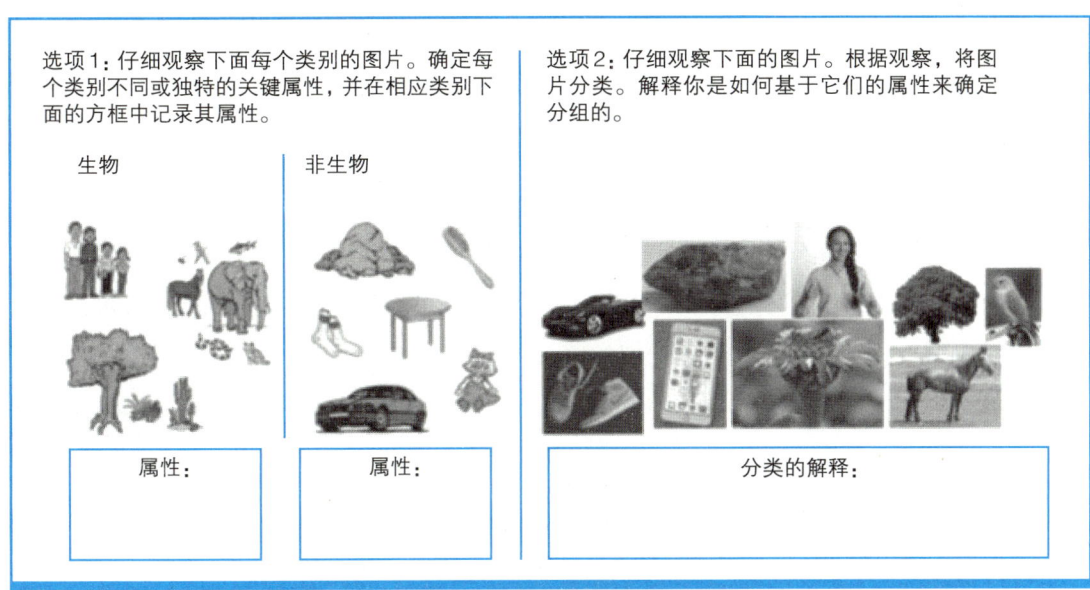

图8.4 通过分类的概念

5.找到一些能使学生的思维复杂化的图片。这些可以是概念的例子，但不一定在决定性的关键属性范畴内，或者它可能是一个反例，可能被错误地认定为概念的正例。重点是让学生使用对概念的定义及其关键属性来证明自己的立场，即这个图片是正例还是反例。

无论是哪种方法，概念习得都是一种归纳的方法，让学生在接受教师的明确指导之前，先想出概念的"定义"。通过自己弄清楚概念的意义，相比于简单地把定义抄下来，学生能更好地在脑海中留存理解。当学生通过反例注意到概念共同属性的差异时，真正的奇迹就发生了（Sousa，2017）。当学生识别出使一个概念区别于其他概念的独特特征，即关键属性时，就能更好地从记忆中检索和回忆信息。

巩固对概念的理解

在学生通过识别概念的关键属性来弄清楚概念的意义的初步策略之后，他们应该通过详细阐述学到的东西并加入非言语表征来巩固对概念的思考。这一步对于加强学生对概念的理解是必不可少的。巩固有助于确保信息不是在学生的大脑中随意漂浮，而是很好地组织起来以便于更好地检索。

习得策略5：切块拼接法

由于对学科素养的关注增加，以及在约翰·哈蒂（John Hattie）的"可见的学习"中取得高效应量，切块拼接法在近年来得到了广泛的推广。如果能够有效实施，切块拼接法能极大提高课堂效率。这个策略非常强大,是少数在学习的习得、联结和迁移阶段都可以使用的策略之一。其他在聚焦迁移的课堂上使用切块拼接法的方式请参阅配套网站。

1.确定每堂课的锚定概念以及每个概念的关键属性。

2.找出能够说明每个概念关键属性的例证。

3.将学生分成行政小组,给每个学生分配一个锚定概念。

4.从行政小组转入专家小组,让学生通过确定关键属性来理解分配到的概念。学生返回到行政小组,轮流分享他们分配到的概念的关键属性。

5.每个学生将这些信息记录在弗雷尔模型或学生例证解释模型表格中,并保存在笔记本里。

6.接下来是全组讨论,回答整个过程中出现的所有问题。

切块拼接法不仅仅是把学生分成小组,然后回来分享他们所做的事情。它是一种合作策略,可以帮助学生通过意义建构和巩固来获得对单个概念的深刻理解。

习得策略6:学生例证解释模型

这是一个简单而有效的策略,可以让学生从意义的建构走向巩固理解。它要求学生对理解进行详细的阐述,对这个概念提出正例和反例,对这个概念进行说明或提供一个比喻,然后与全班同学讨论他们的理解。表8.5提供了学生例证解释模型步骤的概述。

表8.5 学生例证解释模型

	清楚地陈述(state)概念的定义
	用自己的话来解释(elaborate)这个定义。(换句话说……这并不是说……而是……)
	通过提供正例和反例来举例说明(exemplify)概念。(比如……然而,一个反例将是……因为……)
	用比喻(这就像……)或图画/图像来说明(illustrate)概念
	与同伴交谈(talk),分享你的想法

来源:Adapted from Stern et al., 2017; originally adapted from Paul & Elder, 2013.

图8.5展示了两个运用学生例证解释模型的例子。请注意"服务"这个概念的概念卡片上有一个孔。这是杰弗里·菲利普斯(Jeffrey Phillips)老师和他的同事们的一个天才想

法，他们让学生在每张概念卡上打孔，然后把它穿在一个金属环上，这样在整个单元中概念就可以很容易地找到了。

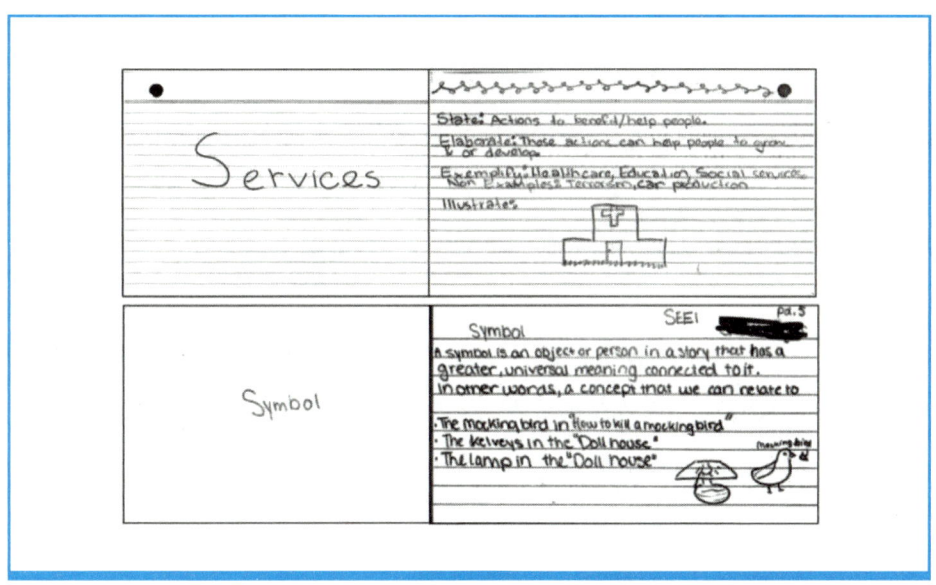

图8.5　学生例证解释的成果示例

来源：Hannah Eldon and Anna Christenson.

习得策略7：弗雷尔模型

弗雷尔模型与学生例证解释模型类似。弗雷尔模型最初是为词汇教学而设计的，它允许学生用自己的语言写出定义，描述关键属性，提供正例和反例，有时还会解释说明这个概念，从而使学生理解关键术语。图8.6展示了我们最常使用的弗雷尔模型。

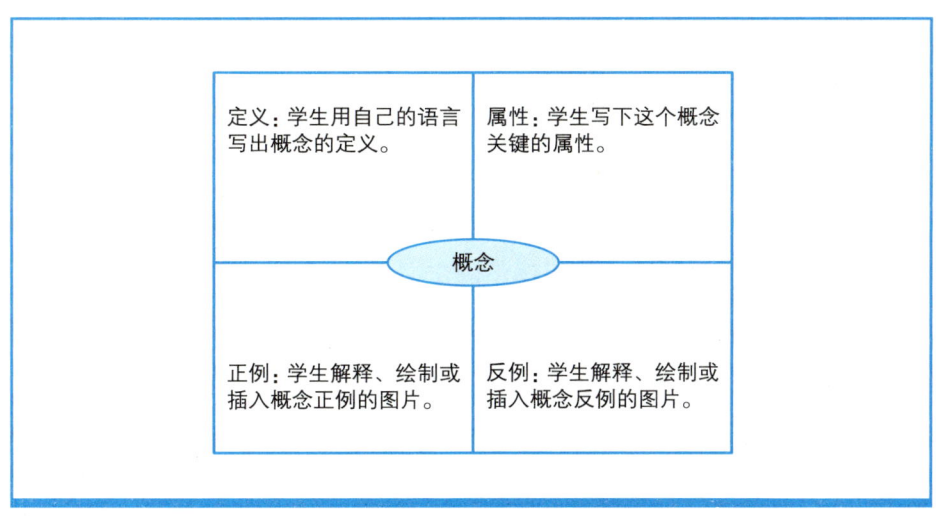

图8.6　概念获得的弗雷尔模型

习得策略8：关于概念X，什么是真的

本节的最后一个策略来自创新专家亚当·汉森（Adam Hansen）在"概念性演讲"（conceptually speaking）中的观点。"关于概念X，什么是真的？"是一个强有力的方式，通过头脑风暴他们所知道的关于一个概念的所有东西，让学生反思和巩固对概念的思考（Stern & Aleo，2020）。它促使学生多维度思考一个概念及其细微差别，而且比课本或字典中的最初定义挖掘得更深。因此，我们希望学生尽可能多地就这个概念进行头脑风暴——也许可以给他们一个范围，比如5~6个事实，或者关于这个概念的"所有事实"。

表8.6是一个中学数学课程中讨论比率的例子。这个策略学生可以独立完成，也可以先独立地进行头脑风暴，然后在班级上进行讨论。我们希望学生继续思考对一个概念还知道些什么，而不是停留在由课本或教师提供的初步定义上，并解决任何可能出现的概念误解或混淆。

表8.6　关于比率，什么是真的

概念	全部为真
比率	• 比率表示关系。 • 比例（ratio）是指两个具有相同单位的量的比较，如果比较两个具有不同单位的量，则称为比率（rate）。 • 比率可以用多种方式表示：a/b，a比b，a：b。 • 当与另一个比相等时，就形成了均衡。 • 分数和百分数是比率。分数是部分与整体关系的比值；百分数表示一个数与一百的比值。

具体的策略并不那么重要。重要的是，学生正在建构意义，并巩固对单个概念的思考。他们正在获得概念性理解。在我们期望学生独立完成这些工作之前，必须教学生如何使用这些工具，并完成这些过程。通常情况下，他们没有被要求对个别概念进行如此彻底的思考，而是习惯于在笔记中写下词汇的定义，并继续记笔记。

当要巩固所学时，学生要么可以在一段时间内进行间隔练习，要么可以一次把所有的东西都填鸭进去。当然，在一段时间内的间隔练习比填鸭式的学习效果更好。因此，我们必须在整个单元中留出运用概念的机会（Agarwal & Bain，2019）。将我们对概念的理解联系起来，并将其迁移到新情境中，这是一种实践和应用所学知识的方式。

当转向为迁移而教学时，我们的课程和单元不再以线性、顺序的方式进行。学习是

迭代的。我们提出一个概念性问题，并带领学生通过从简单到复杂的情境来加深对概念及其关系的理解。这种迭代循环，在图8.7中再次进行了举例说明，新概念和附加的问题增加了学生思考的深度和细微差别。

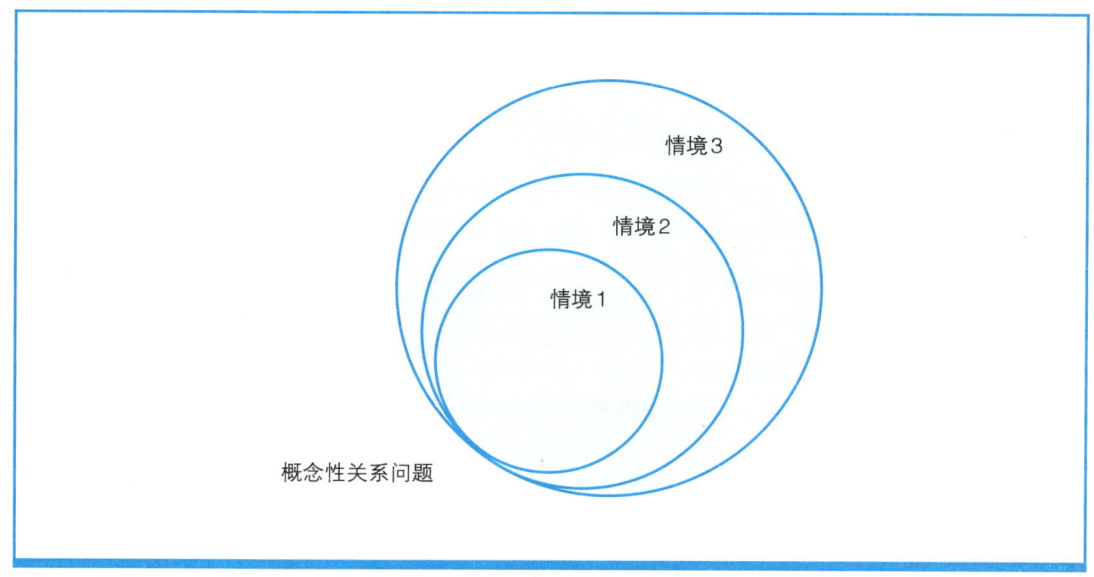

图8.7　为迁移而教的迭代本质

来源：Adapted from Stern（2017）.

联结概念性关系

一旦学生对一些单独概念有了较深的理解，就应该让学生将概念相互联系起来，从而进入更深层次的思考。概念性关系问题的题干是引导学生注意概念之间联系的最有用的方法。与其他强大的思考工具相结合，我们可以提高课堂上知识交流的水平。

我们对习得阶段的关注主要集中在理解概念的重要性上。然而，当学生看到概念如何相互作用的联结或关系时，神奇的事情就发生了。这并不是一种一劳永逸的思考。我们可以不断地重新审视自己的理解，因为新的细节和例子为我们提供了深入了解概念互动方式的机会。

表8.7所示的ACT模型的联结阶段的策略，是为更深层次的思考提供支架而设计的。这种学习方式就像享受多道菜的晚宴，而不是去吃自助餐。所有的信息并不是一次性分享的，而是有意识地通过不同的情境，让学生参与到更深入、更复杂的思考中去，从而获得有意义的经验，并迁移到未来的情境中。

表8.7 联结阶段的策略

教学策略示例	在课堂中是什么样子
联结的类型（Types of Connections）	教师提供一系列联结类型的清单，这些联结类型能够支撑学生思考概念之间的关系。学生讨论在特定情境或情况下的可能联结
问题生成技术（Question Formulation Technique）	学生生成关于某个概念焦点的开放式问题，与同伴讨论，并通过研究找到这些问题的答案或解决方案
对话站（Conver-Stations）	学生在每一站重新分组讨论特定的问题或情境，以促进同伴之间的对话
苏格拉底研讨会（Socratic Seminar）	学生参与结构化的讨论，对他们就某一情境或概念性关系的思考提供证据，并在同伴的思考基础上阐释理解
六边形思维（Hexagonal Thinking）	学生运用概念卡，讨论并寻找概念之间的多种关系和支持事实的细节。他们批判性地评估和描述这些联系之间的细微差别，以及这种关系是否正确
CLICK思维工具（CLICK Thinking Tool）	学生在整个单元中追踪他们的思维，知道自己对概念的了解程度
概念地图（BOLT Map）	学生在一个单元或一节课中创建、编辑、添加和重新排列概念图，以展示概念之间的联系

联结策略1：联结的类型

我们可以通过提供一个可能的联结类型的清单供学生参考，为学生的思考提供支架。例如，我们可以想象向学生提出这个问题：植物和动物是如何联系在一起的？教师可以用联结类型的选择来提示他们：它们是否相互"竞争"？有时是的。它们彼此"互为因果"吗？并非如此。它们是否"相互依存"？是的！动物以植物为食，也以植物为居所。植物依靠动物来帮助它们授粉或传播种子。

表8.8和表8.9说明了小学阶段和中学阶段可能看到概念性联结的类型。

表8.8 小学阶段概念性联结类型的示例

增加	吸引	加强	相互依存
减少	排斥	阻碍	转变

表8.9 中学阶段概念性联结类型的示例

必要性	补充	反对
维持	贡献	对抗
扩张	否定	因果关系
延续	减少	生成
相互依存	预防	转型
互惠	阻碍	发展

这些表格并不是详尽无遗，只是代表了支撑学生思考的联结类型的范例。学生对联结类型的理解也可以随着时间的推移而发展。因此，重要的是要让他们知道其实并没有一个"正确"的答案。例如，当学生继续探索自然和人类之间的关系时，他们的理解通常会发展。当反思这些联系时，他们可能会说："起初，我认为人们破坏自然，然后我意识到人们也依赖自然。所有这些都是真的，但现在我意识到人就是自然。我们不是与自然相割裂，而是自然的一部分。人类也是动物，是生命循环的一部分，我们需要与自然界中发现的所有其他生物和非生物和谐共处。"

第六章解释了探究和选择是如何沿着一个从有引导的（guided）到自由的（free）连续体移动的，并以类似的方式来看待联结的类型。一旦学生在寻找联系方面有了充分的练习，这个支架就可以且应该逐渐被移除。他们最终将能够看清情境，并通过深思熟虑的讨论，提出证据，说明他们看到了哪些联系以及为什么。

联结策略2：问题生成技术

一旦学生练习思考概念性问题和联结的类型，他们对学习的所有权就会通过提出自己的问题而得到提高。与我们提供问题相比，学生会学习得更深入，思考得更有创造性。

问题生成技术是来自"正确问题研究所"（Right Question Institute）的一个主要策略，这个策略在《只做一次改变》（*Make Just One Change*, Rothstein, D & Santana, L, 2011）一书中首次提出。学生自己提出引发性问题和概念性问题来推动探究，这增加了他们学习经验的相关性和意义。

问题生成技术步骤

1. 确定问题焦点——以陈述、短语、图像开始，而不是一个问题。
2. 提出问题——学生尽可能多地提出问题，而不加以评判。
3. 改进问题——在开放和封闭问题之间转化。
4. 制订战略——确定问题的优先次序，制订计划以寻找解决方案，并分享结果。

5.不断反思——学生对他们的新理解及其过程进行反思（Rothstein & Santana, 2011）。

学习的联结阶段的一个关键步骤是让学生明确地表达概念之间的联系。课堂讨论是一个很好的方法，它的效应量是0.82，如果得到有效地实施，这意味着它可能使年均的学习增长翻倍（Hattie, 2020）。课堂讨论应该是有结构的，但同时也要为学生的真实问题留有空间，明确地聚焦于正在学习的概念上，允许学生作大部分的发言，并围绕着开放性的概念和关键性的引发性问题展开讨论。表8.10提供了一些课堂讨论的指导原则，无论课堂讨论使用什么样的策略或结构都可以适配。

表8.10 课堂讨论指导原则

课堂讨论技巧
◇使用句子的题干或框架来帮助组织和支持学生的思考。 ◇在与同伴讨论之前，给学生独立思考的时间。 ◇利用合作伙伴和小组讨论来实现学生参与。 ◇让合作伙伴或小组成员扮演不同角色，以收集和组织思想，并专注于任务。 ◇围绕一个具体的情境或问题进行讨论，抓住重点。 ◇在讨论结束时，提供个人反思的时间

课堂讨论的力量在于，学生是与同伴一起学习，也在向同伴学习。他们的思维是延伸的或复杂的，学生有意义的讨论越多，他们的概念联结和理解就越强。当学生讨论真实问题时，讨论的时间会更长，他们详细阐述自己的想法，从而促进更高水平的思考（Soter et al., 2008）。

促进课堂讨论的三种策略是对话站、苏格拉底研讨会和六边形思维。这些结构有助于引导学生的讨论，并保持讨论的重点。我们喜欢发布概念性问题和引发性问题，并提醒学生在讨论中使用论据来支持对概念性关系的表述。

联结策略3：对话站

对话站是一种稍作准备即可实施的讨论策略，它利用了小组讨论和学生的轮换（Gonzalez, 2015）。在典型的对话站轮转中，一组学生一起轮换，这可能会导致讨论质量在最后一站出现下降。该策略通过在整个讨论过程中对学生进行重新分组来避免这种停滞。表8.11说明了两种可能运转对话站的方法。在选择方法后，确定学生如何轮换。他们会从一组桌子移动到另一组桌子还是像在画廊里一样轮转？我们建议为学生提供一份他们将前往的每个站点的清单，以确保顺利地过渡。

表8.11 对话站结构

选项1	同样的问题，不同的情境： 学生将通过特定情境的视角来回答概念性问题。在这个版本中，概念性问题在每个站点都是一样的，只有情境发生了变化
选型2	不同的问题，相同的情境： 学生根据提供的问题，通过不同的视角来分析一个情境。这允许学生能够在一个特定的情境中找到多种含义

联结策略4：苏格拉底研讨会

苏格拉底研讨会由哲学家苏格拉底创造，他相信提出问题以及通过学生探究来进行教学的力量，而不是单纯的教师讲授。苏格拉底研讨会的目的是让学生发挥主导作用，围绕重要的概念或问题进行讨论和对话。表8.12说明了进行苏格拉底式研讨会的两个可能的切入点和步骤。除了学科素养外，现代素养技能，如积极倾听、推理和批判性思维，也都是苏格拉底研讨会的核心组成部分。

表8.12 苏格拉底研讨会的步骤

从一个引人入胜的问题开始	创建相应的概念性关系问题	提供关于问题中概念的各种观点的多种情境	与学生合作建立研讨会的规范。要求学生确定研讨会的目的，什么是有力的论据，如何以尊重的态度支持或反对一个观点，等等	在整个研讨过程中对学生的角色和责任建立明确的期望。教师应该监督，并尽量少插话	练习。这并不是一个自然的过程，学生必须学习如何积极倾听，建立论点，甚至为讨论做准备。选择最适合你的结构（如全组循环、组内循环/组外循环、两种不同的循环），并让学生有机会经常练习
从一个核心文本或情境开始	确定学生在情境中应该建立的概念之间的联系	提出问题，询问学生关于文本或情境中概念的关系。这些问题应该是开放的			

联结策略5：六边形思维

六边形思维是一种利用概念卡进行物理布局或操作的强大策略。学生放置六边形的概念卡，用于单节课程、系列课程或整个单元，并讨论这些概念是如何相互联结的。由于六边形有六个边，学生可以寻找多种关系，而且不能重复同样的联结。图8.8展示了一个跨学科STEM单元的六边形讨论，该单元围绕着一个引发性问题：是否应该允许对生物体进行基因改造？

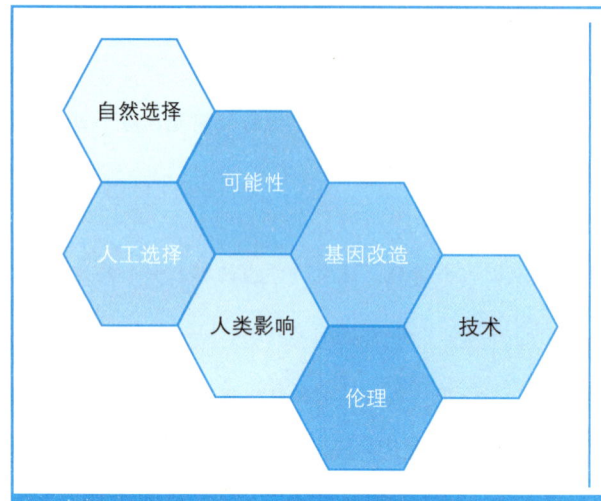

图8.8 STEM的六边形思维

学生根据目前所学和讨论所得出的关于概念的最强有力的表述，来确定一种关系是否合理还是太过牵强。教师应该在教室里四处走动，用诸如"如果我把这张卡片移到这里会发生什么？"这样的问题来激活学生的思维，深化学生的思考和提高其多角度看问题的能力。六边形讨论或六边形思维因其能够引发讨论、让学生思考多种情境并提高批判性思维而受到推崇（Potash，2020）。可以使用以下步骤来搭建和实施六边形思维。

六边形思维实施步骤

1. 张贴一个概念列表，让学生独立思考他们看到的所有联系。

2. 提供一套六边形概念卡给学生。

3. 将学生分成小组，让他们在共同讨论基础上决定概念卡的最佳排列方式。

4. 在学生中巡视，询问探索性的问题，重新调整概念卡，使他们的思考更加复杂和深入。

5. 通过采取像在画廊里巡视或让学生把对概念卡的布局和所看到的联系的图片插入到共享的幻灯片中的方式，来促进同伴指导。

6. 随后跟进全组的讨论。详细阐述所提出的有力观点，或强调所看到的任何错误认识。

当学生在不同的情境中前进，并建立概念间的联系时，教师帮助他们厘清其思维在整个单元或学习历程中是如何深化或发展的。利用概念图和其他类型的结构图来帮助学生用语言和视觉表达所看到的联系。最初，我们可以全班一起创制这些概念图或图形组织，并把它们张贴在墙上。

接下来的几个策略的精妙之处在于，随着学生理解力的增长，其将概念可视化能力也会提高。当学生历经习得、联结和迁移模型的各个阶段时，他们可以添加、删除和明晰概念之间的联系。当学生在概念之间建立联系并深化思考时，他们需要不断反思，才能看到自己的思维是如何成长的。

联结策略6：CLICK思维工具

CLICK思维工具是学习联结阶段的一种综合的策略，它支持学生通过监测自己的思维并观察其成长与发展来培养元认知思维和激发学习动机。CLICK代表的是概念（concept）、列表（list）、探询（inquiries）、联系（connections）和新知（knowledge），当学生在一个完整单元或学习经验的过程中钻研事实丰富的不同情境时，它能集中学生的注意力。我们希望学生在探索不同的情境时，概念性关系能够使其"豁然开朗"并富有意义。表8.13说明了CLICK思维工具的本质。这可以在学生的反思日记中单独运用，也可以在小组或者在全班里运用。

表8.13　CLICK思维工具

概念性问题或根本问题				
C	L	I	C	K
这个学习经验中的核心概念是什么？ *如果不确定，向老师提问。这些是你的关键词条	列出你已经知道的关于这个概念的所有内容。 *在学习经验开始的时候就这么做	你有什么疑问或问题？ *在整个学习经验的过程中写下这些问题	来自情境的哪些证据将帮助你回答概念性问题？ *在整个学习经验的过程中记录想法	你现在对这些概念间的关系了解多少？ *在学习经验的过程中这样做，并在最后反思学到的东西

联结策略7：概念地图

当学生激活先前的概念联系知识，然后随着思维的深化和发展详细阐述这些概念的联系时，学生就会在大脑中建立起组织图式。概念地图就是这样一种方式，能够运用视觉表征大脑中不断扩张的思想网络，我们可以在整个学习旅程中反复地使用这种策略。

图8.9展示了一个来自小学数学课堂的概念地图的例子。在这个单元中，学生正在探索乘法和除法之间的关系。学生一起创建了概念地图，讨论他们在各种学习经验中看到的联系，随着学习的进展，学生在地图上增加或删除内容，并记录提炼后的想法。这些

想法是通过学生讨论形成的，而非教师的说教。通过形成性评估和观察学生的讨论，教师能够适时澄清错误的概念，并确保学生在正确的轨道上。

概念地图是一种现象性的工具，可以支持批判性思维形成、促进讨论、促进反思或作为促进学生理解的形成性评估。接下来的策略是将概念地图进一步深化。

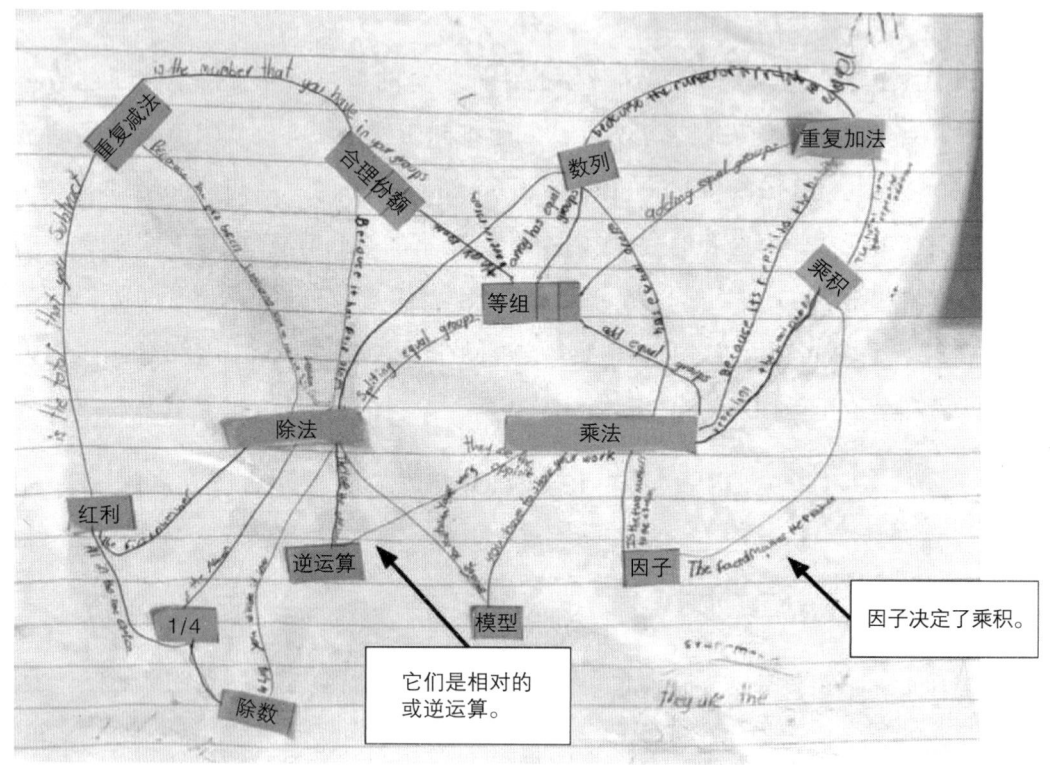

图8.9　煤山概念地图

来源：Coal Mountain Elementary, Forsyth County, GA.

头脑风暴、组织、联结、迁移（BOLT）

这种策略通过明确要求学生将概念性组织迁移到新的情境中，将概念地图带到了下一个层次。BOLT代表头脑风暴（brainstorm）、组织（organize）、联结（link）和迁移（transfer），帮助学生阐明看到的概念视角和概念之间的联系，并思考如何将这些理解和关系迁移到新情境中。

我们喜欢提供便签或索引卡，让学生动手操作排列这些概念。然后，他们可以用记号笔或者扭扭棒画线，将概念联结在一起。如表8.14所示，对概念的物理操作可以帮助学生思考不同的概念布局。

表8.14 联结概念的地图

●●●●●	头脑风暴与概念性问题或引发性问题相关的问题。学生可以创建与问题相关的事实或概念示例的分支
●●●●●●	根据它们之间的联系或相互作用来组织这些概念。只要学生能够解释其中的联系，就可以将它们进行任意排列
●●●●●●	通过画线条来联结概念。他们甚至可以通过改变线的粗细来表示联结的强度。学生必须提供一个例子或描述这些概念是如何关联的
●●●●●●	通过思考新的情境、联系和例子来迁移理解。学生应该用不同颜色的笔或在不同颜色的便签上写下他们的迁移想法，以表明这是一个新的观点

该策略的一个关键组成部分是询问学生他们对概念的排列：为什么要以某种方式排列这些概念？能想出不同的方式来组织概念吗？能否为概念之间的联系提供证据？能把概念间的联系迁移到不同的情境中吗？

概念地图可以像表8.14那样自由地形成，也可以在特定结构中给出。奥利弗·卡维格利（Oliver Caviglioli）提供了一些图形组织者，通过阐明概念的关系和联结，为学生呈现清晰可视的概念结构。这些地图不仅是帮助学生厘清概念之间如何联结的有效工具，地图的结构和视觉表征也加深了其对关系的理解。

花时间让学生反思和阐述概念之间的联系，是促成可迁移学习的必要投资。简单的策略，比如预热练习（warm-ups）和反馈单（exit tickets），如果我们能够以激活和联结先前知识与新知识的方式组织起来，或者巩固从一堂课中学到的思维，那么这些策略就会产生新的意义和实现更大的目标。我们要有意为之，而不是理所当然地认为上完课学生就会自动看到这些联系。它需要有精心策划的经验、脚手架和提示，来帮助学生习惯这种思维方式。不过一旦他们开始，他们将乐此不疲。学生将看到课堂内外的联系，从而将理解迁移到新的和未知的情境中。

我们可以通过逐步从学科学习领域迁移到真实世界，让学生不断地将自己的知识和技能应用到新的情境中，来加深学生的理解和迁移的能力。随着迁移广度的逐渐拓展，我们也希望通过在学习经验中提高话语权、选择权和探究权，将学习的责任"还给"学生，营造学生主导的环境。

将概念性关系迁移到新情境

迁移是一种有意识的行为,即激活一个人的先前知识,并弄清这些知识该如何开启新情境。这一阶段的学习旅程中所包含的每一种策略,都在表8.15中列出,这些策略将引导学生着手、解决和反思越来越复杂的情况。

表8.15　迁移策略

教学策略示例	在课堂中的具体表现
这里包含什么概念 （What concepts live here）	学生通过问自己"这里包含什么概念？"来激活先前的概念性理解,并分析一个新的情境
解锁和完善 （Unlock and Refine）	学生利用先前的理解来解锁新情境,然后通过思考新情境的独特性来完善理解
分而治之 （Divide and Slide）	学生分析了一个有两个对立观点的引发性问题。他们基于推理和证据表明立场,然后与持不同意见的同伴进行辩论
课堂审议 （Deliberation in the Classroom）	在做出最终决定之前,学生可以利用审议的力量,从多元视角审视议题或问题
正向支持法 （Pro-Pro）	学生寻找两种可能解决方案的优点或好处,而不是寻找解决方案的缺点
设计思维 （Design Thinking）	学生在与他们的目标受众产生共鸣后,设计真实世界的解决方案
从无知到惊叹 （From What to Wow）	学生回答一系列问题表明他们对学习经验的理解程度,并分享问题或从经验中获得主要见解

学生解决了一个新问题,阅读了一篇新文章,做了一个新实验,并不意味着就能从可迁移的学习中获得全部好处。当遇到新情境时,学生必须有意识地调用概念组织。我们可以运用这里的策略来创造一种迁移文化。

迁移策略1：这里包含什么概念

为了能够利用学生的先前知识并营造促进迁移的文化,可以考虑经常提出问题"这里包含什么概念？",同时可以运用有趣的引言、图片、视频、新闻标题、历史文件、复杂的数学问题等能吸引学生注意力的事物（Paterson,2019）。学生可以简略记下或说出他们注意到的概念。这能将学生的注意力集中在每一个场景的底层结构上,并使其养成在遇到新情境时调用先前知识的思维习惯。

我们发现这个策略在探索世界的过程中既有趣又有帮助。当浏览社交媒体或阅读新闻时,我们可以对任何感兴趣的事件或问题进行思考,并反问自己,"这里包含什么概念?"这个反思的步骤可以将规划推进到新的和未知的领域。与其将学习结果或标准视为对学生的约束条件,即这些结果或标准不能应用于不同的或相关学习场景,不如从真实世界的场景中进行逆向规划,看看它们是否切实符合我们强制性学习成果的要求。

我们相信这个问题也可以在学生分析一个新的场景或真实世界的问题时提出。学生通过回忆自己在这之前所学到的概念或概念性关系,可以带着好奇心开启任何任务或学习经验。在进入任何新的情境或课程时,这个简单的问题是一个绝佳的小组头脑风暴的催化剂。

迁移策略2:解锁和完善

一旦学生养成了识别概念并应用于新情境的习惯,他们就应该更进一步,思考每一个新情境的细微差别是如何完善理解的。迁移不只是为了使学生理解概念性联系。每一种新情境都有助于完善我们对于世界的组织性结构的把握。这四个步骤可以张贴在教室里,以促进习惯性的反思。

1.找出适用的概念:在这种情况下,哪些概念有用?

2.纳入对于概念性关系的先前理解:我已经知道的关于这些概念之间的关系,哪些为真?有哪些具体的例子能支持我的理解?

3.确定先前理解的应用范围:这个新情境与我在其他学习经验中看到的情境有何不同?我对这些概念之间关系的理解是否适用于这种新情境?我先前理解中的哪些部分可以迁移,哪些不能?

4.根据新情境调整和完善理解:迁移到这一情境如何完善或重塑了我的思维?
(Stern et al., 2017)

在我们开始计划或共同创造学习经验时,思考这些问题有助于确保我们为学生创造最适宜的能够促成其进行学习迁移的环境。图8.10说明了学习如何在一个单元或一系列学习经验中理想地从简单迁移走向复杂迁移。我们要有意识地从学科世界向真实世界迁移,从相似迁移走向相异迁移,并最终走向真实世界的相异迁移。

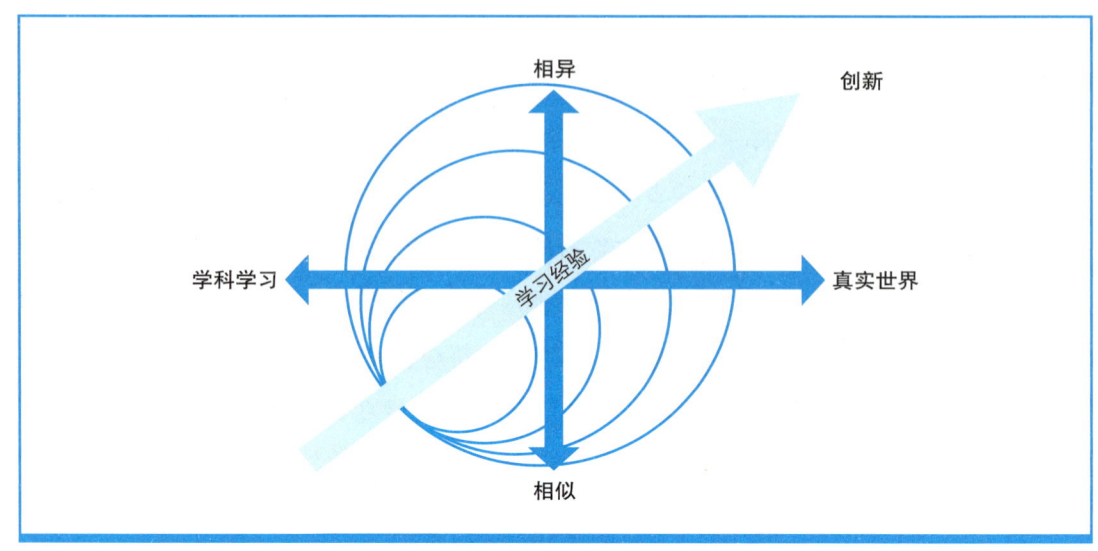

图8.10 导向创新

来源：Adapted from Stern et al., 2017.

我们正在设计教学方案，以帮助学生在整个学习迁移坐标上习得、联结和迁移对概念及其概念性关系的理解。目前为止所呈现的策略应该贯穿学习的全过程，以帮助学生明晰和完善当前的思考。

另一项促进学生学习迁移的策略是辩论。通过提供相关的话题，鼓励不同的观点，为批判性思维和推理创造空间，从而提高参与并促进迁移。我们最喜欢的一种辩论策略是"分而治之"。

迁移策略3：分而治之

这个热门的策略组织起来非常简单。发布一个引发性问题或说明，来引出支持或反对的意见。下面呈现的步骤演示了如何在课堂上组织"分而治之"辩论。

1. 发布一个引发性、有争议的问题或说明，给学生时间安静地思考选择何种立场。例如，你可以提出以下问题：

科学家是否应该通过基因工程对人类进行改造，使其具有某些理想的特质？

2. 让学生站起来，按照答案的范围排队。如果学生要对上述问题进行辩论，答案可以是"是"和"不是"，或"非常同意"和"非常不同意"。让学生根据自己的立场的强烈程度站到线上。沿着一条胶带或靠墙做这件事会很有用，这样学生就会在一条直线上。

科学家是否应该通过基因工程对人类进行改造，使其具有某些理想的特质？

非常同意   非常不同意

3.将这群学生分成两组,要求其中一方的人向前迈出一大步。

非常同意

非常不同意

4.让学生朝另一方向"滑"下去,使他们形成两条平行线。学生应该站在对该问题持不同立场的人的对面。

非常同意

非常不同意

5.要求学生分享他们的立场、背后的推理以及支持推理的证据。给予一方一定的时间来分享,他们的伙伴不要回应,只是倾听。这种策略不仅教授了提供证据来证明推理的技能,也教授了积极倾听的技巧。合理安排时间保证双方都可以分享观点,并在队伍中移动,以倾听强有力的论点或错误观念。

6.辩论结束后,要求学生回到自己的座位上,对有争议的问题或说明进行反思。鼓励他们认同自己和伙伴的立场,并确认他们的想法是否因辩论而改变(Stern et al.,2017)。

迁移策略4:课堂审议

与学生在辩论中采取强硬立场不同,审议是一种对与问题相关的多个方面或观点进行仔细考虑的行为,目的是达成共识,并制订出一个具有广泛适用性的解决方案。面对媒介信息的复杂性、世界的多变性以及问题的未知性,学生必须能够务实地权衡各方,而不是冲动地得出结论。他们必须使用伦理、逻辑和推理,而不是道听途说地制订计划。民主审议是一个教学生如何审议有争议问题的国际项目,表8.16中的过程是根据该项目的步骤改编的,以适合所有内容领域。

当为迁移而教学时,学生思维的质量既取决于使用的教学策略,也取决于学习经验所提供的情境的质量。当规划情境时,我们要有目的地分享问题、文本或情境等,来澄清或深化学生的思维。这些情境可以是教师指导的,也可以是基于学生兴趣的,但它们必须是有意义的,并能激发学生去理解其中的概念性联系。学习的最终目的是迁移,如果学生不能迁移,那么我们就是失败的。接下来的两个策略都包含了批判性思维、同理心和解决真实世界问题,这两个策略是正向支持法(Pro-Pro method)和设计思维(design thinking)。

表8.16 课堂审议

步骤	具体表现
介绍 (Introduction)	介绍引发性问题或审议的主题。 解释辩论和审议之间的区别
课程聚焦 (Lesson focus)	让学生查看文本、数据集或模拟等。 学生选择三个有趣的事实或想法
澄清 (Clarification)	检查学生是否理解本课的重点。 澄清对新概念的理解。 确保学生理解引发性问题
立场陈述 (Presentation of Positions)	将学生分成四人一组,由A和B两组组成。A组至少找到两个理由对焦点问题表示肯定(YES),B组至少找到两个理由来表示否定(NO)。 每个团队都向对方传递他们最具引发性的问题
立场翻转 (Reversal of Positions)	A组和B组交换立场。B组现在找到理由说"是"(YES),而A组找到理由说"否"(NO)。 每组都从另一组那里得到了最有说服力的理由,在此基础上增加一个理由
自由讨论 (Free Discussion)	学生在自己的小组中从两个方面讨论这个引发性问题。 学生应根据所提供的证据和逻辑做出个人决定。 小组确定共同意见,并就引发性问题做出决定
全班汇报 (Whole Class Debrief)	在全班进行讨论,以便对引发性问题有更深入的理解。 作为一个团队,他们以某种方式的投票来做出决定
学生反思 (Student Reflection)	学生各自独立地反思这个引发性问题以及他们在整个过程中学到了什么

来源:Adapted from Deliberating in a Democracy.

迁移策略5:正向支持法

你可能听说过或使用过优缺点列表(pro/con list)来做决定——它通常有两种情况:你妥协并选择缺点最少的方案,或者你盯着一张优缺点相当的列表,感觉和最初一样毫无头绪。优缺点列表很难说是解决问题的良方,也不会使人灵感乍现。

如果你想找到更好的答案,可以尝试使用"正向支持表"(Pro-Pro Chart)。这种思维工具把缺点抛在一边,只关注积极的一面。正向支持法不是选择其中的一个选项而牺牲另一个，而是聚焦于对"优点"的关注，这能够让学生提高洞察力和产生新的可能性。

正向支持表是整合思维（integrative thinking）过程的一部分。整合思维是一种解决问题的方法，这种方法受这样一种观点的启发，即对立的模式是创新的机会，而不是创新的障碍。我们以整合思维为主导，并将正向支持表作为这个过程的一部分，因为我们已经看到了它对学生、教师和领导团队的思考、解决问题和决策能力产生了重大影响（I-Think, personal communication, 2020）。

我思考（I-Think）是一个非营利组织，它将真实世界的问题解决作为每个课堂的核心。在10年的研究和应用中，他们与2000多名教师和950名学校领导直接合作。他们共同建构了有意义的学习过程，提高了超过10万名学生的解决问题的能力。我思考（I-Think）团队中的教育工作者已经在所有学科领域的K-12课堂上使用了正向支持表。表8.17和表8.18只是课堂上的"正向支持"策略的一个例子。

正向支持的过程首先要确定一个拟解决的问题，并做出核心的非此即彼的选择。比如：

◇ 当幼儿园学生学习自然时，他们应该在自然中学习，还是应该把自然带入课堂？

◇ 当城市规划者在设计一个户外空间时，他们应该设计一个公共公园还是一片保护区？

◇ 当希望高中生解决社区花园中的偷窃问题时，应该允许人们自由进出花园还是限制进出？

迁移策略6：设计思维

"（我们）忘记了，在学科学习的过程中，我们可以充满乐趣和尝试疯狂的想法……"设计思维是一种通过迭代的五阶段（或六阶段）模型来孕育创造性思维和寻找解决方案的方法。这些阶段——移情、定义、构思、原型和测试——已经帮助许多个人和企业以用户为中心提供解决方案，以尽可能创造最好的产品或服务。

我们可以利用这个框架来帮助学生建构有意义的学习经验，并找到真实世界的解决方案。表8.19中的步骤将设计思维的循环应用到课堂中（Ryder, 2016）。

一个不断地回归到元认知策略的模式变得愈加清晰。如果没有学生的反思或对其学习进展的持续监测，ACT模式将无法实现其预期目标。

表8.17 在线学习与面对面学习对比

正向支持表

虚拟在线教育与学校实体教育的好处

在下表中，你要进行角色扮演。思考每个利益相关者通过这个模式获得什么好处。

使用这种说法：我喜欢这种模式，它使得我_____，因为_____。

*将"利益相关者1、2、3"替换为你选择的利益相关者。你应该给每个利益相关者寻找至少三个好处。

	模型1：虚拟在线学习			模型2：学校实体学习		
	学生	教师	家长	学生	教师	家长
	我喜欢这种模式，它使得我学习更为灵活，因为我可以随时吃零食。	我喜欢这种模式，它使得我享受更多家庭时间，因为它让我把更多时间留给自己和家人。	我喜欢这种模式，它使得我感到更自由，因为我不用全天候（24/7）工作。	我喜欢这种模式，它使得我获得友谊，因为它让我有机会同朋友交谈。	我喜欢这种模式，它使得我能够互动，因为它让我有机会与学生互动。	我喜欢这种模式，它使得我有条不紊，因为它让事情变得有条理。
	我喜欢这种模式，它使得我自由，因为我有更多时间可以在学习的时候给分。	我喜欢这种模式，它使得我有更多时间改作业，因为这样我改就可以更公正地给分。	我喜欢这种模式，它使得我有时间和孩子在一起，因为不然他们总是在学校。	我喜欢这种模式，它使得我学习动机提高，因为它让我学习更努力。	我喜欢这种模式，它使得我能够看着学生学习，因为如果他们吃力我能够知道。	我喜欢这种模式，它使得我拥有眼余，因为我不用一直照顾孩子。
	我喜欢这种模式，因为我得拥有眼余有更多的时间来理解所学的东西。	我喜欢这种模式，它使得我有更多时间找作业，因为我网上可以部分使用别人的作业。	我喜欢这种模式，它使得我拥有眼余，因为我不需要通勤。	我喜欢这种模式，它使得我理解知识，因为我可以更充分地向老师提问与交流。	我喜欢这种模式，它使得我确保学生不会作弊，因为线上作弊很容易。	我喜欢这种模式，它使得我更有安全感，因为我不用担心会丢掉工作。

第八章　教学设计　为可迁移的学习建立共同体

表8.18　检查模型

今天你要研究两种模式（虚拟在线教育与面对面教育）。为了研究这两种模式，你要观察每一种模式，并在相似的模式或存在联系的模型之间（使用幻灯片中的线条工具）画出连接线。然后，给你和你的小组认为最重要的好处贴上 ♥（每边不超过三个）。将上面你的正向支持贴到这张幻灯片上，剪下并粘贴到表下面的正向支持剪下并粘贴幻灯片上，这样你就可以进行连线了。

需要沟通时可以选择给老师发电子邮件。	可以不需要经常在学生和教师离开后打扫卫生。	他们现在工作时间减少了，有更多时间与家人在一起。	在学校可以经常接触到电子产品。	他们因打扫学校而得到报酬。	家长能够专注于他们自己的工作。
你可以在网上轻松完成作业。	有了更多时间后，可以更公正地打分。	父母有时间的时候可以帮助他们的孩子。	如果出了什么问题，老师可以直接解决。	他们可以真正做应该做的事情。	家长能知道老师把他们的孩子照顾很好。
我们很感激能够用电子产品来相互沟通和做作业。	他们很幸运还能有工作。	因为他们在家，父母可以花更多的时间和孩子在一起。	每个人都有同样的无线网络和电脑。	他们可以与孩子和同事互动，而不是独自一人。	家长的时间安排更有效率，而且与学校时间匹配。

来源：Images courtesy of I-Think.

表8.19　课堂中设计思维的阶段

	探索（DISCOVER） 我们需要了解_____，以便解决_____。 营造鼓励探究和好奇的环境。引发好奇，让学生想知道更多
	共情（EMPATHIZE） 谁是你的目标受众？如果找到了解决方案，谁的生活会受到影响？ 了解你的目标受众的观念。如果可能的话，通过观察或访谈来了解这个群体
	实验（EXPERIMENT） 我们如何_____？如果_____，会发生什么？我们是否应该_____？ 尝试一些可能的想法。进行一场无拘无束的头脑风暴，所有的想法都应该被考虑并放在桌面上加以讨论
	产出（PRODUCE） 学生将如何获得他们的想法、原型或解决方案的反馈？ 接收反馈来获得动力。一旦学生提出了一个解决方案，学习就不会结束。学习是迭代的，并且依靠具体的反馈来推动更进一步
	反思（REFLECT） 自_____以来，你的想法发生了什么变化？由于_____，你改变了什么？ 停下来，反思你或你的想法是如何因为这次探索而改变的

来源：Adapted from Ryder, 2016.

迁移策略7：从无知到惊叹

最后一个策略是表8.20中的从无知到惊叹（What to Wow）的方法，由马特·穆里（Stern & Aleo, 2020）设计。尽管这个策略在迁移部分介绍，但这个策略可以在ACT模型的所有阶段中使用。这个过程不仅能让教师深入了解学生对概念、概念性关系或迁移情境的理解和认识，还使得学生有机会且感到安全地去分享自己的困惑或启示。

表8.20　从无知到惊叹

谁？（Who?）	这些概念、联系或背景会影响谁
什么？（What?）	它是什么？其关键属性或问题是什么
何时？（When?）	它什么时候适用？何时发生
哪里？（Where?）	它在哪里发生的
如何？（How?）	它是如何起作用的
为什么？（Why?）	为什么它很重要
嗯？（Huh?）	你有什么困惑的地方吗？有什么问题在困扰你吗
哇！（Wow!）	这些概念、联系或情境有什么了不起或令人惊奇的地方

来源：Stern & Aleo, 2020, Conceptually Speaking, Episode 17.

设计教学日历

和许多教师一样，一旦写好了单元计划并选择了一些常用的教学策略，我们就喜欢拿着日历坐下来，勾勒出学习进程的大致轮廓，这样就能确保每个学习经验之间有凝聚力又条理清晰。教学日历可以直观地显示学习过程中每个阶段所花费的时间。这实质上是将单元故事板绘制在一个实际的日历上。

表8.21展示了一个教学日历示例，其中有一些问题是我们在计划不同的学习经验时喜欢问自己的。这不是硬性规定，应该根据每个单元和教学情况的条件进行调整。它可以作为ACT模式中思考分层教学的指南。

请注意，日历中显示大部分时间都花在了更深层次的学习上，学生将各种概念相互联系起来，并将理解迁移到新的情境中。我们还留出时间让学生设定目标、反思和监测自己的学习，并为其在学习过程中提供自主权、话语权和选择权。

在选择教学策略时，必须考虑我们在学习旅程中的哪个阶段。我们不能从辩论开始，如果学生没有获得对于重要概念的理解，就可能无法展示出有深度的知识或思想。我们也想确保教学是为了迁移，所以会进行最后一次检查，以确定学生确实在朝着越来越相异的、真实世界的方向迁移。

表8.22中的情境迁移矩阵有助于评估一个情境或学习经验在学习迁移坐标中可能的位置。我们试图结合各种各样的经验，让学生能够感受到成功，让他们的思维变得复杂，并形成批判性思维，从而导向创新。这个用心思考对于确保我们将学生推向相异的、真实世界的迁移是很有用的。

为教学日历绘制一个粗略的草图。下载空白模板，开始在日历上绘制教学进程。

表8.21　教学日历示例

星期一	星期二	星期三	星期四	星期五
通过引发性问题吸引学生：分享单元的整体概况		分享概念性问题或帮助学生提出关于概念及其关系的问题		自我评估当前对概念性联系的理解

续表

星期一	星期二	星期三	星期四	星期五
使概念的先前知识（prior knowledge）可见。习得对于最初的学科视角及锚定概念的理解		通过在一个简单情境中探究来联结概念		为本单元的剩余部分设定目标
认知学徒（cognitive apprenticeship）：边想边说，对思考进行反馈。学习共同体中是否有专家可以在本单元支持学生的思考和学习？ 在应用到新的情境之前，学生是否需要习得新概念？还有其他概念性问题吗？ 引入更多的情境来帮助学生将理解迁移到新的情境中。 通过将探究与全局联系起来，增加思维的复杂性				
在应用于新情境之前是否需要学生习得对新概念的理解？是否要提出其他的概念性问题？ 学生应该探索什么样的新情境来加深他们对本单元中学科视角和锚定概念的思考？沿着学习迁移坐标移动，将所学迁移到新情境中。 用批判性思维工具完善思维（refine thinking），让学生将自己的思维与专家思维进行比较				自我评估目前对本周提出的概念和问题的理解。 学生的思维是如何发展和完善的
表现性任务（performance task）：创造性地运用思维、知识和技能，而不仅仅是按部就班地使用事实和程序。它还包含对特定问题的细节进行有规律的探究，并让学习成果具有超越学业上的成功意义或价值：迁移到新的情境、真实的受众、使用来自多学科的概念				对单元进行反思，并确定目标实现的程度。 记录作为学习者对自我的新见解

 **用心思考**

来看看在故事板中策划的情境，可以确定我们是否有意识地让学生走向创新。

表8.22　情境迁移矩阵

仔细阅读标准，将情境或学习经验放在最适宜的位置上			
与其他学习经验相异或完全不同。与原有的学习经验完全不同			
与原有的学习经验相异，但学生能够看到概念可以怎么应用			

续表

与学生在课堂上的学习经验相似，但又不完全相同			
学术的、相似的迁移	只与学术的或课堂情境相关，或在学术、课堂情境中运作。没有真实受众或产生影响	有一些真实世界的应用。学生针对特定的受众完成任务，其经验可能具有潜在的影响，但学生看不到影响的证据	完全的真实世界的挑战——学生向真实的受众展示解决方案，并能观察到实际的影响

设计教案

现在我们可以综合本章的所有观点，设计一堂课。表8.23提供了更多的问题，以明确想要实施的学习旅程的不同阶段，这样就可以选择一个合适而有效的策略来实现意图。

 用心思考

表8.23　ACT模型教案头脑风暴

习得	目的是建构概念意义还是巩固对概念的理解？或者两者都是
联结	学生将在概念之间建立什么联系？学生将如何记录他们不断发展的思维
迁移	在学习迁移坐标中，这堂课的学习处于什么位置？它与以前的经验相比如何？学生是否需要习得对新概念的理解来应对这个新情境

_____
_____
_____
_____

表8.24提供了一个教案模板的范例，可以帮助我们组织思考。首先在上面列出这堂课的目标。然后，我们确定本堂课的目的、将使用的策略、为监测学习情况而为学生提供的思维工具或自我评估工具，以及为学生将探索的具体情境提供额外的资源，或者他们将做的笔记。最后，我们将如何正式评估，以确保学生理解本堂课的内容和目的。

我们还有其他与项目式学习、探究式学习、个性化学习、国际文凭课程、虚拟学习等相关的教案框架。

表8.24　教案模板示例

学习意图	成功标准	概念性问题
心智模型		

阶段（勾选适用的选项）：　□习得　　□联结　　□迁移　　□学生行动

策略：

思维工具/自我评估：

其他资源：

形成性评估：

结　语

在第二章中，我们介绍了为创建一个聚焦迁移的课堂而需要进行的许多转变。希望本章中的策略和解释能够让我们更清楚地了解如何使表8.25中的转变成为现实。

表8.25 聚焦迁移的课堂中的学生和教师角色

学生角色	教师角色
自己学习的主导者 自主思考的侦探 同伴和教师的合作者 多样想法和经验的模式探索者	赋能课程计划的设计者 学生思维的侦探 自己对学习影响的评估者 多元资源与经验的管理者
具体表现 ◇共同构建成功标准 ◇设定目标 ◇监控思维 ◇自我质疑 ◇自我调节 ◇选择策略 ◇提供自我和同伴反馈 ◇应用反馈 ◇决定下一步要探究什么 ◇调整学习行为	具体表现 ◇建立合作、安全的文化 ◇建立教师信誉 ◇建立思维习惯 ◇提供思考的榜样 ◇提供冒险的榜样 ◇提供从错误中学习的榜样 ◇指导学生认知训练 ◇提供和寻求反馈 ◇调整教学

有无数的教学策略可以用来指导学生理解复杂世界。关键是要为学生赋能，让他们成为自己的老师。我们通过明确地教他们有意识地思考和学习，质疑自己的假设，重新审视之前的理解，建立联系来帮助他们理解世界是如何组织的，以及利用理解来解锁新的情境。

想象一下，如果越来越多的学生能够独立完成这种复杂的学习，那将会是怎样的一种场景。如果越来越多的成年人开始在做判断之前寻求理解，社会将会是什么样的。我们都是为了帮助学生过上有意义和成功的生活而进入教育这个行业的。我们需要摒弃这种想法，即学习只是通过不相关的知识碎片的积累来实现的。ACT模式是一种思考学习如何发生的方式，它帮助学生理解所处世界的复杂性，而非过度简化它。关于此种教与学的方式对社会的影响，我们持谨慎乐观的态度。

 **用心思考**

花一点时间来回想你精炼过的思考，回答以下问题：
◇ 意向性、迭代、计划和ACT模型间的关系是什么？
◇ 学生在学习迁移的课堂中的角色是什么？教师的角色呢？
◇ 课堂共同体如何影响学生的思维？
◇ 学生的独立性、元认知和ACT模型是如何相互作用的？

— 结 语 —

灵活应变
如何在一个前所未有的
世界中持续发展

那是2020年的夏天，朱莉正坐在后院工作，而孩子们正在用平板电脑（iPad）拍照。她四岁的孩子说："朱莉·斯特恩的手机（iPhone）。"她听到了隔空投送功能的熟悉的哔哗声，这张照片在她的电脑屏幕上弹出（图9.1）。

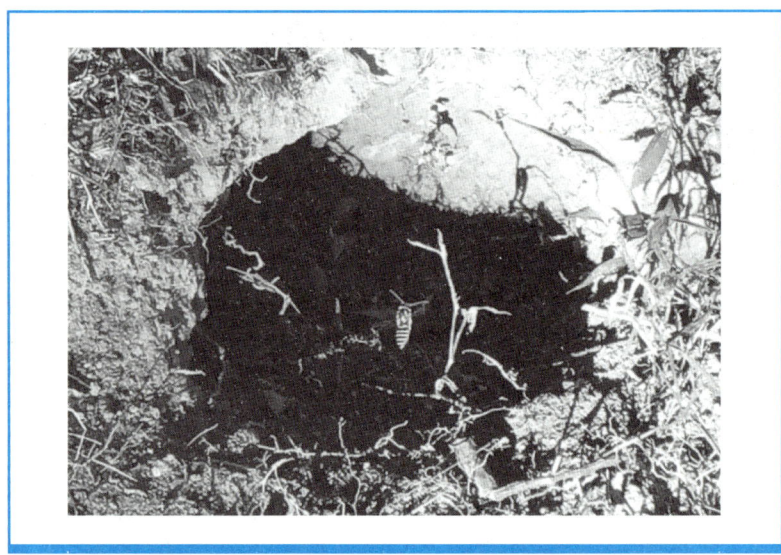

图9.1　安德鲁·斯特恩拍摄的照片

安德鲁还没有进入学前班。他已经学会了字母和它们的发音，但这是他第一次真正读单词。他的动力来自科技。他拍了一张令人赞叹的自然照片，并学会了如何阅读，以便通过互联网与母亲分享这张照片。

几天后，他和刚满6岁的哥哥亚历克斯决定骑着脚踏车从家门口陡峭的坡上滑下来。当轮流以最快的速度冲下山时，他们会高兴地大喊大叫。当安德鲁急速下冲时，亚历克斯站在坡顶看着。他若有所思地说："妈妈，从这个角度看，它没有那么陡。"

妈妈很震惊，问他从哪里学来的"角度"和"陡"这两个词。他耸耸肩回答："一个视频网站。"不管我们是否乐意，科技正在深刻地改变孩子们的学习方式。朱莉在平板电脑上使用了父母监护的功能，但她仍然被自己4岁和6岁的孩子打败。他们发现，如果大家一起在对方的平板上看视频,他们可以在达到时间限制前"加倍"(他们确实用了这个词)观看视频的时间。当她因为他们对自然摄影的热爱而破例允许可以多使用一会儿相机功能时,亚历克斯开始用他的平板录制在安德鲁的平板上播放的电视节目,这样他就可以延长观看视频的时间。朱莉对他的创造力既感到沮丧,又感到自豪。

我们作为教育工作者的角色正在改变和发展,就像生活中的其他事物一样。新冠病毒只是加速了科技带来的一些变化。赵勇教授指出,许多年轻人已经在世界范围内围绕感兴趣的话题组织活动。他们正在从视频和其他多媒体中学习令人难以置信的内容——我们在自己的孩子身上也看到了。赵勇教授建议我们放弃教师作为知识提供者的概念,将自己更多地视为学习的管理者,在帮助学生成为自主学习者的过程中把自己当作学生的顾问。

本书提出的思想为教育的发展提供了第一步,以满足我们不断变化的世界的需要。关注可迁移的学习本身就是一种激励。它利用学生先前的知识和兴趣,深化其学习,完善其思维,并将他们的知识应用到新的情境中。ACT模型教学生如何适应,因为他们可以将其应用到所遇到的任何新领域。

我们希望本书提供了实用的解决方案,可以在以课程标准为基础的背景下实施,以标准为基础的课程是围绕传统科目和基于儿童的年龄分组而组织起来的。我们希望它能激励读者以一种有意义的方式使用学习标准,而且你们也已经获得了有价值的工具来接纳一种赋能性的教与学的方式。

与此同时,我们既要密切关注现实又要着眼未来,以确定我们从事的正规教育的方式中应该考虑哪些额外的改变。例如,我们可能需要考虑改变那种逐条教授学习标准的观念。如果由教育专家组成的课程委员会考量21世纪最重要、最可迁移的概念和能力,并将其视为学习成果的基础呢?如果我们提供更多的机会,让学生探索他们感兴趣的领域,以提高专业知识和创造力,解决世界上最大的挑战,又会怎么样?

许多人呼吁对课程目标进行重大改革,这值得最伟大的教师和思想领袖关注。我们需要认识到世界有多大的变化,并做出相应的调整。超级计算机现在以过去难以想象的速度计算复杂的科学和数学。我们仍然教学生如何手工计算分数,而专业人士在工作或研究中已经不再这样计算了。与此同时,虚假新闻在社交媒体上的传播速度是真实新闻的6倍(Rhodes,2020)。所有这些新的现实都意味着我们需要教学生如何迁移并重新审视一些课程主题。

乔·博勒（JoBoaler）教授是备受尊敬的数学教师和教育家，因为她呼吁在数学教育改革方面采取行动而闻名。她说，目前的数学教育过于注重程序。她断言，数学是一种概念语言，如果学生发展了对数学的概念性理解，那么就没有什么需要记忆的，因为关于数学的观念不断地建立在彼此的基础之上（Stanford SCOPE, 2013）。

除了需要改变我们数学教学的方式外，还需要对数学教学内容的先后次序进行重大改革。2009年，一项调查显示，只有2%的听众表示他们在生活中使用微积分或三角函数，31%的人定期分析和解释数据，66%的人需要在工作中使用电子表格软件（Boaler & Levitt, 2019）。这些数据强调，我们需要从传统的高中课程转向更多地关注数据科学和技术应用，以培养数学思维的灵活性。

与博勒教授一样，《数学解决方案：人工智能时代的教育蓝图》（*The Math(s) Fix: An Education Blueprint for The AI Age*）的作者、以计算机为基础的数学网站创始人康拉德·沃尔夫拉姆（Conrad Wolfram, 2020）也强调，学生需要能够对大数据进行推理，并提高他们的计算思维技能。沃尔夫拉姆的数学教学方法也强调概念思维能力，首先要能够定义真实世界的问题，从这些问题中提取数学原理，找到一个解决方案，然后解释这个解决方案，以确定它在原始问题的情境下是否有意义。只有当我们不再让学生手工计算，而是鼓励他们使用技术和计算机来帮助其理解周围的问题时，这个过程才有可能实现。根据沃尔夫拉姆的说法，"计算机从根本上改变了学习什么的可能性，改变了你可以使用的工具，以及如何通过计算的方式理解和体验你周围的世界"（Pearson North America, 2020）。与其将技术视为一条捷径，不如将其视为通向世界和更深层次数学思维的门户。如果我们想要转向更有意义的数学教学，能够让学生在将来实际地使用，博勒和沃尔夫拉姆的方法都要求课程编写者优先考虑推理而不是记忆，优先考虑数据科学而不是复杂的微积分。

在自然科学领域，来自几十个领域的专家都在强调气候变化带来的不可逆转影响以及随之而来的生态灾难。与此同时，科学课程越来越被视为服务于经济的一种工具——由STEM职业道路和技术创新的讨论主导，而忽视了伦理考虑和环境管理。随着机器和机器人不断学习，模仿人类的决策，理解更为深入的"为什么"的问题，并发展对于科学原理和理论的更为广泛的理解，这将比死记硬背的知识或去情境化的技能更有用。从美国政策和公众认知的当前趋势来看，似乎需要在STEM课程和更广泛的公共话语中重新优先考虑对科学问题的公众支持和理解。

我们的课程更新也应该涉及人文学科。随着社会和文明的日益数字化，所有人必将应用多模态的交流和表征形式。基于印刷的读写能力仍然是必要的，但它是否足以帮助学生来应对他们每天沉浸其中的充满了文本、图像、视频和声音的混沌世界？写作教学方面的领军者、作家安吉拉·斯托克曼（Angela Stockman）曾分享道，她的一些最有才华的学生很难将技能迁移到基于印刷的环境之外的情境中，而那些能够进行跨模态解读和创造的学生则在各种行业中蓬勃生长（Stern & Aleo，2020）。

人们也越来越关注那些应该在课堂上教授的文本类型，甚至是那些被视为经典的文本。越来越多的教育者和家长开始质疑，谁的话语才是中心。经典名著（the Great Books）当然值得在学校占有一席之地，但在这个高度全球化、多元化和数字化的世界里，通过课程创造自上而下的文化凝聚力的观念显得不合时宜，且具有误导性。美国国家英语教师委员会在他们的期刊中增加了一个"扰乱文本"（Disrupt Texts）栏目，以纪念特里西亚·埃芭维亚（Tricia Ebarvia）、罗瑞娜·泽曼（Lorena Germán）、金·帕克（Kim Parker）和朱莉娅·托雷斯（Julia Torres）发起的话题标签（hashtag）。"扰乱文本"的目标抓住了课堂和学科领域大趋势的本质，以培养批判性素养，为学生赋能，并将黑人、土著居民等纳入英语课程。

同样地，我们还面临着社会、政治和文化的动荡，而围绕真理和事实问题的与日俱增的危机也加速了这种动荡。理解这些问题，以及它们的历史根源，是纠正我们的公民制度以抵御这些新威胁的唯一途径。像斯坦福历史教育集团（Stanford History Education Group）这样的思考者已经在努力开发课程，这些课程可以帮助学生提高公民推理能力，帮助年轻人确定网络上什么是真的，什么是假的（Breakstone et al.，2018）。

当今世界正发生着各种各样的事情，对社会科学和历史的概念和理论的深刻理解比以往任何时候都更加重要。当前和未来几代的学习者需要培养辨别日益复杂的宣传、操纵和虚假新闻形式的能力，这些形式内容占据了我们的新闻源头和电视机屏幕。可迁移的学习是当今这个快节奏的世界所必不可少的。

本书的序言概述了当今世界变革的关键驱动因素。人工智能和区块链等其他领域的技术进步，无疑将以惊人的速度影响人类的进程，使今天的变化相形见绌。作为一个物种，我们还没有准备好。我们需要新的能力来应对这些变化。技术变化的速度只是今天起作用的一个因素。要求课程去殖民化的呼声和对有偏见和有害的评价实践的质疑将是重塑今天学校的两股力量。

我们面临的问题是，将如何应对这些变化？我们会无视它们，继续做一直在做的事情吗？或者，我们会为我们迫切希望学生获得的适应性、终身学习能力和创新能力树立榜样吗？我们对来自世界各地的充满激情的教师和领导者的共同体充满希望，他们愿意合作设计一个更美好的未来。

未来研究所（The Institute for the Future）提出了面向未来的10种技能（10 Skills for the Future），以回应变革的驱动因素，如表9.1所示。你会注意到本书中明确地或含蓄地提到了很多（即便不是全部）表中的技能。

表9.1 未来需要的十种技能

技能	描述
意义建构	判断所表达内容的深层意义或重要性的能力
社交智力	能够以一种深刻且直接的方式与他人交流，能理解他人的行为、动机并与之友好互动
创新与适应思维	熟练思考，想出解决方案和反馈，而不是死记硬背或墨守成规
跨文化能力	能够在不同的文化背景下工作
计算思维	能够将大量数据转换为抽象概念，并理解基于数据的演算
新媒体素养	能够批判性地评估和开发使用新媒体形式的内容，并利用这些媒体进行有说服力的沟通
跨学科	理解跨学科概念的能力与素养
设计思维	能够展示、开发任务和工作流程，以达到预期的结果
认知负荷管理	能够区分和过滤重要信息，并理解如何使用各种工具和技术最大化认知功能
云合作	有能力高效地工作，推动参与，并展示出作为线上团队成员的存在感

来源：引自Davies, A., Fidler, D., Gorbis, M., 2011.

没有一个人或组织拥有解决这个难题的全部能力，最重要的是共同努力。我们审视自我，推动信任、宽容，实现各种可能性。我们拥抱风险，坚信最好的还在后头。这可能意味着要放弃一些宝贵实践来确保学生为不确定的未来做好准备。

可迁移的学习是通向更光明未来的必然途径。这是确保学生准备过有意义生活的方法，也是我们当初进入这个行业的原因。让我们专注于自己可以控制和合作的事物上，以便使这一愿景成为现实。

术语表

学科迁移(Academic transfer)：对学生来说是新的情境（以前没有在课堂上学习过），要求学生将他们的学习应用到更有针对性和可控的环境中，并反映更多与学校相关的任务，如限时作文、标准化测试等。

ACT模型(ACT model)：对概念及其关系的习得、联结和迁移到新情境的过程。

锚定概念(Anchoring concepts)：一个学习单元的重点或组成部分；内容中贯穿整个单元的基本概念要素。

逆向设计(Backward design)：以终为始。首先确立学习目标，然后设计评估来衡量这些目标，之后再设计学习经验。

概念(Concept)：可以在多元案例中共享的具有不同属性的组织思想。

概念性框架(Conceptual framework)：思想在大脑中组织的方式。

概念性知识(Conceptual knowledge)：掌握概念之间关系的更大结构（Anderson et al.，2001）。

概念性关系问题(Conceptual relationship questions)：引导学生注意连接概念之间关系的问题。这些联系揭示了世界是如何组织的结构，因此，这对促进学习至关重要。

情境(Contexts)：说明概念及其联系如何发挥作用的情况，它们允许学生探索概念性关系的问题。每一个新的情况都促使我们重新考虑自己的理解，从各个方面检查概念及其联系，并提高对世界如何运作的把握。

课程设计(Curriculum design)：将我们所要求的标准或学习成果转化为课程概述、单元计划、评估、教学日历和教案的过程。

学科视角(Disciplinary lenses)：可以一直适用的具有高度可迁移性的学科内在的认知和实践方式，如同一副眼镜，学生戴上这副眼镜就可以像这个领域中的实践者一样思考和行动。

学科素养（Disciplinary literacy）：特定学习领域特有的认知和实践的方式（Shanahan & Shanahan, 2012）。

相异迁移（Dissimilar transfer）：将学习应用到一个完全不同于原来学习情境的全新场景中。

扩展性框架（Expansive framing）：教师和学生将日常经验和不同的情境融入课程主要内容的方式。

事实（Facts）：具体的细节或信息，无法很容易地超越一个狭窄的设定情境而进行迁移，比如数学事实或公式、历史名称、日期或时间段、特定的艺术风格。

人文经验概念（Human experience concepts）：探索和认可那些经久不衰思想的概念，这些概念塑造并揭示了我们的人性。

跨学科（Interdisciplinary）：学习经验需要分析、综合和协调各学科之间的联系，以创建一个新的、连贯的整体。

学习迁移（Learning transfer）：利用之前的学习来理解或开启一个全新的情境。

心智模型（Mental model）：通常是通过言语和视觉帮助我们将不可见的变为可见的一种表达方式，常常是我们用来思考复杂情境的潜意识框架。

元认知（Metacognition）：在学习过程中监控我们的所思所想。

元认知知识（Metacognitive knowledge）：认识到思考和学习的工作机制，以及监控自己的思维（Anderson et al., 2001）。

现代素养（Modern Literacy）：无数的项目、倡议、哲学和教学法都试图将新的思维方式、认识方式和做法引入教育，并将它们统一在一个概念框架下。

多学科（Multidisciplinary）：学习经验来自多个学科的知识，但每个学科都在各自的范围内。

多模态（Multimodalities）：包括一种以上的交流方式，如印刷品、视频、图像、音频和触觉。

非语言表征（Nonlinguistic representation）：不使用书面语言来展示认知的方法，如绘画、猜字谜、用陶土雕刻等。

个性化教育（Personalizable education）：学生成为他们学习经验的创造者，而不是从教师策划的列表中进行选择（Zhao, 2018）。

程序性知识（Procedural knowledge）：知道如何在某一特定的学习领域做某事。

（Anderson et al.，2001）

真实世界迁移（Real-world transfer）：这些情境对学生来说是全新的（以前没有在课堂上学习过），要求学生解决复杂的、真实的挑战，利用来自多个学科的概念，向真实的观众展示他们的发现，并影响他们周围的世界。

图式（Schema）：概念和思想之间的互动模式或思想网络。

相似迁移（Similar transfer）：将学习应用到与原来学习情境不同但非常相似的情境中。

技能（Skills）：学生做某事的特定能力，如遵循一套程序，通常着眼于通过练习获得自动化或流畅性。

子概念（Subconcepts）：特定于学科的概念，允许学生探索更具体的情境和案例，通常会带来更清晰的对于锚定概念和学科视角的聚焦。

教师信誉（Teacher credibility）：学生相信教师知识渊博、值得信赖、热情和平易近人，能显著提高学生学习效果（Fisher et al.，2020）。

超学科（Transdisciplinary）：超越多个学科的传统边界的学习经验。

部分参考文献

Agarwal, P. K., & Bain, P. M. (2019). *Powerful teaching: Unleash the science of learning*. Jossey-Bass.

Ainsworth, L.(2010).*Rigorous curriculum design: How to create curricular units of study that align standards, instruction, and assessment*. The Leadership and Learning Center.

Alferi, L., Nokes-Malach, T. J., & Schunn, C. D.(2013). Learning through case comparisons: A meta-analytic review. *Educational Psychologist, 48*(2), 87–113.

Almarode, J., & Vandas, K. (2018) *Clarity for Learning*. Corwin.

Anderson, L. W. (Ed.), Krathwohl, D. R. (Ed.), Airasian, P. W., Cruikshank, K. A., Mayer, R. E., Pintrich, P. R., Raths, J., & Wittrock, M. C. (2001). *A taxonomy for learning,teaching, and assessing: A revision of Bloom's Taxonomy of Educational Objectives* (Complete edition).Longman.

Archer, A. L., & Hughes, C. A. (2011). *Explicit instruction: Effective and efficient teaching*. Guildford Press.

Bandura, A. (1977). Self-efficacy: Toward a unifying theory of behavioral change. *Psychological Review, 84*(2), 191–215.

Beghetto, R., Kaufman, J., & Baer, J. (2015). *Teaching for creativityin the Common Core classroom*. Teachers College Press.

Bostrom, N. (2019). The vulnerable world hypothesis.*Global Policy, 10*(4), 455–476.

Bransford, J. D., Brown, A. L., & Cocking, R. R. (Eds.). (2000). *How people learn: brain,* mind, experience, and school*(Expanded ed.). The National Academies Press.

Bray, B., & McClaskey, K.(2017). *How to personalize learning:A practical guide for getting started and going deeper*. Corwin.

Brookhart, S. M. (2010). *How to assess higher-order thinking skills in your classroom*. ASCD.

Bruner, J. (1977) *The process of education* (2nd ed.). Harvard University.

Campione, J.C.,& Brown, A.L.(1984).Learning ability and transfer propensity as sources of individual differences in intelligence. In P. H. Brooks, R. Sperber, & C. McCauley(Eds.), *Learning and cognition in the mentally retarded* (pp.265–293). Erlbaum.

Cuban, L. (2008). *Hugging the middle: How teachers teach in an era of testing and accountability*. Teachers College Press.

d'Efilippo, V. & Ball, J. (2013). *The inforgraphic history of the world*. Collins.

Donovan, M. S., & Bransford, J. D. (Eds.). (2005). *How students learn: History, mathematics, and science in the classroom*. The National Academies Press.

Dweck, C. (2016). *Mindset: The new psychology of success*.Ballantine Books Trade.

Edmondson, A. (1999). Psychological safety and learning behavior in work teams. *Administrative Science Quarterly, 44*(2), 350–383.

Emerich, P. (2020).*Reclaiming personalized learning: A pedagogy for restoring equity and humanity in our classrooms*. Corwin.

Engle, R., Lam, D., Meyer, X., & Nix, S. (2012). How does expansive framing promote transfer? Several proposed explanations and a research agenda for investigating Them. *Educational Psychologist, 47*(3), 215–231.

Engle, R., Nguyen, P. D., & Mendelson, A.(2011).The influence of framing on transfer: Initial evidence from a tutoring experiment. *Instructional Science, 39*(5), 603–628.

Epstein, D. (2019). *Range: Why generalists triumph in a specialized world*. Macmillan.

Erickson, H. L., & Lanning, L. A. (2014). *Transitioning to concept-based curriculum and *instruction: How to bring content and process together.* Corwin.

Fisher, D., Frey, N., & Hattie, J. (2016). *Visible learning for literacy, grades K-12: Implementing the practices that work best to accelerate student learning.* Corwin.

Fisher, D., Frey, N., & Smith, D. (2020). *The teacher credibility and collective efficacy playbook.* Corwin.

Fluckiger, J. (2010) Single point rubric: A tool for responsible student self-assessment. *The Delta Kappa Gamma Bulletin, 76*(4), 18-25.

Frey, N., & Fisher, D. (2010). Modeling expert thinking. *Principal Leadership Magazine, 11*(3).

Friedman, T. L. (2016). *Thank you for being late: An optimist's guide to thriving in the age of accelerations.* Farrar, Strausand Giroux.

Fullan, M., Quinn, J., & McEachen, J. (2018). *Deep learning: engage the world, change the world.* Corwin.

Gardner, H. (2006). *Five minds of the future.* Harvard Business School.

Gee, J. P. (2010). A situated-sociocultural approach to literacy and technology. In E. Baker (Ed.), *The new literacies: Multiple perspectives on research and practice* (pp. 165-193). Guilford.

Gee, J. P. (2014). *An introduction to discourse analysis: Theory and method* (4th ed.). Routledge.

Gentner, D. (2010). Bootstrapping the mind: Analogical processes and symbol systems. *Cognitive Science, 34*(5), 752-775.

Gick, M. L., & Holyoak, K. J. (1983). Schema induction and analogical transfer. *Cognitive Psychology, 15*(1), 1-38.

Gray, D., Brown, S., & Macanufo, J. (2010). *Gamestorming: A rule book for innovators, rule breakers, and change makers.* O'Reilly Media.

Hammond, L., & Jackson, Y. (2015). *Culturally responsive teaching and the brain: Promoting authentic engagement and rigor among culturally and linguistically diverse students.* Corwin.

Harbour, K. E., Evanovich, L. L., Sweigart, C. A., & Hughes, L. E. (2015). A brief review of effective teaching practices that maximize student engagement. *Alternative Education for Children and Youth, 59*(1), 5–13.

Hattie, J. (2009). *Visible Learning*. Routledge.

Hattie, J. (2012). *Visible Learning for teachers*. Routledge.

Hattie, J., Fisher, D., & Frey, N. (2017). *Visible Learning for mathematics: What works best to optimize student learning*. Corwin.

Hattie, J., Stern, J., Fisher, D., & Frey, N. (2020). *Visible Learning for social studies: Designing student learning for conceptual understanding*. Corwin.

Hattie, J., & Timperley, H. (2007). The power of feedback. *Review of Educational Research, 77*(1), 81–112.

Higgins, C. (2011). *The good life of teaching: An ethics of professional practice*. Wiley-Blackwell.

Higgins, R., Hartley, P., & Skelton, A. (2002). The conscientious consumer: Reconsidering the role of assessment feedback in student learning. *Studies in Higher Education, 27*(1), 53–64.

James, C., Weinstein, E., & Mendoza, K. (2019). *Teaching digital citizens in today's world: Research and insights behind the Common-Sense K–12 Digital Citizenship Curriculum*. Common Sense Media.

Johansson, F. (2017). *The Medici effect: What elephants and epidemics can teach us about innovation*. Harvard Business Review Press.

Jones, B., & Idol, L. (Eds.). (1990). *Dimensions of thinking and cognitive instruction*. Erlbaum.

Kalantzis, M., & Cope, B.(2012). *New learning: Elements of a science of education* (2nd ed.). Cambridge University Press.

Kalantzis, M., & Cope, W. (2013). "Education is the new philosophy," to make a metadisciplinary claim for the learning sciences. In A. Reid, E. Hart, & M. Peters (Eds.), *A companion to research in education* (pp. 101–115). Springer, Dordrecht.

Kalantzis, M., Cope, B., Chan, E., & Dalley-Trim, L. (2016).*Literacies* (2nd ed.). Cambridge University Press.

Kane, T., & Staiger, D. (2012). *Gathering feedback for teaching:Combining high-quality observations with student surveys and achievement gains*. Bill and Melinda Gates Foundation.

Knight, J. (2013). *High impact instruction*. Corwin.

Lakoff, G., & Johnson M. (2008). *Metaphors we live by* (2nded.). University of Chicago Press.

Lam, D., Meyer, X. S., Engle, R. A., Goldwasser, L., Perez, S., Zheng, K., Clark, J., Naves, E., Rosas, H., & Tan,D. (2012). *A microgenetic analysis of how expansive framing led to transfer with one struggling student*. 10th International Conference of the Learning Sciences: The Future of Learning, ICLS 2012 – Proceedings, 1, 40–47.

Lee, I. (2009). Ten mismatches between teachers' beliefs and written feedback practice, *ELT Journal, 63*(1),13–22.

Lobel, A. (1970–1979). *Frog and toad, I can read stories*. HarperCollins.

Louis, A., Nokes-Malach, T. J, & Schunn, C. D. (2013). Learning through case comparisons: A meta-analytic review. *Educational Psychologist, 48*(2), 87–113.

Marzano, R. J. (2009). *Formative assessment & standards-based grading*. Marzano Resources.

Marzano, R. J., Norford, J. S., Finn, M., & Finn III, D., (2017). *A handbook for personalized competency-based education: Ensure all students master content by designing and implementing personalized competency-based education system*. Marzano Research.

McKinzie, T. (2016) *Dive into inquiry*. EdTech Team Press.

McTighe, J., & Willis, J. (2019). *Upgrade your teaching: Understanding by Design meets neuroscience*. ASCD.

Mehta, J., & Fine, S. (2019). *In search of deeper learning: The quest to remake the American high school*. Harvard University.

Moje, E. B. (2007). Developing socially just subject-matter instruction: A review of the literature on disciplinary literacy teaching. *Review of Research in Education, 31*, 1-44.

Moje, E. B. (2015). Doing and teaching disciplinary literacy with adolescent learners: A social and cultural enterprise. *Harvard Educational Review, 85*, 254-278.

Murphy, G. (2002). *The big book of concepts*. MIT Press.

National Research Council. (2012). *Education for life and work: Developing transferable knowledge and skills in the 21st century*. Committee on Defining Deeper Learning and 21st Century Skills, J. W. Pellegrino & M. L. Hilton (Eds.), Board on Testing and Assessment and Board on Science Education, Division of Behavioral and Social Sciences and Education. The National Academies Press.

Newmann, F. M., Bryk, A. S., & Nagaoka, J. (2001). *Authentic intellectual work and standardized tests: Conflict or coexistence*? Consortium on Chicago School Research.

Nosich, G. (2005). *Learning to think things through: A guide to critical thinking across the curriculum* (2nd ed.). Prentice Hall.

Pace, D., & Middendorf, J. (2004). *Decoding the disciplines:Helping students learn disciplinary ways of thinking*.NewDirections for Teaching and Learning. No 98. Summer 2004. Jossey-Bass.

Paterson, M. (2019). *Pop-up studio*. Circularity Press.

Pellegrino, J. W., & Hilton, M. L. (Eds.). (2012). *Education for life and work: Developing transferable knowledge and skills in the 21st century*. The National Academies Press.

Perkins, D. N., & Salomon, G. (1988). Teaching for transfer. *Educational Leadership, 46*(1), 22–32.

Perkins, D. N., & Salomon, G. (1992). Transfer of learning. *International Encyclopedia of Education* (2nd ed.). Pergamon Press.

Perna, M. (2018). *Answering why: Unleashing passion, purpose and performance in younger generations*. Greenleaf Book Club Press.

Reddy, M. (1993). The conduit metaphor: A case of frame conflict in our language about language. In A. Ortony (Ed.), *Metaphor and thought* (pp. 164–201). Cambridge University Press.

Ritchhart, R., Church, M., & Morrison, K. (2011). *Making thinking visible: How to promote engagement, understanding, and independence for all learners* (1st ed.). Jossey-Bass.

Rothstein, D., & Santana, L. (2011). *Make just one change: Teach students to ask their own questions*. Harvard University Press.

Schlechty, P. (2011). *Engaging students: The next level of working on the work*. Jossey-Bass.

Schneider, S., Nebel, S., Beege, M., & Rey, G. D. (2018). The autonomy-enhancing effects of choice on cognitive load, motivation and learning with digital media. *Learning and Instruction, 58*, 161–172.

Senge, P. M. (2010). *The necessary revolution: How individuals and organizations are working together to create a sustainable world*. Doubleday.

Shackleton-Jones, N. (2019). *How people learn: Designing education and training that works to improve performance*. Kogan Page.

Shanahan, T., & Shanahan, C. (2012). What is disciplinary literacy and why does it matter? *Topics in Language Disorders, 32*(1), 7–18.

Shatilovich, A. V., Tchesunov, A. V., Neretina, T. V., Grabarnik, I. P., Gubin, S. V., Vishnivetskaya, T. A., Onstott, T. C., & Rivkina, E. M. (2018). Viable nematods from late Pleistocene permafrost of the Kolyma River lowland. *Doklady Biological Sciences, 480*,

100–102.

Soter, A., Wilkinson, I., Murphy, P., Rudge, L., Reninger, K., & Edwards, M. (2008). What the discourse tells us: Talk and indicators of high-level comprehension. *International Journal of Educational Research, 47*(6), 372–391.

Sousa, D. (2017). *How the brain learns* (5th ed.). Corwin.

Stern, J., Ferraro, K., & Mohnkern, J. (2017). *Tools for teaching conceptual understanding: Designing lessons and assessments for deep learning.* Corwin.

Termaat, A., & Talbot, C. (2016). *Chemistry, MYP by Concept 4 & 5*. Hodder Education.

ten Berge, T., & van Hezewijk, R. (1999). Procedural and declarative knowledge: An evolutionary perspective. *Theory & Psychology, 9*(5), 605–624.

Twenge, J., Cooper, A., Joiner, T., Duffy, M., & Binau, S. (2019). Age, period, and cohort trends in mood disorder indicators and suicide-related outcomes in a nationally representative dataset, 2005–2017. *Journal of Abnormal Psychology, 128*(3), 185–199.

Unsworth, N., Redick, T. S., Heitz, R. P., Broadway, J. M., & Engle, R. W. (2009). Complex working memory span tasks and higher-order cognition: A latent-variable analysis of the relationship between processing and storage. *Memory, 17*(6), 635–654.

Vendetti, M. S., Matlen, B. J., Richland, L. E., & Bunge, S. A. (2015). Analogical reasoning in the classroom: Insights from cognitive science. *International Mind, Brain, and Education Society, 9*(2), 100–106.

Wagner, T. (2012). *Creating innovators: The making of young people who will change the world*. Scribner.

Weil, Z. (2016). *The world becomes what we teach: Educating a generation of solutionaries.* Lantern Books.

Wiggins, G., & McTighe, J. (2005). *Understanding by design* (2nd ed.).

Wiliam, D., & Leahy, S. (2015). *Embedding formative assessment.* Learning Sciences

International.

Willingham, D. T. (2009). *Why don't students like school? A cognitive scientist answers question about how the mind works and what it means for the classroom.* Jossey-Bass.

Wolfram, C. (2020). *The math(s) fix: An education blueprint for the AI age.* Wolfram Media.

Zhao, Y. (2013). What works may hurt: Side effects in education. *Journal of Educational Change, 18*(3), 1–19.

Zhao, Y. (2018). *Reach for greatness: Personalizable education for all children.* Corwin.

译后记

2021年春天，盛群力教授向我们推介了几本关于深度学习和迁移教学的最新论著，包括迈克尔·麦克道尔的《为迁移而教：现实生活应用型学习设计指南》（已由盛群力教授领衔翻译出版）、詹姆斯·诺丁汉的《挑战性学习：指导学生经由学习深坑达成深度理解》，以及朱莉·斯特恩等人的《可迁移的学习：为变化的世界设计课程》（以下简称《可迁移的学习》），都是异常精彩的论著，对于推进面向未来的课程与学习变革具有重要的理论与实践意义。刚拿到《可迁移的学习》一书，我就爱不释手，特别希望能主持翻译这本书。这不仅是因为本书恰逢其时，体现了素养视域下课程与学习变革的本质追求——走向聚焦迁移的课堂；还因为本书将迁移学习的理论建构、模型设计和实践策略有机地整合，呈现了关于学习迁移从内在机制到实践方案的完整面貌，实属难得；更重要的是，这本书并没有将眼光局限在一种教学或学习模式的开发与应用上，而是心怀更宽广的课程与学习设计的视野，将学科素养、现代素养和元认知能力视为培养创新创造人才的关键，既关注纵向的学科深度帮助学习者学会用学科的思维来解决真实世界的问题，又关注横向的跨学科广度帮助学习者全面地想象现代素养在解决真实世界问题中所能起到的作用，帮助我们持续思考关于生命、人性和可持续性等重大的问题，是一本不可多得的好书。

幸运的是，在盛群力教授的支持和推进下，浙江科学技术出版社获得了本书的版权，我们得以如愿。从2021年的夏天开始部署对本书的翻译，经过一年多的初译、统稿、优化和审校，终于付梓。其中，屠莉娅负责前言、导论、第一章、第二章、结语的翻译以及全书的统稿与审校，贺浠汐负责第三、四章的初稿翻译，崔婧妍负责第五、六章的初稿翻译，张梦捷负责

第七、八章的初稿翻译。最后，盛群力教授对全书进行了细致的审校与修改，进一步增强了全书的精炼性和可读性。浙江科学技术出版社曹梦洁编辑对文稿作了系统地润色与修改。得益于翻译团队和出版团队所有老师和成员的辛苦付出，以及在翻译过程中所始终秉持的对教育教学变革与发展的严谨与热情，才使得本书的中文版得以顺利问世，为在中国教育情境与文化场域中促进为迁移而教、为迁移而学的课堂重构提供了重要的理论与实践资源。

◇ 为何迁移：素养视域下重新设计课程与学习

进入21世纪以来，世界正变得越来越复杂，技术的迅猛变革推动人类生活方式和认识方式的巨大变化，如何在一个复杂且相互联系的世界中导航，寻找探索和创新的方式来引领我们的思考与行动，成为这个时代的本质追问。作为教育工作者，如何帮助学生为我们无法预见的未来做好准备，应对时代的危机挑战和日益增长的不确定性？如何打破现有教学模式的缺陷用新的认知工具来解决21世纪生活中日益复杂的跨学科问题？如何为学生提供新的意义建构的工具，帮助他们理解世界的复杂性，并以知情的方式参与和行动？开始成为时代的教育议题。在这样的背景下，死记硬背和孤立的学习结果将变得越来越没用，复现式或练习式学习的处方模式也日渐失去其功效，帮助学生理解世界的更深层次的结构模式，把所学的知识运用到眼前的情境之外，从惰性的学习走向活化的学习——走向迁移——开始成为一种共同的追求。

无论是核心素养、深度学习、理解为先的教学设计，还是具有生活价值的学习、项目化学习、大概念教学、真实性任务、表现性评价，所有的这个时代时兴的理论探索和实践建构都在导向一个关键词——迁移——即将散落的知识与信息聚集并关联起来，通过概念性、全局性、本质性理解，帮助学习者在复杂而多元的情境中创造性地、灵活地和流畅地应用所学。在这个意义上，学习不再是穷尽"人类认识成果"的一个寻找和复现既定事实、信息或特定技能的过程；而是强调学习要通过产生知识内在的超链接的整体达成对结构化的(跨)学科知识和技能、(跨)学科观念、思维模式和实践模式的理解;更是关注学以致用,即真正的知是要将所知转化到现实的问题解决上,并在创造性地解决问题过程中突破已有知识框架与体系,形成稳定的价值立场与品格态度。学习不仅是纯粹的认知性的活动,更成为一个整合自我系统、元认知系统、认知系统的综合性活动,兼顾认知性、社会性及其情意性本质。换句话说,面向未来的可持续、灵活和高度适应性的学习,不仅仅关注我们知道和理解了什么,更关注我们应用所学能够做什么,以及在做事的过程中所持有的具有更广泛意义的价值与态度。

走向迁移,不仅是当下教育变革和课程重构的理论上的追求,也是国际范围内包括中国以核心素养为纲的学校课程变革的政策与实践的追求。不是学过即忘记、考完及丢弃,而是真正的知识创造、躬身实践、学以致用,以及有价值的行动和参与真实世界问题解决;不是以考选为唯一和最终的目的的学习,而是关注个体和社会对于幸福的可持续的追求;不是标准划一的集约性学习,而是真正关注个性潜能最大发挥的公平而适性的教育。这种学习生态的根本转型,已经开始成为新时代我国乃至世界范围内学校教育与课程生态转型的现实要求。《可迁移的学习》一书有着扎实而深刻的理论探讨,为我们在新时期重新设计课程与学习提供了新的思考路径,更能为探索并建构具有文化与情境适应性的可迁移学习的理论话语及其实践生态,尤其是推动我国教育领域学习样态的转型提供了重要的借鉴。

◇何为迁移:兼顾学科的深度和跨学科的广度

什么是迁移?在最基本的层面上,迁移仅仅意味着将我们过去所学的知识应用到新情境中。但是在日常生活情境中作为人类自然本性的迁移,到了学校课堂的情境中,学习迁移的自然能力就会大打折扣。学习迁移的目标是超越主题或事实层面的思考,从而发现所学内容在诸多案例中都适用的更大的模式,并将其应用到与原来学习情境不同的情境中实际地解决问题。

首先,《可迁移的学习》从脑科学、心理学、神经科学和学习科学的层面为我们论证了大脑具有迁移的内在生物机制，即我们的大脑寻找模式，大脑喜欢将信息组织成系统，把世界看作是可预测的和连贯的，而不是随意或随机的。换句话说，我们的课堂学习如何充分利用大脑的模式化能力，帮助学习者达成对所学内容深层次模式的理解，而非停留在事实、信息、例子和技能的浅层学习的水平上，是为关键。

其次，《可迁移的学习》通过大量的笔墨，论证了促成学习的迁移必须教会学生在任何情境下寻找和识别更深层次的概念性结构，即达成本质理解——所学内容的更深层次的结构模式的探索与理解——也是我们所说的"学科的深度"。在任何领域，将理解迁移到新情境的能力都是达成对一个学习领域的本质理解，关注更深层次的结构的过程。书中用新手和专家的学习差异以及大量的领域案例来说明，达成对所学内容的组织观念及其概念性关系的理解，并形成更深层次的概念性框架，以至于更具广泛关联性的潜意识框架——心智模型，将是帮助我们的学生成为适应性强、灵活、终身学习者的关键。书中的第三章进一步强调了要发展学习者对所学内容的可迁移水平，就要理解具有高度迁移性的学科内在的认知与实践方式，不是将重心放在穷尽学习内容本身，而是借由内容来明确我们所学内容的长期价值与内在结构。学习者最后学到的不是当下既定的知识，而是全面理解所学的学科，并学会运用"学科视角"，像这个领域中的实践者一样思考和行动。

当然，仅有本质理解还不足以促成迁移，《可迁移的学习》进一步探讨了迁移既是我们的手段也是目的，要创设学习迁移的光谱，帮助学习者在不同且多元的问题情境中解决问题，将他们对学科的本质理解迁移到学科之外以及真实世界之中，逐步从相似迁移走向相异迁移。简单地说，就是真正的理解不能被孤立在学科范围内，学生需要不断练习进行跨领域的迁移，从而深化学习，将学科素养与共通的现代素养实现跨领域的整合——即达成我们所说的"跨学科的广度"。尤其是随着我们对自己和世界的了解越来越多，重叠领域的复杂性和数量只会继续增加，帮助我们促成不同领域的相互关系，以此增加学习者心智模型的强度，成为具有创造性的问题解决者。

◇何以迁移：从迁移模型构建到心态转变

《可迁移的学习》一书之所以出彩，不仅仅在于从理论上系统地论述了聚焦迁移的课堂的特征、属性及其机理，更在于贯穿于本书始终的实践关怀，即为迁移而学习，我们究竟可以如何做？尤其是提出，作为教育工作者，也需要一个心智模型（框架），能够对变化做出反应，导向为迁移而学习的课程与教学设计。

因此，全书为读者构建了一个强大而灵活的模型——ACT模型——用以组织聚焦迁移的课程和教学。具体包括"习得"——帮助学生在每一个学科中理解最为重要的组织概念，并确保他们使用这些概念对所学的关键细节进行归类；"联结"——通过就概念之间的关系提出简单的问题，促使学生构建概念性关系，形成概念性理解的意义网络；"迁移"——学生对重要概念及其关联的理解能够帮助他们应对新情境。越是能够指导学生将一般模式和概念见解应用到相异的真实世界情境中，学生就越具有灵活和创造性的问题解决能力，也更愿意创新。值得称道的是，不仅仅是ACT模型，《可迁移的学习》更是从迁移学习的整体故事规划、单元规划的具体步骤、评估要点以及教学设计要素及其策略等具体细致的层面为我们描绘了可迁移学习在实践中发生发展的样态，并提供了大量直接可用的用心思考、即用策略和设计步骤的提示，为教师轻松地接触并运用这一框架提供了便利的工具，体现了作者致力于将可迁移的学习从理论转化为实践所做的努力和决心。

然而，这个框架并不是一种僵化的步骤和规定的形式，而是一种探索性步骤，来帮助教育工作者用来概念化、组织并支持其聚焦迁移的复杂行动。与其将可迁移的学习理解为一种特定教学设计的模型、框架与具体的教学策略，不如说《可迁移的学习》的思考给我们提供了更多的可能。它为我们提供了一个更为广泛和有价值的理解，即ACT的模型固然促成学习走向迁移，成为帮助教育工作者聚焦迁移的一种可行框架，但更为重要的是，转变教育教学的思维与心态，真正让教师和学生从心态上和思维上实现逐步转变。一方面，从模仿特定模式和框架开展教学转向从整体上思考课程与学习所能给学生带来的智慧增益，将学习看作是学习者经验构建的完整旅程，让学生的学习和真实世界的参与和意义建立关联，回归学习的真实意义，共赴一场师生共建的有价值的课程故事；另一方面，则是从传统课程与教学中只关注原子化的知识本身的教授走向重新思考学科学习以及素养达成的育人价值，真正指向学习者成长为一个具有承担时代挑战的担当、能力与品格的未来新人所需要的教育的本质追求——从育知走向育人——真正挖掘所学内容的学科价值、实践/社会价值以及不可替代的育人价值；再一方面，则是从学生被动的学习走向为学习者赋能，正如书中反复提到的，走向迁移的课程与学习要"为学生表达、选择和激情保留空间"，帮助教师和学生内化ACT模型的态度，即可迁移的学习是一个没有终点的循环，每当他们开始迁移自己的理解时，他们必须有意识地寻找当下情境的独特特征，并将自己的理解用于新的知识创造和问题解决，最终帮助他们成长为可持续的学习者、创造者和问题解决者。

  关于面向未来的教育探险，我们谁都没有确定性的答案。但持续地思考与行动是我们应对这个危机和希望并存的时代的有效方式。"现实和梦想有时很难区别，因为所有的现实过去都曾经是梦想，而每个梦想又都在努力使自己成为现实"，但这需要共同的智慧和义无反顾的努力。《可迁移的学习》一书，既有理论的启迪，也有实践的关照；既有现实的批判，也有对愿景的描绘；更有着对于持续地教育探索与创新的呼唤。在我看来，这不仅仅是一本探讨学习迁移的论著，更是集聚更多的力量参与面向未来的课程与学习变革与创新的倡议，邀请更多的有志之士共赴一场思想与实践的冒险与开拓。如果这本书能够让我们带着理想主义的期冀和现实主义的脚踏实地，推动我国课堂教学走向迁移的转化，那将意义深远。译文中的未尽与不当之处，还请各位读者批评指正。

屠莉娅
2022年10月于浙江大学紫金港